Wörlen · Kokemoor · Lohrer │ Handelsrecht mit Gesellschaftsrecht

Handelsrecht

mit Gesellschaftsrecht

Begründet von
Dr. iur. Rainer Wörlen †
ehemals Professor an der Fakultät Wirtschaftsrecht
der Fachhochschule Schmalkalden

fortgeführt von
Dr. iur. Axel Kokemoor
Professor an der Hochschule Fulda

und
Dr. iur. Stefan Lohrer
Professor an der Technischen Hochschule Aschaffenburg

14., überarbeitete und verbesserte Auflage 2021

Verlag Franz Vahlen

Zitiervorschlag: *Wörlen/Kokemoor/Lohrer* HandelsR Rn.

www.vahlen.de

ISBN Print 978 3 8006 6400 9
ISBN E-Book 978 3 8006 6401 6

© 2021 Verlag Franz Vahlen GmbH
Wilhelmstraße 9, 80801 München
Druck: Druckerei C.H. Beck Nördlingen
(Adresse wie Verlag)

Satz: R. John + W. John GbR, Köln
Umschlaggestaltung: Martina Busch Grafikdesign, Homburg Saar

vahlen.de/nachhaltig

Gedruckt auf säurefreiem, alterungsbeständigem Papier
(hergestellt aus chlorfrei gebleichtem Zellstoff)

»Am Handel
lernt man den Wandel«*

---

* *Simrock* Sprichwörter Nr. 4319.

Vorwort

Das vorliegende Lernbuch wendet sich in erster Linie an Studierende der Rechts- und Wirtschaftswissenschaften, des Wirtschaftsrechts sowie aller anderen Studiengänge an Universitäten, (Fach-)Hochschulen und Berufsakademien, deren Studienplan »Handels- und Gesellschaftsrecht« aufweist. Auch für Rechtsreferendare ist es zum (Wieder-)Einstieg sowie für eine komprimierte Wiederholung vor Prüfungen sehr geeignet. Übungsfälle, Prüfungsschemata sowie Lern- und Prüfungshinweise erleichtern die Vorbereitung.

Charakteristisch für das »Handelsrecht« – wie auch die anderen von *Rainer Wörlen* begründeten »Lernbücher« – ist das didaktische Konzept des »Lernens im Dialog«, das mit Spaß am Lernen den aktiven Einstieg in ein Rechtsgebiet ermöglichen soll. Es hat sich seit vielen Jahren bewährt und lässt ihn in dieser (»seiner«) Buchreihe weiterleben. Den **Studierenden**, die mit diesem Buch arbeiten, sei die **Lektüre** des nachfolgenden Auszugs aus **Wörlens »Vorworts** zur ersten Auflage – zugleich eine **Arbeitsanleitung«** wärmstens **empfohlen!**

Für die 14. Auflage wurden wiederum zahlreiche Verbesserungen vorgenommen sowie weiteren Themengebieten Übersichten vorangestellt und neue Lern- und Prüfungshinweise eingefügt. Inhaltlich bringt die Neuauflage Rechtsprechung sowie Schrifttum auf den neuesten Stand. Sie berücksichtigt unter anderem bereits den Entwurf eines Gesetzes zur Modernisierung des Personengesellschaftsrechts (**Personengesellschaftsrechtsmodernisierungsgesetz** – MoPeG) vom 22.1.2021 (BR-Drs. 59/21), den Entwurf eines Gesetzes zur Ergänzung und Änderung der Regelungen für die **gleichberechtigte Teilhabe von Frauen an Führungspositionen** in der Privatwirtschaft und im öffentlichen Dienst (Zweites Führungspositionengesetz – FüPoG II) vom 22.1.2021 (BR-Drs. 49/21) sowie das Gesetz über die Verteilung der Maklerkosten bei der Vermittlung von Kaufverträgen über Wohnungen und Einfamilienhäuser vom 12.6.2020 (BGBl. 2020 I 1245).

Hinweise und Anregungen zur Verbesserung sowie »Fehlermeldungen« nehmen wir stets gerne und dankbar entgegen. Unsere Anschriften lauten: Hochschule Fulda, Leipziger Str. 123, 36037 Fulda, Fax: 0661/9 640 452, E-Mail: axel.kokemoor@sk.hs-fulda.de sowie Technische Hochschule Aschaffenburg, Würzburger Straße 45, 63743 Aschaffenburg, Fax: 06021/4206701, E-Mail: stefan.lohrer@th-ab.de.

Fulda und Aschaffenburg, im April 2021

Axel Kokemoor
Stefan Lohrer

Aus dem Vorwort zur 1. Auflage
– zugleich eine Arbeitsanleitung –

»Einführungen«, »Grundzüge« und dergleichen haben gemeinsam, dass sie niemals vollständig sein können. So ist es nicht Ziel dieses Buchs, die Vielzahl der auf dem Markt befindlichen, zum Teil vorzüglichen und viel umfassenderen Einführungswerke nur um eine andersartige Stoffauswahl zu ergänzen (auf einige dieser Werke wird oft unter der Überschrift »Literatur zur Vertiefung« ebenso verwiesen wie auf spezielle Lehrbücher).

Der *Zweck meiner Bücher* ist vielmehr ein »didaktisch-pädagogischer«: *Den Studierenden soll der Stoff nicht in einem vortragsähnlichen Monolog nahegebracht werden, sondern – wie es in der praxis- und anwendungsbezogenen Lehre an Fachhochschulen üblich ist – in Form eines »Lehrgesprächs«.* Ihnen soll anhand von zur Thematik hinführenden Fragen oft Gelegenheit gegeben werden, sich *zunächst eigene Gedanken* zu machen, bevor sie die Antworten lesen, die den Stoff lehrbuchartig darbieten.

Bei der Darstellung des Stoffs wird weitgehend die sog. »Fall-Methode« angewandt: »Das Recht« wird in der Praxis des täglichen Lebens von Rechtsfällen (Rechtsstreitigkeiten) beherrscht; so liegt es nahe, eine praxis- und anwendungsbezogene Lehre am »Fall« zu orientieren. Ein solcher Fall endet regelmäßig mit einer Frage, und zu dieser Frage sollten die Studierenden bei der Durcharbeitung dieses Buchs wiederum – *auch ohne besondere Aufforderung* – zunächst eigene Überlegungen anstellen, bevor sie weiterlesen.

Erfolgreiches Lernen bedeutet schließlich nicht nur **Lesen** und **Nachdenken**, sondern immer und immer wieder: **Wiederholen!** Um den Studierenden Gelegenheit zu geben zu überprüfen, was von dem zuvor im Lehrgespräch Erarbeiteten (bzw. hier Gelesenen) im Gedächtnis haften geblieben ist, werden ihnen am Ende von Teilabschnitten Stoffgliederungsübersichten, Merksätze und Prüfungsschemata dargeboten. Sollte man bei der Lektüre dieser Übersichten feststellen, dass man der Zusammenfassung nicht ohne Schwierigkeiten folgen kann, sollte man tunlichst zurückblättern, um den Stoff nachzuarbeiten! Gegebenenfalls mache man sich Notizen, um einem »Problem« anhand von vertiefender Literatur nachzugehen. […]

Schließlich soll dieses Buch bei der Stoffvermittlung auch ein wenig an die zivilrechtliche, gutachtliche Denkweise heranführen, deren Beherrschung für die Anfertigung von Prüfungsklausuren geboten ist. Bisweilen wird der Stoff, den ein Fall vermitteln soll, daher in gutachtenähnlicher Form »klausurmäßig« aufbereitet.

Zur Perfektionierung ihrer Klausurtechnik sollten die Studierenden meine (in demselben Verlag erschienene) »Anleitung zur Lösung von Zivilrechtsfällen« durcharbeiten (vgl. Literaturverzeichnis).

Es ist kein Zufall, dass in diesem Vorwort so häufig vom »*Arbeiten*« (*Durch*arbeiten und *Nach*arbeiten – auch *Vor*arbeiten kann nicht schaden!) die Rede ist. Es soll ja zugleich eine *Arbeits*anleitung sein.

»Ohne Arbeit kein Erfolg!« oder »Ohne Fleiß kein Preis!« sind nicht etwa Allgemeinplätze, sondern »die reine Wahrheit, nichts als die Wahrheit!« Das Arbeiten (Synonym: Studieren!) kann dieses Buch, wie auch andere, nicht ersetzen. Es kann und soll die Arbeit aber erleichtern und auflockern!

Bevor Sie mit der Lektüre beginnen, noch ein letzter Ratschlag, der, obwohl eigentlich selbstverständlich, nicht oft genug wiederholt werden kann: **Lesen Sie jede zitierte Vorschrift (= §!) sorgfältig durch**. Wenn Sie dieses Buch durcharbeiten, ist die ständige Benutzung (Lektüre) von Texten des HGB und BGB unerlässlich. Ausreichend und empfehlenswert ist die Anschaffung der neuesten Auflage der entsprechenden Textsammlungen »Beck-Texte im dtv«: BGB (Nr. 5001 mit einer Einführung von *Köhler*) und HGB (Nr. 5002 mit einer Einführung von *Fleischer*). Gleiches gilt für die NWB-Textausgabe »Wichtige Gesetze des Wirtschaftsprivatrechts« mit der Einführung von *Güllemann*. Den Hinweis »*Lesen!*« werden Sie im Text dieses Buchs immer wieder finden. Wenn ich die Wichtigkeit der Gesetzeslektüre in meiner »*Anleitung zur Lösung von Zivilrechtsfällen*« noch mit dem Satz »Die halbe Juristenwahrheit steht im Gesetz« unterstrichen habe, so möchte/muss ich dem noch hinzufügen: »*Die Hälfte aller Fehler in juristischen Anfängerklausuren könnte vermieden werden, wenn die Bearbeiter die zitierten Vorschriften (genauer) lesen würden.*«

Köln, im März 1992   *Rainer Wörlen*

Inhaltsverzeichnis

Verzeichnis der Übersichten

Verzeichnis der Abbildungen

Abkürzungen

aA . . . . anderer Ansicht
ABl. . . . . Amtsblatt (der Europäischen Union bzw. Europäischen Gemeinschaft)
Abs. . . . . Absatz
AcP . . . . Archiv für civilistische Praxis (Zeitschrift)
ad legendum . . . . . . lat.: »zum Lesen« (Ausbildungszeitschrift)
ADSp. . . . . Allgemeine Deutsche Spediteurbedingungen
aF . . . . alte Fassung
AG . . . . Aktiengesellschaft
AGB . . . . Allg. Geschäftsbedingungen
AktG . . . . Gesetz über Aktiengesellschaften und Kommanditgesellschaften auf Aktien (Aktiengesetz)
allg. . . . . allgemein/e/er/es
Anm. . . . . Anmerkung
AO . . . . Abgabenordnung
arg. . . . . Argument (lat.: argumentum)
Art. . . . . Artikel
AT . . . . Allgemeiner Teil
Aufl. . . . . Auflage

BÄO . . . . Bundesärzteordnung
BB . . . . Betriebs-Berater (Zeitschrift)
Bd. . . . . Band
Begr. . . . . Begründung
BGB . . . . Bürgerliches Gesetzbuch
BGBl. . . . . Bundesgesetzblatt
BGH . . . . Bundesgerichtshof
BGHZ . . . . Entscheidungen des Bundesgerichtshofs in Zivilsachen
BilMoG . . . . Bilanzrechtsmodernisierungsgesetz
BiRiLiG . . . . Bilanzrichtliniengesetz
BilRUG . . . . Bilanzrichtlinie-Umsetzungsgesetz
BRAO . . . . Bundesrechtsanwaltsordnung
BR-Drs. . . . . Bundesrats-Drucksache
Buchst. . . . . Buchstabe
bzw. . . . . beziehungsweise

Cie. . . . . Compagnie (= Handelsgesellschaft)
CISG . . . . United Nations Convention on Contracts for the International Sale of Goods (= UN-Kaufrecht)
Co. . . . . Compagnie (= Handelsgesellschaft)
CR . . . . Computer und Recht (Zeitschrift)

DB . . . . Der Betrieb (Zeitschrift)
dh . . . . das heißt
DNotZ . . . . Deutsche Notar-Zeitschrift
DrittelbG . . . . Gesetz über die Drittelbeteiligung der Arbeitnehmer im Aufsichtsrat
DStR . . . . Deutsches Steuerrecht (Zeitschrift)
dtsch. . . . . deutsch/e/er/es
dtv . . . . Deutscher Taschenbuch Verlag

E . . . . Entwurf
eG . . . . eingetragene Genossenschaft
EG . . . . Europäische Gemeinschaften
eGbR . . . . eingetragene Gesellschaft bürgerlichen Rechts (voraussichtlich ab 2023)

EGHGB . . . . Einführungsgesetz zum Handelsgesetzbuch
EHGU . . . . Gesetz über elektronische Handelsregister und Genossenschaftsregister sowie das Unternehmensregister
Einf. . . . . Einführung
Einl. . . . . Einleitung
e. K. . . . . eingetragene(r) Kauffrau/Kaufmann
e. Kfm. . . . . eingetragener Kaufmann
e. Kfr. . . . . eingetragene Kauffrau
ERA . . . . Einheitliche Richtlinien und Gebräuche für Dokumenten-Akkreditive
erw. . . . . erweitert(e)
EStG . . . . Einkommensteuergesetz
etc . . . . et cetera (lat.: »und die übrigen [Dinge]« = und so weiter)
EU . . . . Europäische Union
eUCP . . . . Uniform Customs and Practice for Documentary Credits for Electronic Presentation
EuGH . . . . Gerichtshof der Europäischen Union
EuZW . . . . Europäische Zeitschrift für Wirtschaftsrecht
eV . . . . eingetragener Verein
evtl. . . . . eventuell

f. . . . . folgende (Seite)
Fa. . . . . Firma
FamFG . . . . Gesetz über das Verfahren in Familiensachen und Angelegenheiten der freiwilligen Gerichtsbarkeit
ff. . . . . fortfolgende (Seiten)
Fn. . . . . Fußnote
frz. . . . . französisch

G . . . . Gesetz
GbR . . . . Gesellschaft des bürgerlichen Rechts
gem. . . . . gemäß
Gen. . . . . Genossenschaft
GenG . . . . Gesetz betreffend die Erwerbs- u. Wirtschaftsgenossenschaften (Genossenschaftsgesetz)
Ges. . . . . Gesellschaft
GesR . . . . Gesellschaftsrecht
GewO . . . . Gewerbeordnung
gGmbH . . . . gemeinnützige GmbH
GmbH . . . . Gesellschaft mit beschränkter Haftung
GmbHG . . . . Gesetz betreffend die Gesellschaften mit beschränkter Haftung
GoB . . . . Grundsätze ordnungsmäßiger Buchführung
GuV . . . . Gewinn- und Verlustrechnung
GWB . . . . Gesetz gegen Wettbewerbsbeschränkungen (Kartellgesetz)

HandelsR . . . . Handelsrecht
HGB . . . . Handelsgesetzbuch
hM . . . . herrschende Meinung
HR . . . . Handelsrecht
HRefG . . . . Handelsrechtsreformgesetz
HReg. . . . . Handelsregister
Hrsg. . . . . Herausgeber
hrsg. . . . . herausgegeben
HRV . . . . Verordnung über die Einrichtung und Führung des Handelsregisters (Handelsregisterverordnung)
Hs. . . . . Halbsatz
HV . . . . Handlungsvollmacht, Handelsvertreter

IAS . . . . International Accounting Standards (Internationale Bilanzstandards)
ICC . . . . International Chamber of Commerce (Internationale Handelskammer)

idF . . . . in der Fassung
idR . . . . in der Regel
IFRS . . . . International Financial Reporting Standards (Internationale Rechnungslegungsstandards)
IHR . . . . Internationales Handelsrecht (Zeitschrift)
Incoterms . . . . International Commercial Terms (Internationale Handelsklauseln)
insbes. . . . . insbesondere
inkl. . . . . inklusive
InsO . . . . Insolvenzordnung
iSd . . . . im Sinne der/s
iSv . . . . im Sinne von
it. . . . . italienisch
iur. . . . . iuris (lat. »des Rechts«)
i. V. . . . . in Vollmacht
iVm . . . . in Verbindung mit
IWRZ . . . . Zeitschrift für Internationales Wirtschaftsrecht
JA . . . . Juristische Arbeitsblätter (Zeitschrift)
JURA . . . . Juristische Ausbildung (Zeitschrift)
JuS . . . . Juristische Schulung (Zeitschrift)
JZ . . . . Juristenzeitung

Kap. . . . . Kapitel
Kfm./kfm. . . . . Kaufmann/kaufmännisch
KG . . . . Kommanditgesellschaft
KGaA . . . . Kommanditgesellschaft auf Aktien
KStG . . . . Körperschaftsteuergesetz

lat. . . . . lateinisch

MarkenG . . . . Gesetz über den Schutz von Marken und sonstigen Kennzeichen (Markengesetz)
mind. . . . . mindestens
Mio. . . . . Millionen
MitbestG . . . . Gesetz über die Mitbestimmung der Arbeitnehmer
MontanMitbestG . . . Gesetz über die Mitbestimmung der Arbeitnehmer in den Aufsichtsräten und Vorständen der Unternehmen des Bergbaus und der Eisen und Stahl erzeugenden Industrie
MoMiG . . . . Gesetz zur Modernisierung des GmbH-Rechts und zur Bekämpfung von Missbräuchen
MoPeG . . . . Gesetz zur Modernisierung des Personengesellschaftsrechts
mündl. . . . . mündlich
mwN . . . . mit weiteren Nachweisen

nF . . . . neue Fassung
NJW . . . . Neue Juristische Wochenschrift
NZG . . . . Neue Zeitschrift für Gesellschaftsrecht
NZS . . . . Neue Zeitschrift für Sozialrecht

O . . . . Ordnung
öff. . . . . öffentlich
OHG . . . . Offene Handelsgesellschaft

PartG . . . . Partnerschaftsgesellschaft
PartGG . . . . Partnerschaftsgesellschaftsgesetz
PatG . . . . PatentG
ppa. . . . . per procura (= aufgrund erteilter Prokura)

R . . . . Recht
RdTW . . . . Recht der Transportwirtschaft (Zeitschrift)

rechtl. . . . . rechtlich
RG . . . . Reichsgericht
RGZ . . . . Entscheidungen des Reichsgerichts in Zivilsachen
RIW . . . . Recht der internationalen Wirtschaft (Zeitschrift)
Rn. . . . . Randnummer
Rpfleger . . . . Der Deutsche Rechtspfleger (Zeitschrift)
RVG . . . . Rechtsanwaltsvergütungsgesetz

S. . . . . Satz; Seite
s. . . . . siehe
schriftl. . . . . schriftlich
SE . . . . Societas Europaea (Europäische Aktiengesellschaft)
sog. . . . . sogenannt/e/r
StBerG . . . . Steuerberatungsgesetz
StG . . . . Stille Gesellschaft
StGB . . . . Strafgesetzbuch
str. . . . . streitig

Teilbd. . . . . Teilband
TranspR . . . . Transportrecht (Zeitschrift)
TRG . . . . Transportrechtsgesetz

uÄ . . . . und Ähnlich/e/r
uam . . . . und anderes mehr
überarb. . . . . überarbeitet
& Co./Cie. . . . . und Compagnie (= Handelsgesellschaft)
UCP . . . . Uniform Customs and Practice for Documentary Credits
UG . . . . Unternehmergesellschaft (haftungsbeschränkt)
unstr. . . . . unstreitig
UrhG . . . . Gesetz über Urheberrecht und verwandte Schutzrechte (Urheber-
        rechtsgesetz)
usw. . . . . und so weiter
US-GAAP . . . . US-Generally Accepted Accounting Principles
uU . . . . unter Umständen
UWG . . . . Gesetz gegen den unlauteren Wettbewerb

v. . . . . von/vor
VAG . . . . Gesetz über die Beaufsichtigung der Versicherungsunternehmen (Ver-
        sicherungsaufsichtsG)
Var. . . . . Variante
vgl. . . . . vergleiche
VO . . . . Verordnung
Vorb. . . . . Vorbereitung; Vorbemerkung
VVaG . . . . Versicherungsverein auf Gegenseitigkeit

WM . . . . Wertpapier-Mitteilungen (Zeitschrift)
WiPrO . . . . Gesetz über eine Berufsordnung der Wirtschaftsprüfer (Wirtschaftsprü-
        ferordnung)
WoVermG . . . . Gesetz zur Regelung der Wohnraumvermittlung
WR . . . . Wirtschaftsrecht (Zeitschrift)

ZAP . . . . Zeitschrift für die Anwaltspraxis
zB . . . . zum Beispiel
ZGR . . . . Zeitschrift für Unternehmens- und Gesellschaftsrecht
ZGS . . . . Zeitschrift für das gesamte Schuldrecht
ZHR . . . . Zeitschrift für das gesamte Handels- und Wirtschaftsrecht
Ziff. . . . . Ziffer
ZIP . . . . Zeitschrift für Wirtschaftsrecht und Insolvenzpraxis

zit. . . . . zitiert
ZPO . . . . Zivilprozessordnung
ZR . . . . Zivilrecht(ssachen)
ZRP . . . . Zeitschrift für Rechtspolitik
ZUR . . . . Zeitschrift für Umweltrecht

Literatur

Baumbach, A./Hopt, K. J., Handelsgesetzbuch, Kommentar, 40. Aufl. 2021 (zit.: Baumbach/Hopt/*Bearbeiter*)

Bitter, G./Heim, S., Gesellschaftsrecht, 5. Aufl. 2020 (zit.: *Bitter/Heim* GesR)

Bitter, G./Schumacher, F., Handelsrecht mit UN-Kaufrecht, 3. Aufl. 2018 (zit.: *Bitter/Schumacher* HandelsR)

Brox, H./Henssler, M., Handelsrecht (mit Grundzügen des Wertpapierrechts), 23. Aufl. 2020 (zit.: *Brox/Henssler* HandelsR)

Bülow, P./Artz, M., Handelsrecht, 7. Aufl. 2015 (zit.: *Bülow/Artz* HandelsR)

Canaris, C.-W., Handelsrecht, 24. Aufl. 2006 (zit.: *Canaris* HandelsR)

Creifelds, C., Rechtswörterbuch, 25. Aufl. 2020 (zit.: *Bearbeiter* in Creifelds Recht-WB)*

Ebenroth, C. T./Boujong, K./Joost, D./Strohn, L., Handelsgesetzbuch, Kommentar, Band 1, §§ 1–342e, 4. Aufl. 2020; Band 2, §§ 343–475h, 4. Aufl. 2020 (zit.: EBJS/*Bearbeiter*)

Eisenhardt, U./Wackerbarth, U., Gesellschaftsrecht I – Recht der Personengesellschaften mit Grundzügen des GmbH- und des Aktienrechts, 16. Aufl. 2015 (zit.: *Eisenhardt/Wackerbarth* GesR I)

Enders, T./Heße, M., Gesellschafts- und Handelsrecht, 4. Aufl. 2015 (zit.: *Enders/Heße* GesR/HandelsR)

Fischinger, P. S., Handelsrecht, 2. Aufl. 2019 (zit.: *Fischinger* HandelsR)

Führich, E., Wirtschaftsprivatrecht, 13. Aufl. 2017 (zit.: *Führich* WirtschaftsPrivR)

Glanegger, P./Kirnberger, C./Kusterer, S., Heidelberger Kommentar zum Handelsgesetzbuch, 7. Aufl. 2007 (zit.: HK/*Bearbeiter*)

Gruber, J., Handelsrecht – Schnell erfasst, 6. Aufl. 2019 (zit.: *Gruber* HandelsR)*

Grunewald, B., Gesellschaftsrecht, 11. Aufl. 2020 (zit.: *Grunewald* GesR)

Haag, O./Erdl, B., Handels- und Gesellschaftsrecht – Fälle und Schemata, 2016 (zit.: *Haag/Erdl* Fälle HandelsR/GesR)*

Jauernig, O., Bürgerliches Gesetzbuch, Kommentar, 18. Aufl. 2021 (zit.: Jauernig/*Bearbeiter*)

Jung, P., Handelsrecht, 12. Aufl. 2019 (zit.: *Jung* HandelsR)

Kindler, P., Grundkurs Handels- und Gesellschaftsrecht, 9. Aufl. 2019 (zit.: *Kindler* GK HandelsR)

Klein-Blenkers, F., Rechtsformen der Unternehmen, 2. Aufl. 2016 (zit.: *Klein-Blenkers* Rechtsformen)*

Lettl, T., Handelsrecht, 4. Aufl. 2018 (zit.: *Lettl* HandelsR)

Lettl, T., Fälle zum Handelsrecht, 4. Aufl. 2019 (zit.: *Lettl* Fälle HandelsR)

Lettl, T., Fälle zum Gesellschaftsrecht, 4. Aufl. 2020 (zit.: *Lettl* Fälle GesR)

Meyer, J., Wirtschaftsrecht: Handels- und Gesellschaftsrecht, 2018 (zit.: *Meyer* HandelsR/GesR)

Müglich, A., Transport- und Logistikrecht, 2002 (zit.: *Müglich* TransportR)*

Oetker, H., Handelsrecht, 8. Aufl. 2019 (zit.: *Oetker* HandelsR)

Palandt, O., Bürgerliches Gesetzbuch, Kommentar, 80. Aufl. 2021 (zit.: Palandt/*Bearbeiter*)

Prütting, J./Weller, M.-P., Handels- und Gesellschaftsrecht, 10. Aufl. 2020 (zit.: *Prütting/Weller* HandelsR)

Saenger, I., Gesellschaftsrecht, 5. Aufl. 2020 (zit.: *Saenger* GesR)

Schade, F./Graewe, D., Wirtschaftsprivatrecht, 4. Aufl. 2017 (zit.: *Schade/Graewe* Wirt-schaftsPrivR)*

Schäfer, C., Gesellschaftsrecht, 5. Aufl. 2018 (zit.: *C. Schäfer* GesR)

Schmidt, K., Handelsrecht, 6. Aufl. 2014 (zit.: *K. Schmidt* HandelsR)

Schmidt, K., Gesellschaftsrecht, 4. Aufl. 2002 (zit.: *K. Schmidt* GesR)

Schmidt, K./Ebke, W., Münchener Kommentar zum Handelsgesetzbuch, Band 1: §§ 1–104a, 5. Aufl. 2021; Band 2: §§ 105–160, 4. Aufl. 2016; Band 3: §§ 161–237, 4. Aufl. 2019 (zit.: MüKoHGB/*Bearbeiter*)

Schulze, R./Dörner, H./Ebert, I./Hoeren, T./Kemper, R./Saenger, I./Scheuch, A./Schreiber, K./ Schulte-Nölke, H./Staudinger, A./Wiese, V., Bürgerliches Gesetzbuch, Handkommentar, 10. Aufl. 2019 (zit.: HK-BGB/*Bearbeiter*)

Schwabe, W., Handels- und Gesellschaftsrecht, Materielles Recht und Klausurenlehre, 7. Aufl. 2016 (zit.: *Schwabe* HandelsR/GesR)

Simrock, K. J., Die deutschen Sprichwörter (1846), Nachdruck 2011 (zit.: *Simrock* Sprichwör-ter)

Steckler, B./Tekidou-Kühlke, D., Kompendium Wirtschaftsrecht, 8. Aufl. 2016 (zit.: *Steckler/ Tekidou-Kühlke* WirtschaftsR)*

Steinbeck, A., Handelsrecht, 4. Aufl. 2017 (zit.: *Steinbeck* HandelsR)

Stöber, M., Handelsrecht, 2020 (zit.: *Stöber* HandelsR)*

Windbichler, C., Gesellschaftsrecht, 24. Aufl. 2017 (zit.: *Windbichler* GesR)

Wörlen, R./Kokemoor, A./Lohrer, S., Sachenrecht, 11. Aufl. 2020 (zit.: *Wörlen/Kokemoor* SachenR)*

Wörlen, R./Kokemoor, A., Arbeitsrecht, 13. Aufl. 2019 (zit.: *Wörlen/Kokemoor* ArbR)*

Wörlen, R./Metzler-Müller, K., BGB AT – Einführung in das Recht und Allgemeiner Teil des BGB, 15. Aufl. 2019 (zit.: *Wörlen/Metzler-Müller* BGB AT)*

Wörlen, R./Metzler-Müller, K., Schuldrecht AT, 14. Aufl. 2020 (zit.: *Wörlen/Metzler-Müller* SchuldR AT)*

Wörlen, R./Metzler-Müller, K., Schuldrecht BT, 13. Aufl. 2018 (zit.: *Wörlen/Metzler-Müller* SchuldR BT)*

Wörlen, R./Metzler-Müller, K., Zivilrecht – 1000 Fragen und Antworten: Bürgerliches Recht, Handelsrecht, Arbeitsrecht, 6. Aufl. 2007 (zit.: *Wörlen/Metzler-Müller* ZivilR)*

Wörlen, R./Schindler, S./Balleis, K., Anleitung zur Lösung von Zivilrechtsfällen – Methodische Hinweise und 22 Musterklausuren, 10. Aufl. 2020 (zit.: *Wörlen/Schindler/Balleis* ZivilR)*

* Diese Werke sind besonders gut für Anfänger geeignet.

1. Kapitel. Einführung ins Handelsrecht

Das Handelsrecht ist primär im Handelsgesetzbuch (HGB) geregelt.

Hinweis: Wie in jedem neuen Rechtsgebiet sollten Sie sich zuerst einen Überblick über die Grob-struktur verschaffen, indem Sie die Inhaltsübersicht Ihres Gesetzestextes aufschlagen.   **1**

Dort sehen Sie, dass das HGB (wie auch das BGB) in fünf Bücher gegliedert ist, die wiederum in verschiedene Abschnitte untergliedert sind. Für das Studium des Handelsrechts sind insbesondere relevant:

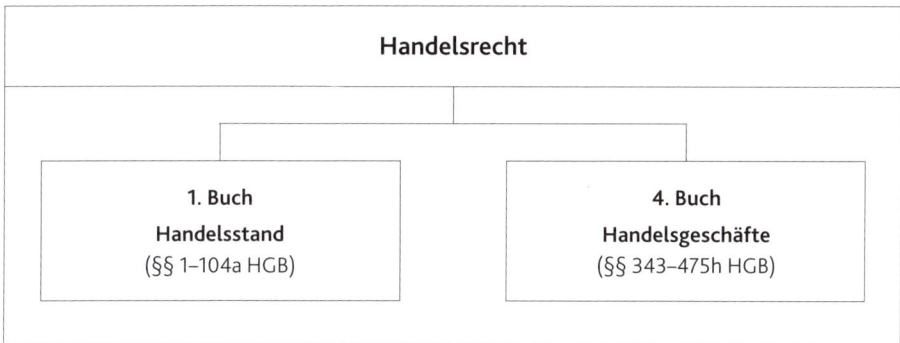

Im zweiten Buch finden sich Vorschriften zum Gesellschaftsrecht (→ Rn. 141 ff.).

Hinweis: Für das Verständnis eines Rechtsgebiets sind auch die Einordnung und die Kenntnis der Grundbegriffe sowie der geltenden Grundsätze sehr wichtig. Insbesondere Letzteres ist auch für die Argumentation in der Klausur sehr bedeutsam.

I. Einordnung und Begriff

Das Handelsrecht wird gemeinhin als **Sonderprivatrecht der Kaufleute** bezeichnet![1]   **1a**

Dies erklärt sich aus der Stellung des Handelsrechts innerhalb unseres Rechtssystems. Wie Sie vermutlich wissen, ist unser Rechtssystem in zwei große Bereiche eingeteilt, das öffentliche Recht und das Privatrecht.

■[2] Zur Wiederholung: Worin besteht, vereinfacht ausgedrückt, der Unterschied zwischen öffentlichem Recht und Privatrecht?

▶ Das *öffentliche Recht* regelt neben den Beziehungen von staatlichen Hoheitsträgern untereinander die Beziehungen von Hoheitsträgern zu den Bürgern auf der Ebene der Über- und Unterordnung (zB Baurecht). Das *Privatrecht* betrifft die Beziehungen der Beteiligten auf der Ebene der Gleichordnung (zB Bürgerliches Recht).[3]

---

1 ZB *Canaris* HandelsR § 1 Rn. 1 mwN; *Kindler* GK HandelsR/GesR § 1 Rn. 1 ff.
2 » ■ « bedeutet immer, auch wenn das nicht jedesmal ausdrücklich erwähnt wird: Achtung! Erst selbst nachdenken, bevor Sie weiterlesen! Der Pfeil (» ▶ «) weist auf die Antwort hin.
3 *Wörlen/Metzler-Müller* BGB AT Rn. 13 ff.

Der Begriff Sonderprivatrecht hat zwei Ausprägungen.

Das Handelsrecht ist erstens Sonder**privatrecht**, wenngleich es bisweilen auch öffentlich-rechtliche Normen[4] enthält, da es einen Teil des Privatrechts bildet.[5]

Zweitens wird das Handelsrecht als **Sonder**privatrecht bezeichnet, um es von dem *allgemeinen*, vornehmlich im Bürgerlichen Gesetzbuch niedergelegten, Privatrecht abzugrenzen. Als Sonderprivatrecht gilt Handelsrecht traditionell nur für eine bestimmte Gruppe von Rechtssubjekten: es ist grundsätzlich nur auf *Kaufleute* (§§ 1–6 HGB) anwendbar, dh mindestens eine der Parteien muss Kaufmann bzw. Kauffrau sein (dazu s. auch §§ 343, 345 HGB sowie näher Kap. 2, → Rn. 7).

2   Der Geltungsbereich des deutschen Handelsrechts ist somit nach dem **subjektiven System** ausgerichtet.[6] Für das subjektive System ist charakteristisch, dass es die Geltung handelsrechtlicher Vorschriften von einer persönlichen Eigenschaft mindestens eines der beteiligten Rechtssubjekte – eben der Kaufmannseigenschaft – abhängig macht.[7] Daher ist der Begriff des Kaufmanns ein zentraler Begriff des Handelsrechts.[8]

Im Gegensatz dazu steht das *objektive System*, das für die Geltung von handelsrechtlichen Vorschriften auf die Eigenart des jeweiligen Rechtsgeschäfts, das abgeschlossen wurde, abstellt. Dieses System wird zB im französischen Handelsrecht bevorzugt.[9]

Grundsätzlich gelten *auch* die Vorschriften des BGB für Kaufleute, allerdings nur subsidiär. *unterschied*

3   ■ Was das »**Subsidiaritätsprinzip**« in diesem Zusammenhang bedeutet, könnte Ihnen (noch) bekannt sein.[10]
     ▶ Wenn die Vorschriften des BGB für Kaufleute nur subsidiär gelten, so bedeutet das, dass sie nur insoweit Anwendung finden, als es für den jeweiligen Sachverhalt keine Sondervorschriften gibt, vgl. Art. 2 I EGHGB.[11] In Handelssachen kommen die Vorschriften des BGB nur insoweit zur Anwendung, als nicht im HGB ein anderes bestimmt ist (Art. 2 I EGHGB!).

Sondervorschriften (leges speciales) für Kaufleute enthält vor allem das HGB.

II. Entstehung

3a   Das Handelsrecht ist aus deutschen Stadtrechten des Mittelalters hervorgegangen und stark beeinflusst vom italienischen und vor allem vom französischen Handelsrecht.[12] Im Gegensatz zum BGB, das als einheitliches Gesetzeswerk damals völlig neu konzipiert wurde, hatte das HGB von 1897 bereits einen Vorläufer, nämlich das »All-

---

4   **ZB die §§ 8 ff. HGB sowie weitgehend auch die §§ 238 ff. HGB,** → Rn. 227 ff.
5   Überblick dazu bei *Wörlen/Metzler-Müller* BGB AT Übersicht 3 Rn. 18. Das Handelsrecht gehört zum Wirtschaftsprivatrecht. Zum Begriff *Wörlen/Metzler-Müller* BGB AT Rn. 19 ff.
6   *K. Schmidt* HandelsR § 1 Rn. 4.
7   *Canaris* HandelsR § 1 Rn. 3.
8   S. zum Kaufmannsbegriff ausf. das 2. Kapitel, → Rn. 7 ff.
9   S. *Canaris* HandelsR § 1 Rn. 3, mit krit. Würdigung beider Systeme.
10 Lesen Sie anderenfalls zB *Wörlen/Metzler-Müller* BGB AT Rn. 39.
11 Nr. 2 der dtv-Gesetzessammlung HGB.
12 Für das französische Handelsrecht gab es bereits seit 1807 eine gesetzliche Kodifikation, den »Code de Commerce«.

gemeine Deutsche Handelsgesetzbuch« von 1861.[13] Darüber hinaus waren für die Entwicklung des Handelsrechts das Gewohnheitsrecht[14] sowie »Handelsbräuche« (vgl. § 346 HGB – lesen!) von besonderer Bedeutung.[15] Das HGB ist am selben Tag in Kraft getreten wie das BGB, nämlich am 1.1.1900.

III. Regelungsbereich und Grundsätze

Wenn wir eben festgestellt haben, dass das Bürgerliche Recht gegenüber dem Han-   4
delsrecht nur *subsidiär* gilt, so bedeutet das nicht, dass das HGB das BGB auf dem Gebiet des Handelsrechts völlig verdrängt. Dies gilt vor allem für den Handelskauf, für den das HGB in seinen §§ 373 ff. dem Kaufrecht des BGB (§§ 433 ff.) nur einige ergänzende Vorschriften hinzufügt. Das Bürgerliche Recht wird also an manchen Stellen durch handelsrechtliche Vorschriften ergänzt oder modifiziert.

Im Folgenden wollen wir uns die wichtigsten im Handelsrecht geltenden **Grundsätze** näher ansehen[16]:

Übersicht 1

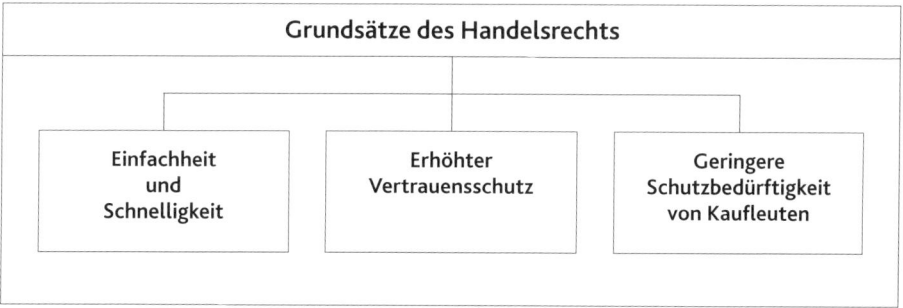

Grundsätze des Handelsrechts
Einfachheit und Schnelligkeit	Erhöhter Vertrauensschutz	Geringere Schutzbedürftigkeit von Kaufleuten

Das BGB gilt also selbstverständlich auch für den Handelskauf und für Kaufleute.   5
Die Besonderheit der Vorschriften des HGB liegt einerseits darin, dass an Kaufleute in mehreren Beziehungen strengere Anforderungen (zB in §§ 362, 377 HGB – Sie brauchen diese Vorschriften jetzt ausnahmsweise nicht zu lesen) gestellt werden, als an andere Teilnehmer am Rechtsverkehr.

Im Bürgerlichen Recht gibt es den Grundsatz, dass Schweigen auf ein Angebot (=   5a
Antrag iSd §§ 145 ff. BGB) nicht als Annahme gilt. Kaufleute hingegen müssen sich ihr Schweigen auf einen Antrag gem. § 362 I S. 1 HGB (jetzt lesen!) als Annahme zurechnen lassen.

▪ Wie lange haben *Nichtkaufleute* als Käuferin oder Käufer Zeit, um Mängel der Kaufsache zu rügen und Mängelansprüche geltend zu machen?

▶ Gemäß § 438 I Nr. 3 BGB haben Nichtkaufleute grundsätzlich zwei Jahre Zeit. Beachtenswert in diesem Zusammenhang ist beim Verbrauchsgüterkauf die Beweislastumkehr gem. § 477 BGB innerhalb von sechs Monaten.

---

13 *Wörlen/Metzler-Müller* BGB AT Rn. 40.
14 Dazu *Wörlen/Metzler-Müller* BGB AT Rn. 5, 8 ff.
15 Ausf. zum Ganzen *Canaris* HandelsR § 1 Rn. 48–55.
16 Ausf. zu den Grundsätzen *K. Schmidt* HandelsR § 1 Rn. 72–74; *Canaris* HandelsR § 1 Rn. 15–19.

Hingegen muss der Käufer, der *Kaufmann* ist, die Ware unter den Voraussetzungen von § 377 I HGB *unverzüglich* untersuchen und entdeckte Mängel dem Verkäufer unverzüglich anzeigen. Unterlässt er dies, gilt die Ware gem. § 377 II HGB grundsätzlich als genehmigt (jetzt Vorschrift lesen!).

■ Was ist wohl der Grund dafür, dass das HGB hier für Kaufleute strengere Regeln enthält als das BGB?

▶ Da Kaufleute im Rechts- und Geschäftsverkehr im Regelfall über mehr Erfahrung verfügen als Nichtkaufleute, wird ihnen zumeist größeres Vertrauen entgegengebracht. Dieses Vertrauen soll durch die strengeren Vorschriften des HGB geschützt werden.
§ 377 HGB fördert zugleich die raschere Abwicklung des Handelsverkehrs, also die **Einfachheit und Schnelligkeit** des Handelsverkehrs.[17]

Den **erhöhten Vertrauensschutz** bezweckt unter anderem auch § 15 HGB[18], der die »Publizität des Handelsregisters« regelt. Darauf wird unten (→ Rn. 64–68) noch näher eingegangen.

5b Andererseits kennt das Bürgerliche Recht eine Reihe von Formvorschriften, die die Beteiligten schützen sollen. Diese Vorschriften gelten dann aufgrund von Sonderregelungen des HGB für Kaufleute nicht: Während beispielsweise § 766 S. 1 BGB für die Bürgschaftserklärung die Schriftform vorsieht, sind Bürgschaftserklärungen von Kaufleuten bei einem Handelsgeschäft gem. § 350 HGB formfrei.

Hier enthält das HGB gegenüber dem BGB also Erleichterungen für Kaufleute:

■ Was ist der Sinn und Zweck von Formvorschriften? Was mag der Grund dafür gewesen sein, dass der Gesetzgeber die Kaufleute von der Einhaltung bestimmter Formvorschriften des BGB befreit hat?

▶ Formvorschriften sollen unter anderem Warn- und Schutzfunktionen[19] ausüben, um unüberlegte, übereilte Geschäftsabschlüsse zu verhindern. Aufgrund ihrer größeren Erfahrung im Geschäftsverkehr bedürfen Kaufleute dieses Schutzes nicht. Deshalb wird bei Kaufleuten von einer **geringeren Schutzbedürftigkeit** ausgegangen.[20]
Außerdem fördert die Befreiung von der Einhaltung von Formvorschriften ebenfalls die rasche Abwicklung des Handelsverkehrs.

Einen Überblick zu wichtigen Sonderregelungen des HGB können Sie sich mit Hilfe der Übersicht 35 → Rn. 307 verschaffen.

> **Hinweis:** Das Handelsrecht ist mit dem Bürgerlichen Recht verbunden. Ausgangspunkt einer Falllösung mit Schwerpunkt Handelsrecht ist häufig eine bürgerlich-rechtliche Anspruchsgrundlage, da im Handelsrecht selbst nur wenige Anspruchsgrundlagen zu finden sind.
>
> Unbedingt darauf achten sollten Sie, dass handelsrechtliche Probleme und Vorschriften in der Klausur erst an der Stelle erörtert werden, an der diese in der Falllösung bedeutsam werden. Eine Vorprüfung ohne Zusammenhang mit den Voraussetzungen des Gesetzes sollten Sie vermeiden.

---

17 S. *Canaris* HandelsR § 1 Rn. 19.
18 S. *K. Schmidt* HandelsR § 1 Rn. 74.
19 *Wörlen/Metzler-Müller* BGB AT Rn. 290.
20 *Canaris* HandelsR § 1 Rn. 17.

Lesen Sie zur Wiederholung nun

Übersicht 2

Begriffe aus dem Handelsrecht (HR)	6

HR = Sonderprivatrecht der Kaufleute
- Einordnung in unser Rechtssystem:
  HR ist (überwiegend) *Privatrecht* (wie zB das Bürgerliche Recht).
- HR ist grundsätzlich nur auf *Kaufleute* anwendbar, dh mindestens eine der Parteien muss Kaufmann bzw. Kauffrau sein.
- **Gesetzliche Grundlage:** insbesondere Handelsgesetzbuch (HGB).

- **Vorläufer:**
  Allg. Dtsch. Handelsgesetzbuch von 1861; Gewohnheitsrecht, Handelsbräuche (vgl. § 346 HGB).

- Das BGB gilt für Kaufleute neben dem HGB nur **subsidiär**
  (vgl. Art. 2 I EGHGB).
  Das **HGB** ist insofern **lex specialis**.

- **Grundsätze des HR**/Besonderheiten des HGB für Kaufleute gegenüber dem BGB:[21]
  1. **Einfachheit und Schnelligkeit:**
     Raschere Abwicklung der Handelsgeschäfte
     - unverzügliche Mängelrüge (§ 377 HGB)
     - Formfreiheit von Bürgschaftserklärungen (§ 350 HGB)
  2. **Erhöhter Vertrauensschutz**
     - Publizität des Handelsregisters (§ 15 HGB)
     - Schweigen auf Anträge = Annahme (§ 362 HGB)
  3. **Geringere Schutzbedürftigkeit** der Kaufleute
     aufgrund größerer Erfahrung im Geschäftsverkehr
     Formfreiheit (§ 350 HGB)

Literatur zur Vertiefung (→ Rn. 1–6): *Bitter/Schumacher* HandelsR § 1; *Brox/Henssler* HandelsR § 1; *Canaris* HandelsR § 1; *Hucke/Christow*, Handels- und Gesellschaftsrecht, AL 2018, 60; *Jung* HandelsR Kap. 1; *Kindler* GK HandelsR § 1; *Prütting/Weller* HandelsR § 1; *K. Schmidt* HandelsR § 1.

---

21 → **Rn. 307** (Übersicht 35).

2. Kapitel. Kaufleute

Wenn davon die Rede war, dass das Handelsrecht das *Sonder*privatrecht der Kaufleute 7 ist, so ist zu klären, wer als Kaufmann oder Kauffrau im handelsrechtlichen Sinne anzusehen ist. Der Kaufmannsbegriff ist, wie bereits erwähnt, ein zentraler Begriff des Handelsrechts, weil das Handelsrecht idR nur auf Kaufleute anwendbar ist.

Der Begriff »Kaufmann« ist uns aus der Sprache des täglichen Lebens bekannt.

> **Beispiel:** Zwei ehemalige Mitschüler A und B berichten einander von ihrem beruflichen Werdegang. A erzählt: »Ich habe meine Ausbildung beendet und bin jetzt als Bankkaufmann bei der Deutschen Bank AG angestellt.« B sagt: »Ich bin selbstständige Versicherungskauffrau und habe ein Maklergeschäft.«

Nach allgemeinem Sprachgebrauch ist »Kaufmann« bzw. »Kauffrau« jeder, der in irgendeiner Weise kaufmännisch tätig ist. Als Synonym wird oft auch der Begriff Händler bzw. Händlerin verwendet.

Kaufmann im Rechtssinne ist aber nur diejenige Person, welche nach den handelsrechtlichen Bestimmungen als Kaufmann eingestuft wird (s. insbesondere §§ 1–6 HGB). Auch wenn sich das Gesetz hier ausdrücklich nur auf den »Kaufmann« bezieht, zeigt uns § 19 I Nr. 1 HGB (s. dazu sogleich → Rn. 34), dass man gleichermaßen auch von der »Kauffrau« sprechen kann.

Es werden fünf Arten von Kaufleuten unterschieden:

Übersicht 3

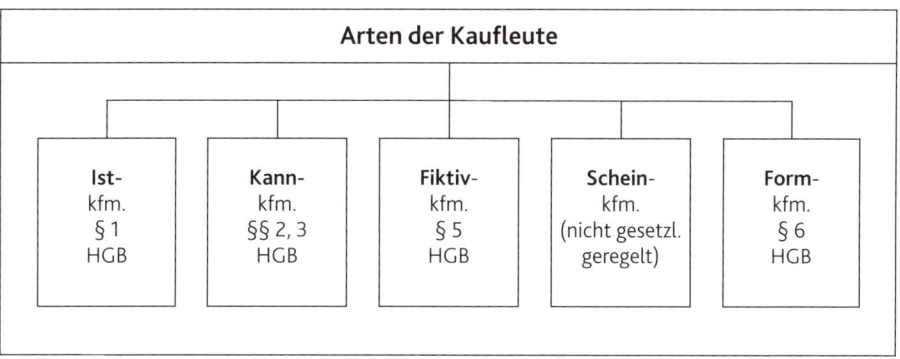

I. Istkaufleute nach § 1 HGB (Kaufleute kraft Handelsgewerbebetriebs)

Die erste Art von Kaufleuten, die wir uns ansehen wollen, ist die der Istkaufleute 7a gem. § 1 HGB. Der Name rührt daher, dass Istkaufleute kraft Betreibens eines Handelsgewerbes automatisch und zwingend Kaufleute sind.

> **Hinweis:** Lesen Sie § 1 I HGB durch und versuchen Sie zu Übungszwecken ohne vorauszulesen ein Prüfungsschema zu entwickeln!

Kaufmann iSd § 1 I HGB ist, wer ein *Handelsgewerbe betreibt.*

Prüfungsschema § 1 HGB:

(1) **Gewerbe**
(2) *Handels*gewerbe
(3) **Betreiben**

1. Gewerbe

8 Lesen Sie § 1 HGB aufmerksam ganz durch!

Erste Voraussetzung für die Kaufmannseigenschaft ist das Vorliegen eines Gewerbes. Diese und die weiteren Voraussetzungen für die Kaufmannseigenschaft iSv § 1 I HGB verdeutlichen wir uns anhand des ersten Übungsfalls:

Übungsfall 1[22]
Der Kunstmalerin A ist die Durchführung einer eigenen Ausstellung in einer bedeutenden Galerie gelungen. Schon bald zeigt sich, dass sich die Vogelfederbilder der A ungeheuer gut verkaufen. Rasch hat A 25 Bilder abgesetzt und dafür 100.000 EUR eingenommen.
Die Rechtspflegerin des örtlichen Amtsgerichts fordert sie auf, sich innerhalb von vier Wochen im Handelsregister eintragen zu lassen; andernfalls müsse A ein Zwangsgeld in Höhe von 1.000 EUR zahlen. A hält das für rechtswidrig.
Wer hat Recht?

9 Um die Frage beantworten zu können, müssen wir schon ungefähr wissen, was das Handelsregister ist und wer verpflichtet ist, sich dort eintragen zu lassen.

Das *Handelsregister* ist ein öffentliches, von den Gerichten elektronisch geführtes Verzeichnis (§ 8 I HGB), in dem die Kaufleute eines Amtsgerichtsbezirks sowie bestimmte auf sie bezogene Tatsachen und Rechtsverhältnisse eingetragen werden (s. auch § 29 HGB). Im Einzelnen kommen wir auf das Handelsregister unten (→ Rn. 54 ff.) ausführlicher zu sprechen.

Nach *§ 14 HGB* kann das Registergericht denjenigen, der zur Eintragung in das Handelsregister verpflichtet ist, gegebenenfalls durch Zwangsgeld zu dieser Eintragung anhalten (§ 14 HGB lesen!). Gemäß § 14 S. 2 HGB darf das einzelne Zwangsgeld 5.000 EUR nicht überschreiten.

Eine Verpflichtung der A, sich ins Handelsregister eintragen zu lassen, könnte sich aus *§ 29 HGB* ergeben (*lesen!*).

10 ■ Welche wichtige Voraussetzung muss A demnach erfüllen, damit sie eintragungspflichtig ist?
▶ A müsste »**Kaufmann**« bzw. »**Kauffrau**« im Rechtssinne sein.
■ A könnte Istkaufmann gem. § 1 HGB sein. Was ist dazu Voraussetzung? (Lesen Sie nochmals § 1 I HGB!)
▶ A müsste gem. § 1 I HGB ein Handelsgewerbe betreiben.

Bevor wir feststellen können, ob es sich bei der Tätigkeit der A um ein Handelsgewerbe handelt, müssen wir prüfen, ob A überhaupt ein **Gewerbe** betreibt. Der Be-

---

22 Nach *Alpmann und Schmidt* HandelsR, 12. Aufl. 2008, Fall 1.

griff des Gewerbes spielt auch bei anderen Vorschriften des HGB eine Rolle (zB § 2 HGB).

Der Begriff des Gewerbes ist nicht im HGB und auch nicht in der Gewerbeordnung definiert. Er ist von Lehre und Rechtsprechung entwickelt worden.

Nach hM versteht man unter Gewerbe jede nach außen gerichtete, selbstständige, nicht »freiberufliche«, planmäßig auf gewisse Dauer angelegte und mit Gewinnerzielungsabsicht bzw. entgeltlich ausgeübte Tätigkeit.[23] Zumindest Anhaltspunkte für diese Definition finden sich auch in § 15 II EStG.[24]

Prüfungsschema Gewerbe:

(1) Nach **außen** gerichtete
(2) **Selbstständige**, nicht freiberufliche
(3) Planmäßig auf **gewisse Dauer** angelegte
(4) Mit **Gewinnerzielungsabsicht** oder **entgeltlich** ausgeübte Tätigkeit

a) Nach außen gerichtete Tätigkeit

Nach außen gerichtet ist die Tätigkeit, wenn sie offen nach außen in Erscheinung tritt. Allein die – für Dritte nicht erkennbare – Absicht, ein Gewerbe zu betreiben, reicht nicht aus. Wer zB jahrelang privat an der *Börse spekuliert* hat, ohne dies öffentlich kund zu geben, betreibt kein Gewerbe im Sinne des Handelsrechts.[25] Auch wer sich als *»stiller Gesellschafter«* (§§ 230 ff. HGB)[26] beteiligt, betreibt kein Gewerbe und ist daher auch kein Kaufmann.[27]   **11**

b) Selbstständige, nicht freiberufliche Tätigkeit

»**Selbstständig**« ist eine Tätigkeit, wenn der Tätige *rechtlich* – nicht unbedingt von wirtschaftlichen Zwängen – frei ist. Selbstständig ist in diesem Sinne (wie zB ein Handelsvertreter gem. § 84 HGB), wer im Wesentlichen frei seine Tätigkeit gestalten und seine Arbeitszeit bestimmen kann.   **12**

> **Hinweis:** § 84 I S. 2 HGB (lesen!) enthält die Legaldefinition für den Begriff Selbstständigkeit.

In unserem Mitschüler-Beispiel oben erfüllt der angestellte »Bankkaufmann« A daher den Kaufmannsbegriff nicht, weil es daran fehlt, dass er selbstständig ist. Ein Arbeitnehmer oder Beamter übt also keine selbstständige Tätigkeit aus.[28]

---

23 S. zB Baumbach/Hopt/*Merkt* § 1 Rn. 11 ff.; *Lettl* HandelsR § 2 Rn. 6.
24 **§ 15 II 1 EStG hat folgenden Wortlaut:** »Eine selbständige nachhaltige Betätigung, die mit der Absicht, Gewinn zu erzielen, unternommen wird und sich als Beteiligung am allgemeinen wirtschaftlichen Verkehr darstellt, ist Gewerbebetrieb, wenn die Betätigung weder als Ausübung von Land- und Forstwirtschaft noch als Ausübung eines freien Berufs noch als eine andere selbständige Arbeit anzusehen ist.«
25 *Canaris* HandelsR § 2 Rn. 7.
26 → **Rn. 197.**
27 *Jung* HandelsR Kap. 2 Rn. 7.
28 Baumbach/Hopt/*Merkt* § 1 Rn. 14.

> **Hinweis:** Schreiben Sie am besten § 84 I S. 2 HGB neben § 1 I HGB! Um in der Klausur keine Vorschrift oder Voraussetzung zu übersehen und um Zeit zu sparen, sollten Sie Ihren Gesetzestext durch Paragrafenverweise und Unterstreichungen »aufbereiten«.
> Überprüfen Sie allerdings vorab, inwieweit dies nach Ihrer Prüfungsordnung zulässig ist!

Weiterhin ist festzuhalten, dass (historisch bedingt) kein Gewerbe vorliegt, wenn es sich bei der ausgeübten Tätigkeit um einen sog. »freien Beruf« handelt.

13 ■ Was versteht man unter einem »**freien Beruf**«?
▶ Der Begriff »freier Beruf« ist ein historisch-soziologischer Begriff aus der Zeit des frühen Liberalismus.[29]

■ Welche Beispiele für freie Berufe fallen Ihnen ein? Überlegen Sie!
▶ Beispiele für freie Berufe sind:

> Ärzte, Architektinnen, Psychologen, Rechtsanwältinnen, Steuerberater, Wirtschaftsprüferinnen, Schriftsteller und Künstlerinnen.
> Kein freier Beruf ist allerdings der des Apothekers.[30]

»Freier Beruf« bedeutet allerdings nicht, dass der Staat sich jeden Eingriffs in den Beruf enthält; doch unterliegen die freien Berufe nicht der relativ strengen Aufsicht des Gewerbeaufsichtsamts nach der Gewerbeordnung.
Allgemein kann man sagen, dass freie Berufe, wie die genannten Beispiele zeigen, in der Regel eine höhere Bildung erfordern und vor allem durch die persönliche Mitarbeit des Inhabers geprägt sind (vgl. § 1 II S. 1 PartGG). Dies zeigen auch die oben genannten Beispiele. In § 1 II S. 2 PartGG, welcher unmittelbar die sog. Partnerschaftsgesellschaft betrifft, findet sich eine Auflistung freier Berufe.

> **Hinweis:** Soweit dies prüfungsrechtlich zulässig ist, könnten Sie sich als Hilfestellung für die Klausur § 1 II S. 2 PartGG neben § 1 I HGB schreiben.

Da die Grenzen zum Gewerbe manchmal fließend sein können, wird der freie Beruf in einer Vielzahl von Spezialgesetzen ausdrücklich geregelt. So heißt es zB im Standesrecht der Rechtsanwälte, § 2 BRAO: »Der Rechtsanwalt übt einen freien Beruf aus. Seine Tätigkeit ist kein Gewerbe.«

Ähnliche Vorschriften enthalten zB für Ärzte § 1 II BÄO, für Zahnärzte § 1 IV ZahnheilkundeG (ZHG), für Steuerberater § 32 II StBerG sowie für Wirtschaftsprüfer § 1 II WiPrO.

c) Planmäßig auf gewisse Dauer angelegte Tätigkeit

14 Wenn die Tätigkeit »planmäßig auf gewisse Dauer« angelegt sein muss, so bedeutet das, dass sie nicht nur gelegentlich betrieben werden darf. Die Absicht des Handelnden muss auf eine Vielzahl von Geschäften gerichtet sein.[31] Es ist nicht zwingend, dass die Tätigkeit ununterbrochen ausgeübt wird oder die Haupteinnahmequelle dar-

---

29 Denkrichtung und Lebensform, die die Freiheit, Autonomie und freie Entfaltung der Persönlichkeit befürwortete. Bedeutende Vertreter waren Adam Smith (1723–1798) und John Stuart Mill (1806–1873).
30 BGH NJW 1983, 2086.
31 RGZ 74, 150.

stellt; insofern kann auch ein Saisonbetrieb oder eine Nebentätigkeit als Gewerbe einzustufen sein.[32]

d) Gewinnerzielungsabsicht/Entgeltliche Tätigkeit

»**Gewinnerzielungsabsicht**« bedeutet, dass lediglich die *Absicht* bestehen muss, Einnahmen zu erzielen, die über die Kostendeckung hinausgehen. Entscheidend ist also *nicht*, ob tatsächlich ein Gewinn erzielt wird. Die Gewinnerzielungsabsicht fehlt zB bei karitativen oder nur kostendeckenden Tätigkeiten. Bei privatwirtschaftlichen Unternehmen wird die Gewinnerzielungsabsicht vermutet.[33]   **15**

Die Erforderlichkeit der Gewinnerzielungsabsicht ist inzwischen umstritten. In der Literatur wird teilweise vertreten, dass eine Gewinnerzielungsabsicht für den Gewerbebegriff entbehrlich ist. Anstelle der Gewinnerzielungsabsicht soll nach dieser Ansicht nur noch geprüft werden, ob eine **entgeltliche Tätigkeit** am Markt vorliegt.[34]

▪ Wie würden Sie, nachdem Sie diese Abgrenzungskriterien des Gewerbes kennengelernt haben, die Tätigkeit der Malerin A in Übungsfall 1 einstufen? Betreibt A ein Gewerbe? (Überlegen Sie!)

▶ Als Kunstmalerin übt sie einen *freien Beruf* aus. Sie betreibt also kein Gewerbe und damit auch kein Handelsgewerbe. Da A folglich nicht Kauffrau ist, kann der Rechtspfleger nicht gem. § 29 HGB verlangen, dass sich A in das Handelsregister eintragen lässt. Insofern kann auch kein Zwangsgeld iSd § 14 HGB festgesetzt werden.

> **Hinweis:** Vor dem Hintergrund der richtigen Schwerpunktsetzung sollten Sie die Voraussetzungen des Gewerbes in einer Klausur nur dann ausführlich prüfen, wenn diese problematisch erscheinen!

2. Handelsgewerbe

Um die Kaufmannseigenschaft einer gewerbetreibenden Person nach § 1 HGB zu begründen, muss das ausgeübte Gewerbe ein Handelsgewerbe sein.   **16**

Handelsgewerbe ist gem. § 1 II HGB »jeder Gewerbebetrieb, es sei denn, daß das Unternehmen nach Art oder Umfang einen in kaufmännischer Weise eingerichteten Geschäftsbetrieb nicht erfordert«.

Mit der Formulierung von § 1 II HGB »*es sei denn*, daß das Unternehmen nach Art oder Umfang einen in kaufmännischer Weise eingerichteten Geschäftsbetrieb *nicht* erfordert«, wird demjenigen, der behaupten will, dass ein Gewerbetreibender nicht Kaufmann ist, dafür die Darlegungs- und Beweislast auferlegt. Das Gesetz stellt also eine **widerlegbare Vermutung** auf.[35] Für die Rechtsanwendung bedeutet das: Jemand, der ein Gewerbe betreibt, ist Kaufmann, außer das Unternehmen erfordert nach Art oder Umfang nicht einen in kaufmännischer Weise eingerichteten Geschäftsbetrieb.

---

32 Baumbach/Hopt/*Merkt* § 1 Rn. 13.
33 Baumbach/Hopt/*Merkt* § 1 Rn. 15.
34 S. dazu *K. Schmidt* HandelsR § 9 Rn. 37 ff.; *Canaris* HandelsR § 2 Rn. 3 ff.; *Lettl* HandelsR § 2 Rn. 9 und 21 f.
35 *Jung* HandelsR Kap. 2 Rn. 17.

> **Hinweis:** Nur wenn ein Sachverhalt Angaben enthält, die zweifelhaft erscheinen lassen bzw. Kriterien aufführt, nach denen sich beurteilen lässt, ob nach Art und Umfang ein in kaufmännischer Weise eingerichteter Geschäftsbetrieb erforderlich ist, ist zu überprüfen, ob das Gewerbe auch ein Handelsgewerbe darstellt.

Überliest man das Wort »*nicht*« (vor »*erfordert*«), hat man »Art *oder* Umfang« im Sinn:

Also ist jemand nur Kaufmann, wenn sein Gewerbetrieb (falls er überhaupt ein Gewerbe betreibt …) nach Art *oder* Umfang (= »alternativ«) »einen in kaufmännischer Weise eingerichteter Geschäftsbetrieb […] erfordert«?

Nein; das »*nicht*« wurde überlesen! Die negative Formulierung »es sei denn, daß […] *nicht* erfordert« bedeutet: »Der Gewerbebetrieb muss nach Art **und** (nicht: oder, also kumulativ) Umfang kaufmännische Einrichtungen **erfordern** (nicht: haben; unstr.)«[36].

Merken Sie sich das bitte!

17 ■ Welche Abgrenzungskriterien kommen Ihrer Meinung nach in Betracht, um festzustellen, ob ein Gewerbetrieb nach Art und Umfang eine kaufmännische Organisation *erfordert* oder nicht?

▶ Überlegen Sie selbst, bevor Sie die **Kriterien** lesen! Es gibt nach dem Wortlaut des § 1 II HGB Kriterien nach der Art und Kriterien nach dem Umfang der Geschäftstätigkeit.

»Art« der Geschäftstätigkeit (qualitative Kriterien):

> **Beispiele:**
> * Vielfalt der Produkte und Dienstleistungen sowie der Geschäftsbeziehungen,
> * Inanspruchnahme von Kredit,
> * Teilnahme am Wechselverkehr und
> * umfangreiche Werbung.[37]

»Umfang« der Geschäftstätigkeit (quantitative Kriterien):

> **Beispiele:**
> * Umsatz,
> * Höhe des Anlage- und Umlaufvermögens,
> * Zahl der Beschäftigten und
> * Zahl und Organisation der Betriebsstätten.[38]

Entscheidend ist das **Gesamtbild** des Gewerbebetriebes.[39]

Hilfreich zur Einordnung und zur Abgrenzung ist der Gegenbegriff zum Handelsgewerbe: das *Kleingewerbe*.

3.) »Betreiben« des Handelsgewerbes

18 Die letzte Voraussetzung für den Istkaufmann ist das »Betreiben«. Nur der »Betreiber« des Handelsgewerbes ist Kaufmann iSd § 1 HGB.

---

36 Baumbach/Hopt/*Merkt* § 1 Rn. 23.
37 *Bitter/Schumacher* HandelsR § 2 Rn. 14; Baumbach/Hopt/*Merkt* § 1 Rn. 23.
38 *Bitter/Schumacher* HandelsR § 2 Rn. 14; Baumbach/Hopt/*Merkt* § 1 Rn. 23.
39 *Canaris* HandelsR § 3 Rn. 9.

▓ Frage: Sind die ehemaligen Mitschüler A und B in dem eben (→ Rn. 7) genannten Beispiel Kaufleute im handelsrechtlichen Sinn oder nicht? Überlegen Sie und lesen Sie § 1 HGB nochmals!

▶ Kaufmann iSd § 1 I HGB ist, wer ein Handelsgewerbe *betreibt*. Handelsgewerbe ist, wie Sie bereits wissen, gem. § 1 II HGB »jeder Gewerbebetrieb, es sei denn, daß das Unternehmen nach Art oder Umfang einen in kaufmännischer Weise eingerichteten Geschäftsbetrieb nicht erfordert«.

Somit ist die selbstständige Versicherungsmaklerin B gegebenenfalls Kauffrau im Sinne des HGB. Auch das Bankgewerbe ist zwar ein Handelsgewerbe, da A aber bei einer Bank *angestellt* ist, *betreibt* er dieses Gewerbe nicht und ist nicht Kaufmann im Rechtssinn.

Wie Sie am Beispiel des Bankkaufmanns A gelernt haben, reicht es für die Kaufmannseigenschaft iSd HGB nicht aus, wenn jemand für einen anderen in dessen Handelsgewerbe tätig ist. Ein Handelsgewerbe »betreibt« als Kaufmann nur derjenige, auf dessen **Namen** das Geschäft läuft, wer also aus den Geschäften **berechtigt und verpflichtet** wird.[40]

Angestellte einer Bank, einer Versicherung oder anderer Unternehmen sind jedenfalls nicht Kaufleute im Sinne des Handelsrechts, auch wenn sie als Berufsabschlussbezeichnung »Kaufmann« (wie gesehen zB: Bankkaufmann, Versicherungskauffrau) führen. Sie sind vielmehr Handlungsgehilfen iSd §§ 59 ff. HGB, die wir später noch kurz behandeln werden.[41]

Wer ein Handelsgewerbe betreibt, ist also zwangsläufig Kaufmann – ob er will oder nicht! Man nannte ihn früher deshalb auch Musskaufmann (§ 1 HGB aF). Als solcher hat er gem. § 29 HGB die Pflicht, sich zur Eintragung ins Handelsregister anzumelden. Der Begriff »Istkaufmann« ist also treffend. Derjenige, der ein Handelsgewerbe betreibt, ist gem. § 1 HGB (automatisch) Kaufmann.[42]

Selbst wer seiner Pflicht zur Eintragung ins Handelsregister gem. § 29 HGB nicht nachkommt, ist Kaufmann. Die Wirkung der Eintragung ist insofern nur **deklaratorischer** (rechtserklärender) und nicht konstitutiver (rechtsbegründender) Natur.[43]

Die wesentlichen Voraussetzungen für die Kaufmannseigenschaft nach § 1 HGB sind auf der folgenden Übersicht 4 zusammengefasst.

---

40 *Jung* HandelsR Kap. 2 Rn. 25.
41 → **Rn. 69 ff.**
42 *K. Schmidt* NJW 1998, 2162.
43 S. zu den Begriffen **deklaratorisch** und **konstitutiv** näher → **Rn. 23 f.** sowie → **Rn. 62.**

Übersicht 4

19

Istkaufleute gem. § 1 HGB	
1. Handelsgewerbe	2. Betreiben

zu 1: **Gewerbe:** Jede (a) nach außen gerichtete, (b) selbstständige, nicht: »freiberufliche«, (c) planmäßig auf gewisse Dauer angelegte und (d) mit Gewinnerzielungsabsicht/entgeltlich ausgeübte Tätigkeit.

a) **Nach außen gerichtete Tätigkeit:**
Nicht heimliche Börsenspekulation oder »stiller Gesellschafter«.

b) **Selbstständige Tätigkeit:** *Rechtliche* Selbstständigkeit; wirtschaftliche Selbstständigkeit nicht erforderlich;
Kein »freier Beruf«: »höhere« Tätigkeiten, zB Ärztinnen, Architekten, Rechtsanwältinnen, Steuerberater, Wirtschaftsprüferinnen, Schriftstellerinnen, Künstler; Merkmal: persönliche Mitarbeit des Inhabers (s. die Auflistung in § 1 II 2 PartGG).

c) **Planmäßig auf gewisse Dauer:**
Nicht nur gelegentliche Tätigkeit.

d) **Gewinnerzielungs*absicht*:**
tatsächlicher Gewinn unerheblich;
aA: entgeltliche Tätigkeit.

Handelsgewerbe:
jeder Gewerbebetrieb, es sei denn, dass er nach Art *oder* Umfang einen in kaufmännischer Weise eingerichteten Geschäftsbetrieb *nicht* erfordert, § 1 II HGB; widerlegbare gesetzliche Vermutung (»… es sei denn, daß…«)

zu 2: **Betreiben:**
Gewerbe wird auf den Namen des Kaufmanns abgewickelt. Kaufmann ist also nur derjenige, der aus den Geschäften berechtigt und verpflichtet wird.
Ein angestellter »Bankkaufmann« zB ist daher *kein* Kaufmann im Rechtssinne (sondern Handlungsgehilfe nach §§ 59 ff. HGB).

II. Kaufleute kraft Eintragung

20 Istkaufleute (§ 1 HGB) sind (automatisch) Kaufleute, ohne dass es auf eine Eintragung ins Handelsregister ankommt. Kann- und Fiktivkaufleute (§§ 2, 3 und 5 HGB) erlangen hingegen die Kaufmannseigenschaft erst durch die Eintragung ins Handelsregister.

1. Kannkaufleute nach § 2 HGB

Hinweis: Lesen Sie § 2 HGB und versuchen Sie wieder selbst zu Übungszwecken ohne vorauszulesen ein Prüfungsschema zu entwickeln!

Prüfungsschema § 2 HGB:

(1) **Gewerbe**betrieb
(2) **Kein *Handels*gewerbe**
(3) (Freiwillige) **Eintragung** im Handelsregister

21 ① Erste Voraussetzung zum Erwerb der Kaufleuteeigenschaft nach § 2 HGB ist der **Betrieb eines Gewerbes.** Wer kein Gewerbe betreibt (zB eine Freiberuflerin), wird auch durch Eintragung nicht zum Kaufmann bzw. zur Kauffrau.

②) Kaufleute nach § 2 HGB sind gewerbliche Unternehmer, deren Betriebe aber **kein** 22
Handelsgewerbe gem. § 1 II HGB darstellen. Sie betreiben also nur ein *Kleingewerbe*.
§ 2 HGB eröffnet den Weg zur Kaufmannseigenschaft kraft Eintragung für solche
Gewerbe, die nicht schon gem. § 1 II HGB Handelsgewerbe sind (Abgrenzung: Handelsgewerbe ↔ Kleingewerbe).

③) Sie können eine **Eintragung** ins Handelsregister vornehmen lassen. Dazu sind sie 23
berechtigt, aber nicht verpflichtet (§ 2 S. 2 HGB). Sofern die Eintragung erfolgt ist,
gilt das Gewerbe dieser Kaufleute als Handelsgewerbe iSd § 1 HGB. Somit wird
durch die Eintragung ins Handelsregister eine Stellung als Kaufmann begründet.

- ▪ Wissen Sie (noch), wie man diese Wirkung der Eintragung ins Handelsregister
  bezeichnet? (Nachdenken!)
- ▶ Da die Eintragung ins Handelsregister bei Kannkaufleuten (§ 2 HGB) die Kaufmannseigenschaft begründet bzw. »konstituiert«, hat sie »**konstitutive**« (rechtsbegründende) Wirkung.
- ▪ Welche Wirkung hat dagegen die Eintragung von Kaufleuten nach § 1 HGB? (Das
  sollten Sie noch wissen!)
- ▶ Istkaufleute bekommen die Kaufmannseigenschaft per Gesetz durch § 1 HGB zu-
  gesprochen. Durch die Eintragung ins Handelsregister wird nur nach außen erklärt, dass sie unter ihrer Firma existieren und wo der Sitz ihrer Niederlassung ist.
  Die Eintragung hat daher nur »*deklaratorische*« (rechtserklärende) Wirkung.[44]

Für die Herbeiführung der Eintragung werden keine weiteren Tatbestandsvoraus- 24
setzungen aufgestellt. Es liegt somit im Ermessen der Kleingewerbetreibenden, auf
diesem Weg Kaufmann oder Kauffrau zu werden oder – solange ein in kaufmännischer Weise eingerichteter Geschäftsbetrieb nicht erforderlich ist – diesen Status wieder aufzugeben (»*Kannkaufmann mit Rückfahrkarte*«[45], § 2 S. 2 und 3 HGB lesen!)

Dem Personenkreis der Kleingewerbetreibenden wird durch § 2 HGB die Möglichkeit
gegeben, durch Eintragung in das Handelsregister freiwillig die Kaufmannseigenschaft zu erwerben. Dies ist sowohl für Einzelkaufleute als auch im Zusammenschluss zu einer offenen Handelsgesellschaft (§ 105 II HGB) oder einer Kommanditgesellschaft (§§ 161 II, 105 II HGB) möglich.[46]

2. Kannkaufleute nach § 3 HGB

Auf Betriebe der Land- und Forstwirtschaft finden die Vorschriften des § 1 HGB 25
gem. § 3 I HGB keine Anwendung, dh ein Landwirt oder eine Forstwirtin können
nicht Istkaufleute iSd § 1 HGB sein.

Die Landwirtin oder der Forstwirt sind also gegebenenfalls nur Kannkaufleute. Sie
sind nach § 3 II iVm § 2 HGB gleichermaßen berechtigt, aber nicht verpflichtet, eine
Kaufmannseigenschaft durch Eintragung ins Handelsregister herbeizuführen (§ 3 I
und II HGB und – nochmals – § 2 HGB lesen!).

---

44 Vgl. dazu zB *Wörlen/Metzler-Müller* BGB AT Rn. 86 f. sowie hier später in Kap. 4 → **Rn. 62**.
45 *K. Schmidt* NJW 1998, 2162 f.
46 Zu den Gesellschaften → **Rn. 141 ff.**

3. Fiktivkaufleute nach § 5 HGB

26

Prüfungsschema § 5 HGB:

(1) **Gewerbebetrieb**
(2) **Eintragung** im Handelsregister

Lesen Sie zunächst § 5 HGB! Schwer verständlich, was dort ausgedrückt ist?

Es bedeutet sinngemäß: Unabhängig davon, ob Gewerbetreibende unter ihrer Firma ein Handelsgewerbe betreiben oder nicht, ob sie zur Eintragung in das Handelsregister verpflichtet oder berechtigt waren oder nicht, werden sie allein durch die Tatsache, dass sie im Handelsregister eingetragen sind, zu Kaufleuten. Wer im Handelsregister eingetragen ist, *gilt* als Kaufmann bzw. Kauffrau, auch wenn die Eintragung zu Unrecht erfolgt sein sollte. Die Kaufmannseigenschaft wird durch die Eintragung ins Handelsregister fingiert (gesetzliche Fiktion).[47] Man nennt diese Art des Kaufmanns daher Fiktivkaufmann.

Der zügigen Geschäftsabwicklung im Handelsverkehr würde es widersprechen, wenn die jeweilige Geschäftspartnerin die Kaufmannseigenschaft besonders nachprüfen müsste.

Rechtssicherheit und Vertrauensschutz machen es erforderlich, dass uU auch solche Rechtssubjekte wie Kaufleute behandelt werden, die es eigentlich (*ohne* die Eintragung ins Handelsregister) gar nicht sind.

§ 5 HGB, der durch das HRefG im Wesentlichen unverändert blieb, hat allerdings durch die Neufassung von § 2 HGB an Bedeutung verloren: Eine Eintragung nach § 2 HGB, die materiell zu Unrecht erfolgte, gibt es nicht mehr, da diese Eintragung nunmehr ins Belieben der Gewerbetreibenden gestellt ist. Ein Gewerbe muss auch die durch Eintragung nach § 5 HGB zur Kauffrau gewordene Unternehmerin betreiben.

III. Scheinkaufleute

27 Die Rechtsfigur des Scheinkaufmanns ist gesetzlich nicht geregelt. Rechtssicherheit und Vertrauensschutz sind indessen auch dann geboten, wenn jemand im privaten Rechtsverkehr als Kaufmann oder Kauffrau auftritt, ohne tatsächlich Kaufmann oder Kauffrau zu sein (Kaufmann bzw. Kauffrau kraft *Rechtsscheins*). Es werden also weder die handelsrechtlichen Voraussetzungen für die Kaufmannseigenschaft erfüllt noch erfolgte eine Eintragung in das Handelsregister. Diese Personen werden dann als Kaufleute behandelt und den strengeren Vorschriften des HGB unterstellt. Die Lehre vom Scheinkaufmann zielt auf den Schutz der Geschäftspartner derjenigen, die sich als Kaufleute ausgeben, ohne es zu sein. Daher sollen diese Scheinkaufleute nur die *Pflichten* des ordentlichen Kaufmanns treffen; nicht aber sollen ihnen auch die Rechte und Vergünstigungen, die das HGB den Kaufleuten gewährt, zukommen. Dies wäre mit dem Grundsatz von Treu und Glauben des § 242 BGB nicht vereinbar.[48]

---

47 *Canaris* HandelsR § 3 Rn. 48 ff.; *Jung* HandelsR Kap. 2 Rn. 26.
48 S. zum Ganzen *Brox/Henssler* HandelsR Rn. 63 ff.; Baumbach/Hopt/*Merkt* § 5 Rn. 9 ff.

Im Interesse des Verkehrs- und Vertrauensschutzes muss sich diejenige Person, die sich im Geschäftsverkehr wie ein Kaufmann geriert, es aber pflichtwidrig unterlassen hat, die Registereintragung herbeizuführen, in Bezug auf bestimmte kaufmännische Verkehrspflichten auch wie ein Kaufmann behandeln lassen.[49]

Voraussetzungen:

- Rechtsscheintatbestand ist dem Scheinkaufmann zurechenbar,
- Dritter ist schutzwürdig, also gutgläubig, und
- Kausalität ist gegeben.[50]

IV. Kaufleute kraft Rechtsform (Formkaufleute; § 6 HGB)

Kaufleute im Sinne des HGB sind auch die Handelsgesellschaften (vgl. § 6 I HGB – lesen!), also insbesondere OHG, KG, GmbH, AG und KGaA. Als »Verein, dem das Gesetz ohne Rücksicht auf den Gegenstand des Unternehmens die Eigenschaft eines Kaufmanns beilegt« (§ 6 II = Formkaufmann) sind insbesondere GmbH, AG, KGaA und eG anzusehen. Sie sind kraft Gesetzes, auch ohne Vorliegen der Voraussetzungen von § 1 II HGB, stets Kaufleute. Handelsgesellschaften nennt man deshalb Formkaufleute, weil sie – unabhängig davon, ob sie ein Handelsgewerbe betreiben oder nicht – kraft Gesetzes aufgrund ihrer Rechtsform Kaufleute sind. **28**

Bei der GmbH verweist § 13 III GmbHG, bei der Aktiengesellschaft § 3 I AktG und bei der eG § 17 II GenG auf § 6 HGB. Diese Gesellschaften sind Formkaufleute, ohne dass es auf das Betreiben eines Handelsgewerbes (§ 1 II HGB) ankommt.

Personengesellschaften aber sind grundsätzlich nur dann Kaufleute kraft Rechtsform, also Handelsgesellschaften in Form der OHG oder KG, wenn sie ein *Handelsgewerbe betreiben* (§§ 105 I, 161 I HGB). Wie bei Einzelkaufleuten ist also darauf abzustellen, ob eine Personengesellschaft ein Gewerbe betreibt, das einen nach Art und Umfang in kaufmännischer Weise eingerichteten Geschäftsbetrieb erfordert (§§ 161 II, 105 I iVm § 1 II HGB) oder kraft (fakultativer) Eintragung zur OHG oder KG wird (§§ 161 II, 105 II HGB). **29**

Wird von der Personengesellschaft kein Gewerbe bzw. Handelsgewerbe betrieben und ist sie nicht ins Handelsregister eingetragen, ist eine Personengesellschaft keine OHG oder KG, sondern eine sog. BGB-Gesellschaft (= GbR).

Mit der rechtlichen Konstruktion der Gesellschaften werden wir uns später[51] noch ausführlicher befassen.

Man kann an dieser Stelle festhalten, dass es Kaufleute in Form von *Einzelkaufleuten* (§§ 1–5 HGB) und *Handelsgesellschaften* (§ 6 HGB) gibt.

Die verschiedenen Arten der Kaufleute sind auf der folgenden Übersicht 5 (→ Rn. 31) zusammengefasst!

49 Begr. zum Gesetzesentwurf der Bundesregierung, BR-Drs. 340/97, 32 f. (im Folgenden nur zit. als BR-Drs.).
50 Ausf. Baumbach/Hopt/*Merkt* § 5 Rn. 9 ff.
51 *Unten*, 6. Kapitel (→ Rn. 141–226).

30   **Literatur zur Vertiefung (→ Rn. 7–31):** *Bitter/Schumacher* HandelsR § 2; *Brox/Henssler* HandelsR §§ 2–4; *Canaris* HandelsR §§ 2 u. 3; *Haag/Erdl* Fälle HandelsR/GesR Fälle 1.1–1.3; *Hucke/Christow*, Handels- und Gesellschaftsrecht, AL 2018, 60; *Jung* HandelsR Kap. 2; *Lettl* HandelsR § 2; *Lieder*, Referendarexamensklausur Handels- und Gesellschaftsrecht und Bürgerliches Recht, JuS 2014, 1009; *Mönkemöller*, Die Kleingewerbetreibenden nach dem neuen Kaufmannsrecht, JuS 2002, 30, 495; *Petersen*, Kaufmannsbegriff und Kaufmannseigenschaft nach dem Handelsgesetzbuch, JURA 2005, 831; *Petig/Freisfeld*, Die Kaufmannseigenschaft, JuS 2008, 770; *Prütting/Weller* HandelsR §§ 4–7; *K. Schmidt* HandelsR §§ 9 u. 10; *K. Schmidt*, Unternehmer, Verbraucher – Kaufmann, BB 2005, 837; *K. Schmidt*, Fünf Jahre »neues Handelsrecht« – Verdienste, Schwächen und Grenzen des Handelsrechtsreformgesetzes von 1998, JZ 2003, 585; *Siems*, Fünf Jahre neuer Kaufmannsbegriff – Eine Bestandsaufnahme der Rechtsprechung, NJW 2003, 1297; *Steinbeck*, Grundlagen des Handelsrechts und examensspezifische Problemkonstellation, Ad Legendum 2013, 298; *Wolf/v. Bismarck*, Kaufmann, Unternehmer, Verbraucher – wann gilt das BGB, wann das HGB, wann Verbraucherrecht?, JA 2010, 841.

Übersicht 5

Zusammenfassung: Arten der Kaufleute nach dem HGB				
Istkaufleute	**Kannkaufleute**		**Formkaufleute**	**Fiktivkaufleute und Scheinkaufleute**
§ 1⁵²	§ 2	§ 3	§ 6	§ 5
Voraussetzungen: 1. **Gewerbe** 2. **Handelsgewerbe** 3. **Betreiben** »Istkaufmann«, da er/sie kraft Gesetzes (automatisch) Kfm/Kfr ist *Verpflichtung* zur Eintragung ins HReg = § 29 Eintragung hat nur **deklaratorische** (= rechtserklärende) Wirkung	1. **Gewerbebetrieb** 2. Kein Handelsgewerbe nach § 1 II (**Kleingewerbe**) 3. **Eintragung** ins HReg Gewerbe *gilt* dann als Handelsgewerbe *Berechtigung*, aber keine *Verpflichtung* zur Eintragung ins HReg gem. § 2 S. 2 Eintragung hat **konstitutive** (= rechtsbegründende) Wirkung	Betrieb der Land- und Forstwirtschaft => keine Anwendung von § 1!! *Berechtigung*, aber keine Verpflichtung zur Eintragung ins HReg, § 3 II, § 2 Eintragung hat *konstitutive* Wirkung	**Handelsgesellschaften** = Kaufleute kraft Gesetzes aufgrund der Rechtsform zB: OHG, KG, AG, KGaA, GmbH, eG *Verpflichtung zur Eintragung ins HReg*	**Fiktivkaufleute** § 5 Gewerbetreibende, die im HReg eingetragen sind, *gelten als Kaufleute* Eintragung hat *konstitutive* Wirkung **Scheinkaufleute:** Ohne Eintragung ins HReg Auftreten als Kfm/Kfr, ohne tatsächlich Kfm/Kfr zu sein Werden als Kaufleute behandelt und den Pflichten des ordentlichen Kfm unterworfen

52 §§ ohne Bezeichnung auf dieser Übersicht sind solche des HGB!

3. Kapitel. Recht der Handelsfirma

I. Begriff und Bestandteile

Während wir die verschiedenen Arten der Kaufleute kennengelernt haben, wurde   **32**
mehrfach erwähnt, dass Kaufleute verpflichtet (oder – im Falle der Kannkaufleute –
berechtigt) sind, sich mit ihrer Firma ins Handelsregister eintragen zu lassen (§ 29
HGB).

1. Begriff

Zunächst wollen wir uns deshalb mit dem Begriff der Firma beschäftigen.

■ Was versteht man unter der Firma eines Kaufmanns? (Überlegen Sie selbst, bevor
   Sie weiterlesen!)
▶ Im allgemeinen Sprachgebrauch wird die Firma häufig mit dem Unternehmen
   oder dem Gebäude des Unternehmens gleichgesetzt.

   Beispiel: »Ich muss nochmal in die Firma«.

■ Die juristisch korrekte Antwort gibt allerdings § 17 I HGB (lesen!):
▶ Die Firma ist der Name, unter dem ein Kaufmann seine Geschäfte betreibt und
   die Unterschrift abgibt.

Eine Firma im juristischen Sinne ist also gem. § 17 I HGB der **Name** des **Kaufmanns**,
unter dem er seine Geschäfte betreibt und seine Unterschrift abgibt. Ein Kaufmann
kann unter seiner Firma klagen und verklagt werden (§ 17 II HGB). Die Firma ist der
Name des Unternehmensträgers (Einzelkaufmann oder Handelsgesellschaft). Der
Einzelkaufmann hat insofern zwei Namen. Die Firma ersetzt den Namen des Kaufmanns nur im Handelsverkehr. Daneben hat der Einzelkaufmann noch seinen bürgerlichen Namen.[53]

Die Firma ist so eng mit dem Unternehmen (Handelsgeschäft) verbunden, dass die
Firma nur zusammen mit dem Unternehmen veräußert werden kann (vgl. § 23 HGB).

Nur ein Kaufmann (Einzelkaufmann oder Handelsgesellschaft) darf also eine Firma führen. Sonstige Unternehmer können im Geschäftsverkehr mit ihrem bürgerlichen Namen oder einer Geschäftsbezeichnung (zB Gasthof am Rathausplatz) auftreten.

2. Bestandteile

Die Firma besteht aus dem Firmenkern und dem Rechtsformzusatz.[54]   **33**

---

53 Baumbach/Hopt/*Merkt* § 17 Rn. 4.
54 Baumbach/Hopt/*Merkt* § 18 Rn. 8.

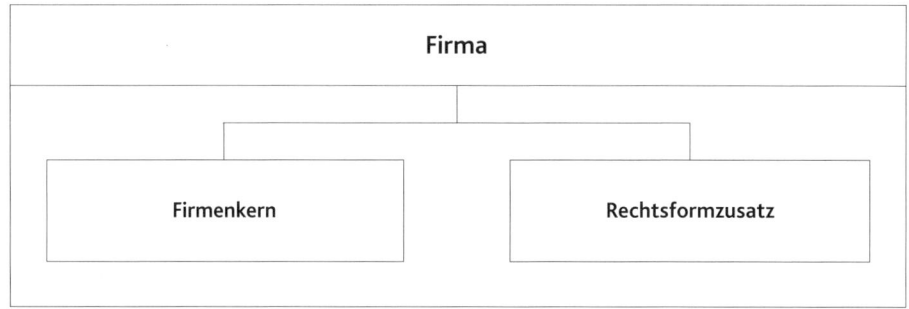

Firmenkern:

Jedem Kaufmann, ob Einzelkaufmann, Personenhandelsgesellschaft oder Körperschaft, ist es freigestellt, zwischen verschiedenen Arten zu wählen.[55] Insofern ist die Kenntnis dieser Optionen (und der nachfolgenden Grundsätze) auch für Gründer eines kaufmännischen Unternehmens von großer praktischer Relevanz.

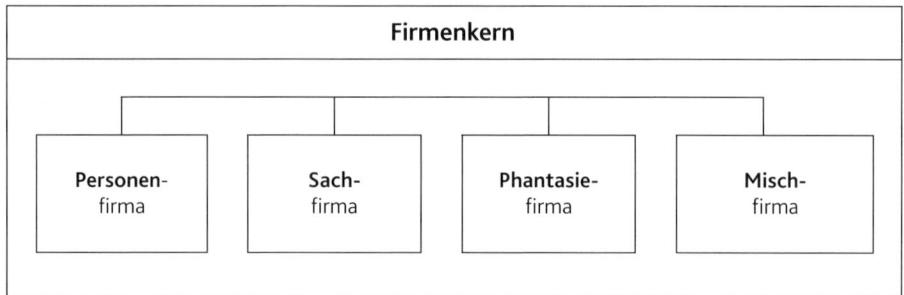

- **Personenfirma:**
  Enthält den bürgerlichen Namen des Unternehmers
- **Sachfirma:**
  Hinweis auf Unternehmensgegenstand
- **Phantasiefirma:**
  Phantasiebezeichnung ohne Bezug zum Unternehmensgegenstand oder zum bürgerlichen Namen
- **Mischfirma:**
  Kombination aus oben genannten Firmenarten.

■ Überlegen Sie sich jeweils ein Beispiel für jede Art des Firmenkerns!

Beispiele:
- Personenfirma: Maximilian Groß e.K.
- Sachfirma: Berliner Backwaren GmbH
- Phantasiefirma: Fantastica AG
- Mischfirma: Maximilian Groß Backwaren GmbH

34 Rechtsformzusatz:

Alle Firmen müssen neben dem Firmenkern einen Zusatz über die Rechtsform enthalten, um die Ausgestaltung der Haftung erkennbar zu machen.

---

55 Hierzu und zum Folgenden *Kindler* GK HandelsR/GesR § 4 Rn. 18 f.; *Jung* HandelsR Kap. 4 Rn. 9.

- **Einzelkaufleute** müssen gem. § 19 I Nr. 1 HGB die Bezeichnung »eingetragener Kaufmann/eingetragene Kauffrau« oder allgemein verständliche Abkürzungen dieser Bezeichnung wie zB »e.Kfm./e.Kfr.« oder »e.K.« führen.
- Gemäß § 19 I Nr. 2 und Nr. 3 HGB muss bei **Personenhandelsgesellschaften** die jeweilige genaue Gesellschaftsbezeichnung oder die entsprechende allgemein verständliche Abkürzung, also »OHG« oder »KG«, eingetragen werden.
- Wenn in einer OHG oder KG keine natürliche Person haftet, wie zB bei der **GmbH & Co. KG** (→ Rn. 221 ff.), muss die Firma gem. § 19 II HGB eine Bezeichnung enthalten, welche die Haftungsbeschränkung kennzeichnet.
- Entsprechende Bestimmungen für **Körperschaften** (also insbesondere AG, KGaA, GmbH/UG und eG) sehen die §§ 4, 279 AktG und §§ 4, 5a GmbHG sowie § 3 GenG vor.

Gemäß § 18 I HGB muss die Firma zur Kennzeichnung des Kaufmanns geeignet sein und Unterscheidungskraft besitzen. Insofern ist bei der Wahl des Firmenkerns darauf zu achten, dass dieser Kennzeichnungseignung und Unterscheidungskraft aufweist. Entscheidend ist die Identifizierungsfunktion der Firma, dh die hinreichende Individualisierung des Unternehmensträgers, um eine Verwechslung auszuschließen.[56] **35**

Im Rahmen von § 18 I HGB geht es um die abstrakte Unterscheidungsmöglichkeit gegenüber anderen Firmen. Reine Produkt- und Branchenbezeichnungen sind unzulässig.[57]

Beispiele: Reifen GmbH und Bau AG wären firmenrechtlich unzulässig.

Auch Personenfirmen ausschließlich mit verbreiteten Familiennamen, wie zB Müller, weisen keine hinreichende Unterscheidungskraft auf.[58]

II. Grundsätze der Firmenbildung und Firmenführung

Hinsichtlich der Firmenbildung und Firmenführung sind folgende firmenrechtliche Grundsätze zu beachten:[59] **35a**

Übersicht 6

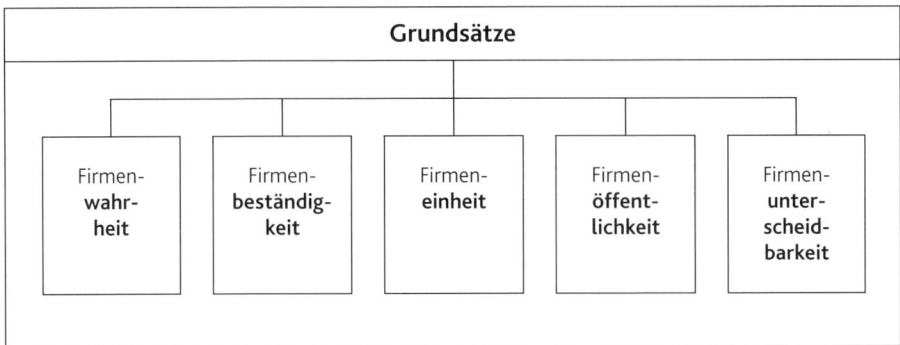

---

56 *Brox/Henssler* HandelsR Rn. 109a.
57 Baumbach/Hopt/*Merkt* § 18 Rn. 6 f.
58 Baumbach/Hopt/*Merkt* § 18 Rn. 6.
59 Ausf. dazu *Jung* HandelsR Kap. 4 Rn. 15 ff.

1. Firmenwahrheit

36 Für die Firmenbildung steht der Grundsatz der sog. Firmenwahrheit (Irreführungs-verbot) im Vordergrund.[60] Nach § 18 II S. 1 HGB darf die Firma »keine Angaben enthalten, die geeignet sind, über geschäftliche Verhältnisse, die für die angesprochenen Verkehrskreise wesentlich sind, irrezuführen.« Der Grundsatz der Firmenwahrheit be-zieht sich auf alle Bestandteile der Firma, also auf Firmenkern und Rechtsformzusatz.[61]

> **Beispiele:** Gebiets- und Städteangaben sind grundsätzlich nur für lokal führende Unternehmen zuläs-sig. Die Hinweise »Deutsch«, »Europäisch« und »International« setzen grundsätzlich Unternehmen voraus, die nach ihrer wirtschaftlichen Bedeutung auf den ganzen deutschen Markt zugeschnitten sind bzw. nach Größe und Marktstellung eine europäische bzw. internationale Relevanz haben.[62]

2. Firmenbeständigkeit

37 Der Grundsatz der Firmenwahrheit wird vom Gesetzgeber bewusst nicht über-spannt, sondern findet gewisse Einschränkungen durch den Grundsatz der Firmenbe-ständigkeit. Dieser besagt, dass die Firma in bestimmten Fällen unverändert bestehen bleiben darf, obwohl sie im Firmenkern unwahr geworden ist.[63]

Mit diesem Problem beschäftigt sich unser nächster Fall:

Übungsfall 2

Die »Hans Hörnlein & Sohn OHG« wurde zum 31.12. aufgelöst, was im Handelsregister vermerkt wurde. Seniorchef Hans Hörnlein will sich zur Ruhe setzen, und sein Sohn Hans soll das Geschäft ab 1.1. des folgenden Jahres unter derselben Firma als Einzelkaufmann weiterführen. Das Registerge-richt hat gegen die Eintragung der Firma mit dem Zusatz »& Sohn OHG« Bedenken, da dadurch auf ein in Wahrheit nicht bestehendes Gesellschaftsverhältnis zu schließen ist und die Öffentlichkeit somit getäuscht werden könnte.
Kann die Firma »Hans Hörnlein & Sohn OHG« wieder ins Handelsregister eingetragen werden?

---

38 ▪ Welcher Grundsatz des Firmenrechts könnte die Bedenken des Registergerichts rechtfertigen?
▶ Durch den Zusatz »& Sohn OHG« ist auf ein Gesellschaftsverhältnis zu schlie-ßen, während Hans Hörnlein jun. als Einzelkaufmann tätig sein will. Dadurch könnte gegen den Grundsatz der Firmenwahrheit verstoßen werden. Dies lässt sich mit § 18 II und § 19 I Nr. 1 HGB (lesen!) begründen.
▪ Wie müsste die Firma nach § 19 I HGB lauten? (Überlegen Sie!)
▶ Nach dem Wortlaut von § 19 I Nr. 1 HGB müsste die Firma »Hans Hörnlein, eingetragener Kaufmann« (oder e. Kfm. bzw. e. K.) heißen!

Nach § 22 I HGB darf bei Fortführung eines erworbenen Handelsgeschäfts zwar die bisherige Firma, auch wenn sie den Namen des bisherigen Geschäftsinhabers enthält, fortgeführt werden, § 19 I Nr. 1 HGB verlangt allerdings ausdrücklich die Kenn-zeichnung als Einzelkaufmann.

39 Die Einschränkung des Grundsatzes der Firmenwahrheit durch das Prinzip der Fir-menbeständigkeit soll nur möglich sein, wenn der Handelsverkehr durch den fort-

---

60 *K. Schmidt* HandelsR § 12 Rn. 88.
61 Baumbach/Hopt/*Merkt* § 18 Rn. 9.
62 Baumbach/Hopt/*Merkt* § 18 Rn. 23 und 25 f.
63 *Brox/Henssler* HandelsR Rn. 111.

geführten Namen des Unternehmens nicht über dessen tatsächliche Rechtsform getäuscht wird. Der wichtigste Grundsatz ist – wie bereits erwähnt – der der Firmenwahrheit.[64]

In diesem Zusammenhang drängt sich natürlich die Frage auf: In welchem Fall kann der Grundsatz der Firmenbeständigkeit den Grundsatz der Firmenwahrheit angesichts der Regelung von § 19 HGB, der Kennzeichnungszusätze auch bei Fortführung der Firma nach den §§ 21, 22 und 24 HGB verlangt, noch durchbrechen?

- ▧ Versuchen Sie selbst, nach der Lektüre von § 22 I HGB ein Beispiel dafür zu (er)finden! Überlegen Sie wieder erst, bevor Sie weiterlesen!
- ▷ Ganz einfach(?): Hans Hörnlein erwirbt von »Karl Klotz, e. Kfm.« dessen Unternehmen und führt gem. § 22 I HGB die alte Firma fort. Das darf er, wenn Karl Klotz ausdrücklich einwilligt.

Hier ist auch keine »Irreführung« iSv § 18 II HGB zu befürchten, da die Haftungsverhältnisse klar sind (alle Vorschriften nochmals lesen!).

3. Firmeneinheit

Ein weiterer, aber gesetzlich nicht normierter Grundsatz für die Firmenbildung ist der der Firmeneinheit. Danach darf ein Kaufmann zur Vermeidung von Irreführungen für *ein* Unternehmen nur *eine* einzige Firma führen.[65] **40**

> **Beispiel:** Erwirbt der Kaufmann Hans Hörnlein ein weiteres Handelsgeschäft von Karl Klotz samt Firma, so kann er nur dann zwei verschiedene Firmen führen, wenn das erworbene Unternehmen von seinem bisherigen Handelsgeschäft organisatorisch streng getrennt und selbstständig ist. In diesem Fall könnte er zwei Firmen (»Hans Hörnlein e. K.« und »Karl Klotz e. K.«) führen. Andernfalls, wenn er also beide Unternehmen zu einem Geschäft vereint, ist nur eine Firma zulässig.[66]

Zum Begriff des *Handelsgeschäfts* sollten Sie sich übrigens an dieser Stelle schon merken, dass das HGB ihn nicht immer einheitlich gebraucht, sondern zwei verschiedene Dinge damit bezeichnet. **41**

- ▧ Was ist damit gemeint, wenn das HGB im Firmenrecht von Erwerb und Fortführung des Handelsgeschäfts spricht?
- ▷ Das Unternehmen bzw. der Betrieb des Kaufmanns!
- ▧ Was kann man unter einem Handelsgeschäft auch noch verstehen?
- ▷ Handelsgeschäfte sind alle Rechtsgeschäfte eines Kaufmanns, die zum Betrieb seines Handelsgewerbes gehören (§ 343 I HGB). In diesem Sinne wird der Begriff des Handelsgeschäfts in den §§ 343 ff. HGB verwendet.

Hierauf werden wir noch zu einem späteren Zeitpunkt eingehen.

4. Firmenöffentlichkeit

Der Grundsatz der Firmenöffentlichkeit besagt, dass die Firma der Öffentlichkeit bekannt gegeben werden muss. **42**

---

64 *K. Schmidt* HandelsR § 12 Rn. 88.
65 *Brox/Henssler* HandelsR Rn. 115.
66 Vgl. *Bitter/Schumacher* HandelsR § 3 Rn. 21 f.

■ Wie das geschieht und aufgrund welcher Vorschrift der Kaufmann zu dieser Kundmachung seiner Firma verpflichtet ist, müssten Sie eigentlich beantworten können, wenn Sie sich an die Lösung unseres ersten Übungsfalls erinnern. Dieser hat sich mit der Frage nach der Kaufmannseigenschaft der Kunstmalerin A befasst!

▶ Die Kundmachung der Firma geschieht vor allem durch die Anmeldung der Firma zur Eintragung ins Handelsregister. Dazu ist gem. § 29 HGB jeder Kaufmann verpflichtet! (§ 29 HGB nochmals lesen! Lesen Sie auch an dieser Stelle schon § 31 und § 125a HGB.)

■ Welche Möglichkeiten der Publizierung der Firma können Sie sich außerdem noch vorstellen? Denken Sie an die Praxis des täglichen Geschäftsverkehrs!

▶ Wahrscheinlich zu »einfach«: Anbringen eines Firmenschilds am Geschäftslokal oder allein der Gebrauch der Firma im Rechtsverkehr, zB durch entsprechend bedruckte Geschäftsbriefbögen (vgl. dazu § 37a HGB).

5. Firmenunterscheidbarkeit

43 Im Zusammenhang mit § 29 HGB ist zugleich auf den Grundsatz der Firmenunterscheidbarkeit (auch: Firmenausschließlichkeit) hinzuweisen, der aus § 30 HGB folgt (lesen Sie § 30 I–III HGB). Aus diesen Vorschriften folgt, dass das Handelsrecht die Firma unter einen besonderen Schutz gestellt sehen will. Zu § 30 II HGB, also zum Fall, dass zwei Kaufleute am gleichen Ort den gleichen Vor- und Familiennamen tragen, folgendes

> **Beispiel:** Kurt Müller betreibt unter gleichnamiger Firma (Kurt Müller, e. Kfm.) in der Gemeinde Trostlosdorf einen Lebensmittelladen. Der zugezogene Versicherungsmakler Kurt Müller will sich in demselben Dorf ebenfalls unter der Firma »Kurt Müller, e. Kfm.« niederlassen.

■ Welchen Unterscheidungszusatz würden Sie ihm empfehlen, damit das Amtsgericht ihn beanstandungslos in das Handelsregister eintragen wird?

▶ ZB »Kurt Müller, Versicherungsmakler, e. Kfm.«.

Bei § 30 HGB geht es im Vergleich zu § 18 I HGB um die *konkrete* Unterscheidungsmöglichkeit zu bereits an demselben Ort bestehenden Firmen. Zweck der Vorschrift ist der Schutz der Öffentlichkeit vor Verwechslung der Firmen. Es gilt das Prioritätsprinzip, dh bereits im Handelsregister eingetragene Firmen haben Vorrang.[67]

III. Schutz der Firma

44 Die Firma des Kaufmanns wird nicht nur nach dem HGB, sondern auch durch das MarkenG, das BGB und das UWG geschützt.

1. Nach HGB

Wird das Recht auf Firmenausschließlichkeit eines Kaufmanns durch einen anderen unzulässig beeinträchtigt, gewährt das HGB demjenigen, dessen Recht beeinträchtigt wird, gem. § 37 HGB in zweifacher Weise Firmenschutz.

---

67 S. Baumbach/Hopt/*Merkt* § 30 Rn. 1 und 6.

Lesen Sie § 37 I und II HGB ganz durch!

- ■ Worin sehen Sie den wesentlichen Unterschied dieser beiden Absätze? (Überlegen Sie!)
- ▶ **§ 37 I HGB** gewährt dem Firmeninhaber *öffentlich-rechtlichen* Schutz, während **§ 37 II HGB** ihm *privatrechtliche* Ansprüche gegen denjenigen gibt, der seine Firma unbefugterweise gebraucht.

Dass der Firmeninhaber seine Firma zusammen mit seinem Handelsgeschäft, also seinem Unternehmen, veräußern kann, indem er dem Erwerber die Fortführung der Firma, dh, die Beibehaltung des alten Namens gem. § 22 HGB gestattet, wurde bereits erwähnt.

Da die Firma aber kein selbstständiges Rechtsobjekt ist, kann sie niemals ohne das Handelsgeschäft, für welches sie geführt wird, veräußert werden. Eine solche Veräußerung würde gegen das ausdrückliche Verbot von § 23 HGB verstoßen und wäre deshalb nichtig (§ 23 HGB lesen!). **45**

- ■ Wissen Sie noch, aus welcher Vorschrift (des BGB) sich die Nichtigkeit der Veräußerung in diesem Fall ergeben würde? (Überlegen Sie!)
- ▶ Antwort s. Fußnote[68].

> **Hinweis:** Notieren Sie sich diese Vorschrift im Gesetzestext nach Möglichkeit neben § 23 HGB!

Dem Firmenschutz dient auch § 37a HGB (→ Rn. 42), den Sie nun nochmals lesen sollten.

2. Nach MarkenG

Das MarkenG sieht vor allem den Schutz der Firma im *geschäftlichen* Verkehr vor. **45a**

Wenn jemand unbefugt eine geschäftliche Bezeichnung (vgl. dazu § 15 II und III MarkenG) gebraucht, hat der Inhaber der Firma, die dadurch betroffen ist, gem. **§ 15 IV MarkenG** einen Unterlassungsanspruch und gegebenenfalls einen Schadensersatzanspruch nach **§ 15 V MarkenG**.[69]

Gemäß § 5 I MarkenG werden *Unternehmenskennzeichen* und *Werktitel* als *geschäftliche Bezeichnungen* geschützt. Nach § 5 II S. 1 MarkenG sind Unternehmenskennzeichen solche Zeichen, die im geschäftlichen Verkehr als Name, als *Firma* oder als besondere Bezeichnung eines Geschäftsbetriebs oder eines Unternehmens benutzt werden.

3. Nach BGB

- ■ Aus welcher Vorschrift des BGB könnte sich der Schutz der Firma eines Kaufmanns ergeben? Denken Sie dabei an den Begriff der Firma iSv § 17 HGB! **45b**
- ▶ Da die Firma gem. § 17 HGB der *Name* des Kaufmanns ist, unter dem er seine Geschäfte betreibt und seine Unterschrift abgibt, ist die Firma auch durch

---

68 **§ 134 BGB!**
69 Näheres zB bei *Götting*, Gewerblicher Rechtsschutz, 11. Aufl. 2020, § 61 und § 64.

§ 12 BGB (Namensrecht) geschützt.[70] Entsprechend dieser Vorschrift haben Berechtigte einen Beseitigungs- und Unterlassungsanspruch, wenn ein Dritter die Firma unbefugt gebraucht.

Weil das Namenrecht ein »sonstiges« Recht iSv § 823 I BGB ist, kommen bei schuldhafter Verletzung dieses Rechts auch Schadensersatzansprüche aus §§ 823 I und II, 826 BGB in Betracht.[71]

Auch § 1004 I BGB analog kann bei Beeinträchtigung der Firma Anspruchsgrundlage für den Firmeninhaber sein.[72]

- ▪ Warum wird hier § 1004 BGB *analog* angewendet?
- ▶ Weil § 1004 BGB direkt nur für Eigentumsverletzungen gilt.

4. Nach UWG

45c Daneben kommen auch Anspruchsgrundlagen (Unterlassung, Schadensersatz) aus dem Gesetz gegen den unlauteren Wettbewerb (UWG) infrage (§§ 8 f. UWG).[73]

IV. Inhaberwechsel und Fortführung der Firma

46 Beim Inhaberwechsel und der Fortführung der Firma ist einerseits zu differenzieren, ob ein Inhaberwechsel durch rechtsgeschäftlichen Erwerb (§ 25 HGB) oder durch Erbschaft (§ 27 HGB) erfolgt. Andererseits werden wir uns den »Eintritt« in das Geschäft eines Einzelkaufmanns (§ 28 HGB) ansehen.

Übersicht 7

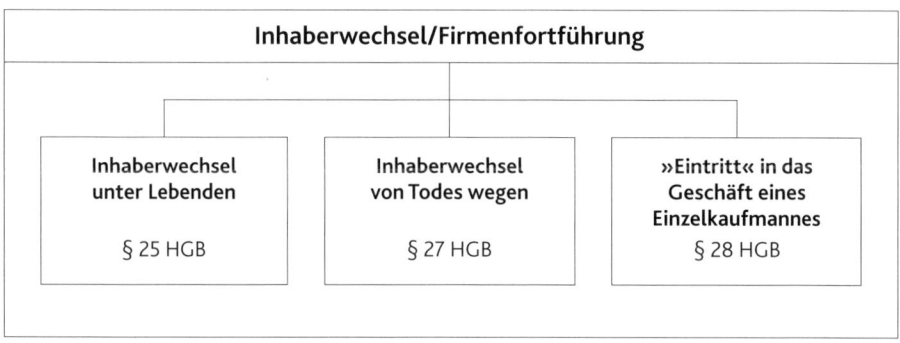

1. Inhaberwechsel unter Lebenden (§ 25 HGB)

Beim Inhaberwechsel durch rechtsgeschäftlichen Erwerb sind folgende Fragen relevant:

- • Haftung für Verbindlichkeiten (§ 25 I S. 1 HGB) und
- • Übergang der Forderungen (§ 25 I S. 2 HGB).

---

70 S. Palandt/*Ellenberger* § 12 Rn. 9 und 17.
71 S. Palandt/*Sprau* § 823 Rn. 14; Palandt/*Ellenberger* § 12 Rn. 39.
72 Palandt/*Ellenberger* § 12 Rn. 36 f.
73 Näher dazu *Prütting/Weller* HandelsR Rn. 683 f.

a) Haftung für Verbindlichkeiten (§ 25 I S. 1 HGB)

Prüfungsschema § 25 I S. 1 HGB: 46a

(1) **Erwerb** eines Handelsgeschäfts unter Lebenden
(2) **Fortführung** des Handelsgeschäfts unter bisheriger Firma
(3) **Geschäftsverbindlichkeit** des früheren Inhabers
(4) **Keine** abweichende **Vereinbarung** iSv § 25 II HGB

Aus der engen Verbindung zwischen dem Handelsgeschäft und der Firma ergeben sich bei der Fortführung durch den Erwerber wichtige Konsequenzen hinsichtlich der Haftung für Verbindlichkeiten des bisherigen Inhabers.

Wir wollen diese Konsequenzen anhand des nächsten Übungsfalls etwas genauer betrachten.

Übungsfall 3

Gertrud Gans (G) liefert von Juli bis Oktober 2020 Waren im Wert von 5.000 EUR an die »Buchhandlung Wilhelm W., e. Kfm.«. Als Inhaber war zu dieser Zeit Kuno Klotz (K) ins Handelsregister eingetragen, der die Buchhandlung vom Eigentümer W gepachtet hatte.
Nachdem K mit der Zahlung der Pacht in Verzug kam, kündigte W ihm fristgerecht und verpachtete die Buchhandlung Anfang Dezember 2020 an den Kaufmann Reinhold Raffke (R). R führt den Betrieb ab 1.1.2021 unter der Firma »Buchhandlung Wilhelm W., Inhaber Reinhold R., e. Kfm.« weiter.
G verlangt im Oktober 2021 von R Zahlung von 5.000 EUR. R wendet ein, dass zwischen ihm und dem Vorpächter K keinerlei Rechtsbeziehungen bestehen. Außerdem sei der Ausschluss seiner Haftung für Verbindlichkeiten des K im Juli 2021 ins Handelsregister eingetragen worden. G besteht dennoch auf Zahlung.
Zu Recht?

Hinweis: Gerade im Handels- und auch Gesellschaftsrecht sollten Sie sich jedenfalls bei komplexeren Fällen nach dem Lesen des Sachverhaltes zur graphischen Veranschaulichung eine Sachverhalts- und Personenskizze erstellen!

Ein *direkter Anspruch* der G gegen R aus Vertrag scheidet zweifellos aus, da G und R keinen Vertrag geschlossen haben. Vertragspartner der G war K.

▮ Welchen Vertrag hatten G und K damals geschlossen?
▷ Einen Kaufvertrag iSv § 433 BGB, sodass G gegen K einen Anspruch aus § 433 II BGB hatte.

Als Anspruchsgrundlage der G gegen R könnte deshalb *§ 433 II BGB iVm § 25 I S. 1*   **47** *HGB* (lesen!) in Betracht kommen.

Nach dieser Vorschrift würde R für die im Betrieb der Buchhandlung entstandenen Verbindlichkeiten des früheren Inhabers K haften, wenn er das Handelsgeschäft unter Lebenden erworben und unter Beibehaltung der Firma fortgeführt hätte.

Da die Buchhandlung des eingetragenen Kaufmanns W ein Handelsgewerbe iSv § 1 bzw. § 2 HGB ist, handelt es sich um ein **Handelsgeschäft** iSd § 25 I S. 1 HGB. Da R das Handelsgeschäft von W gepachtet hat, hat er es auch unter Lebenden **erworben** (Abgrenzung zum Inhaberwechsel von Todes wegen, § 27 HGB). Der Erwerb iSd § 25 HGB kann endgültiger oder vorübergehender Natur sein.[74] Hauptfall ist der Un-

---

74 S. Baumbach/Hopt/*Merkt* § 25 Rn. 4.

ternehmenskauf, also der endgültige Erwerb. Der Erwerb zur vorübergehenden Nutzung, der bei der Pacht stattfindet, reicht allerdings aus. Dies wird durch § 22 II HGB (lesen!) ausdrücklich klargestellt. Es reicht also der *Besitz*erwerb, Eigentumserwerb ist nicht nötig.

◾ Hat der neue Pächter R das Unternehmen in unserem Fall auch unter Beibehaltung der Firma **fortgeführt?**

▶ Man könnte meinen, dass R unter Hinzufügung des Nachfolgezusatzes »Inhaber Reinhold R.« die Firma geändert hat. Für die Haftung des Erwerbers nach § 25 I S. 1 HGB ist das jedoch unerheblich, wie aus dem Wortlaut des Gesetzes eindeutig hervorgeht (§ 25 I S. 1 HGB nochmals lesen!). Die Beifügung eines Nachfolgezusatzes ist also insofern unerheblich.

Hinweis: »mit oder ohne« (Beifügung eines Nachfolgezusatzes) im Gesetzestext unterstreichen!

Es handelt sich auch um eine im Betrieb des Geschäfts begründete Verbindlichkeit des früheren Inhabers, also um eine **Geschäftsverbindlichkeit** des **früheren Inhabers.** Somit sind alle Voraussetzungen für eine Haftung des Erwerbers R für die Verbindlichkeiten des früheren Inhabers gegeben.

◾ Wer war in unserem Fall der frühere Inhaber der Buchhandlung?

▶ Nicht etwa der W! »Inhaber« ist nicht gleichbedeutend mit »Eigentümer«, sondern mit »Besitzer«. W hat die Buchhandlung selbst nicht betrieben und genutzt, sondern der frühere Pächter K. Dieser war der frühere Inhaber der Buchhandlung, der gegenüber G Verbindlichkeiten begründet hat.

48 Für die Haftung nach § 25 I S. 1 HGB kommt es also nicht darauf an, ob R das Geschäft unmittelbar von K oder mittelbar über W erworben hat.

Maßgeblich ist allein die nach außen in Erscheinung tretende tatsächliche Fortführung des Unternehmens und der Firma, durch die der *Schein der Kontinuität* der Verhältnisse des Unternehmens nach außen dokumentiert wird.[75]

Danach muss R gem. § 433 II BGB iVm § 25 I S. 1 HGB der G gegenüber für die Kaufpreisschuld des K haften, dh er muss zahlen!

◾ Ist dieses Ergebnis richtig oder haben wir in unserem Fall noch etwas vergessen? (Lesen Sie den Sachverhalt gegebenenfalls nochmals!)

49 ▶ R beruft sich darauf, dass eine **abweichende Vereinbarung** vorliege, weil er mit K einen Haftungsausschluss vereinbart habe, der auch ins Handelsregister eingetragen sei.

Ob dieser Haftungsausschluss gegenüber G wirksam ist, ergibt sich aus *§ 25 II HGB* (lesen!).

◾ Was meinen Sie? Sind die Voraussetzungen dieser Vorschrift in unserem Fall erfüllt, sodass der Haftungsausschlussgrund zugunsten des R eingreifen kann?

▶ Gemäß § 25 II HGB ist eine abweichende Vereinbarung einem Dritten gegenüber wirksam, wenn sie
  • in das Handelsregister eingetragen und bekanntgemacht oder
  • von dem Erwerber oder dem Veräußerer dem Dritten mitgeteilt worden ist.

---

75 Der Sinn und Zweck von § 25 HGB ist umstritten und es werden dazu verschiedene Theorien vertreten. Ausf. dazu Baumbach/Hopt/*Merkt* § 25 Rn. 1 mwN.

> Nach dem Wortlaut von § 25 II HGB ist der Haftungsausschluss eigentlich wirksam. Ein Haftungsausschlussgrund greift aber nach hM nur ein, wenn er nach dem Erwerb des Unternehmens *unverzüglich* ins Handelsregister eingetragen und bekanntgemacht bzw. unverzüglich dem Dritten selbst mitgeteilt wurde.[76] Unverzüglich wird in § 121 I S. 1 BGB als »ohne schuldhaftes Zögern« legaldefiniert. Aus Gründen der Rechtssicherheit soll sich der Erwerber nicht erst dann auf einen solchen Haftungsausschluss berufen, wenn ein Gläubiger des Veräußerers an ihn herantritt. Er muss dem Gläubiger vielmehr im Interesse der Rechtsklarheit sofort nach Übernahme die Information zukommen lassen, also den Haftungsausschluss ins Handelsregister eintragen und bekanntmachen lassen oder dem Dritten selbst mitteilen (§ 25 II HGB nochmals lesen!).

R hat die Firma jedoch bereits im Januar 2021 übernommen und den Haftungsausschluss erst im Juli 2021 ins Handelsregister eintragen lassen. Sechs Monate sind nicht mehr »unverzüglich«. Somit kann R sich nicht auf den Haftungsausschluss berufen, sondern er muss zahlen.

§ 25 I S. 1 HGB ist insofern ein Fall des gesetzlichen Schuldbeitritts. Der neue Inhaber haftet *neben* dem früheren Inhaber für dessen Geschäftsverbindlichkeit als Gesamtschuldner (§§ 421 ff. BGB).[77] Der Anspruch gegen den früheren Inhaber ist gem. *§ 26 I HGB* (lesen!) auf fünf Jahre zeitlich begrenzt.

b) Übergang von Forderungen (§ 25 I S. 2 HGB)

Genauso wie es möglich ist, dass der Erwerber ein Unternehmen mit Verbindlichkeiten übernimmt, ist es möglich, dass der ursprüngliche Unternehmensinhaber seinerseits Forderungen gegen Dritte und somit Schuldner hat. Diesen Fall regelt § 25 I 2 HGB (lesen!). 50

Prüfungsschema § 25 I S. 2 HGB:

(1) **Erwerb** eines Handelsgeschäfts unter Lebenden
(2) **Fortführung** des Handelsgeschäfts unter bisheriger Firma
(3) **Einwilligung** in Firmenfortführung
(4) Im Betrieb begründete **Forderung** des früheren Inhabers
(5) Keine abweichende **Vereinbarung** iSv § 25 II HGB

Bei einem Inhaberwechsel bedürfen nicht nur die Gläubiger des Unternehmens Schutz, sondern auch die Schuldner. Daher sollen die Schuldner von ihrer Schuld befreit werden (§ 362 I BGB lesen!), wenn sie in gewohnter Weise bei Firmenfortführung an den neuen Inhaber zahlen.

Gemäß § 25 I S. 2 HGB *gelten* die Forderungen den Schuldnern gegenüber als auf den Erwerber übergegangen. Die hM geht nur von einer Fiktion des Forderungsübergangs und nicht von einem tatsächlichen Forderungsübergang aus. Dies ergibt sich aus dem Wortlaut der Vorschrift (»gelten«, »den Schuldnern gegenüber«) und dem Sinn und Zweck der Vorschrift (Schutz des Schuldners).[78]

---

76 *Brox/Henssler* HandelsR Rn. 140; Baumbach/Hopt/*Merkt* § 25 Rn. 15 mwN.
77 *Bitter/Schumacher* HandelsR § 5 Rn. 32.
78 Ausf. *Bitter/Schumacher* HandelsR § 5 Rn. 36 ff. mwN; Baumbach/Hopt/*Merkt* § 25 Rn. 21 mwN; aA (tatsächlicher Forderungsübergang) zB *K. Schmidt* HandelsR § 8 Rn. 52 ff.

Der alte Inhaber hat gegenüber dem neuen Inhaber gegebenenfalls einen Anspruch auf Herausgabe des Erlangten nach den Vorschriften über die ungerechtfertigte Bereicherung gem. § 816 II BGB sowie möglicherweise aus § 280 I BGB.[79]

> **Hinweis:** Sie könnten sich die §§ 816 II und 280 I BGB an § 25 I S. 2 HGB notieren.

Umgekehrt kann allerdings der neue Inhaber, der eine Schuld des alten Inhabers bezahlt, uU von diesem dafür einen Ausgleich verlangen (vgl. §§ 421, 426 BGB[80]).

Verdeutlichen Sie sich die Haftung für Verbindlichkeiten und den Übergang von Forderungen bei der Firmenfortführung nach rechtsgeschäftlichem Erwerb des Handelsgeschäfts bei Firmenfortführung nochmals anhand der folgenden Grafik (Übersicht 8).

Übersicht 8

50a

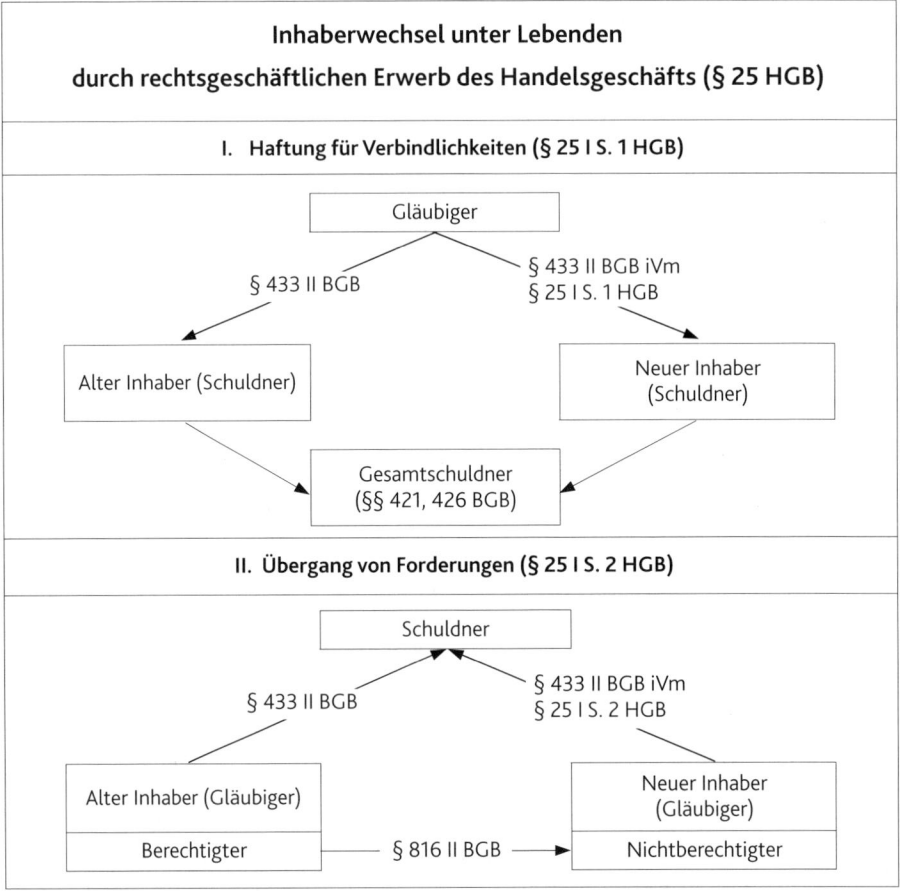

<hr />

79 *Bitter/Schumacher* HandelsR § 5 Rn. 46.
80 S. zur Gesamtschuld *Wörlen/Metzler-Müller* SchuldR AT Rn. 455 f.

2. Inhaberwechsel von Todes wegen (§ 27 HGB)

So wie der rechtsgeschäftliche Erwerber eines Handelsgeschäfts bei Fortführung der 51
Firma gem. § 25 I S. 1 HGB haftet, haftet auch derjenige, der ein Handelsgeschäft
durch Erbschaft erworben hat. Das ergibt sich aus *§ 27 I HGB* (lesen!).

Prüfungsschema § 27 HGB:

(1) **Zum Nachlass gehörendes Handelsgeschäft** (Erbschaft)
(2) **Fortführung** des Handelsgeschäfts
(3) **Keine Geschäftseinstellung** innerhalb von drei Monaten, § 27 II HGB
(4) **Geschäftsverbindlichkeit** des früheren Inhabers
(5) **Keine** abweichende **Vereinbarung** iSv § 27 I iVm § 25 II HGB entsprechend

Die Haftung des Erben für die Verbindlichkeiten wird gem. § 27 II HGB (lesen!) ausgeschlossen, wenn der Erbe die Fortführung des Geschäfts innerhalb von drei Monaten nach Kenntniserlangung von der Erbschaft einstellt.

Im Übrigen gelten für die Haftung des Erben eines Handelsgeschäfts grundsätzlich
auch die erbrechtlichen Regelungen des BGB (vgl. insbesondere §§ 1922 I, 1942 ff.,
1967 ff. BGB).[81]

3. »Eintritt« in das Geschäft eines Einzelkaufmanns (§ 28 HGB)

Der Vollständigkeit halber wollen wir uns in diesem Zusammenhang noch *§ 28 HGB* 52
Abs. 1 (lesen!) ansehen: Bei einem »Eintritt« in das Geschäft eines Einzelkaufmanns wird
daraus automatisch eine Personenhandelsgesellschaft. Je nachdem, ob der Eintretende
als persönlich haftender Gesellschafter oder nur als Kommanditist, dh als nur mit seinem
Einlagekapital haftender Gesellschafter eintritt, wird daraus eine OHG oder eine KG.

In beiden Fällen haftet gem. *§ 28 I S. 1 HGB* die Gesellschaft auch für früher begründete Geschäftsverbindlichkeiten des Einzelkaufmannes.

Gemäß *§ 28 I S. 2 HGB* gelten die Forderungen den Schuldnern gegenüber als auf die
Gesellschaft übergegangen.

Diese Rechtsfolgen treten gem. *§ 28 II HGB* ausnahmsweise nicht ein, sofern eine abweichende Vereinbarung unverzüglich[82] (§ 121 I S. 1 BGB) ins Handelsregister eingetragen und bekanntgemacht oder dem Dritten unverzüglich mitgeteilt wurde (Abs. 2
lesen!).

Prüfungsschema § 28 HGB:

(1) **Geschäft** eines **Einzelkaufmannes**
(2) **Gründung** einer neuen OHG bzw. KG (»Eintritt«)
(3) **Einbringung** des Handelsgeschäfts in die neu gegründete Gesellschaft
(4) **Fortführung** des Geschäfts des Einzelkaufmannes (Fortführung der Firma irrele-
     vant)
(5) **Geschäftsverbindlichkeit/Forderung**
(6) **Keine** abweichende **Vereinbarung** iSv § 28 II HGB

---

81 Ausf. zu § 27 HGB: *K. Schmidt* HandelsR § 8 Rn. 125 ff.
82 Baumbach/Hopt/*Merkt* § 28 Rn. 6, § 25 Rn. 15.

Bevor wir uns im Folgenden etwas genauer mit dem Handelsregister beschäftigen, wollen wir uns zum Firmenrecht noch eine zusammenfassende Übersicht (9) ansehen.

Literatur zur Vertiefung (→ Rn. 32–52): *Bartels*, Die Handelsfirma zwischen Namensrecht und Kennzeichenschutz, AcP 209 (2009), 309; *Bitter/Schumacher* HandelsR § 3 und § 5; *Bokelmann*, Das Recht der Firmen- und Geschäftsbezeichnungen, 5. Aufl. 2000; *Brox/Henssler* HandelsR §§ 7 und 8; *Bunsen*, M&A: Der Unternehmenskauf im Überblick , JURA 2019, 844; *Canaris* HandelsR §§ 10–11; *Fischinger* HandelsR § 4; *Haag/Erdl* Fälle HandelsR/GesR Fall 3; *Jakob*, »Good Old Times«, JA 2008, 101 (Klausur für Fortgeschrittene; Thematik: Probleme bei der Haftungskontinuität von Firma und Unternehmen); *Jung* HandelsR Kap. 4; *Kindler* GK HandelsR § 4; *Koch*, Semesterabschlussklausur Handelsrecht: Fortführung eines Handelsgeschäfts, JuS 2006, 142; *Lettl* Fälle GesR Fall 4; *Lotte/Bertl*, Der Handel zieht alle Register (Fortgeschrittenenklausur Handels- und Gesellschaftsrecht), JuS 2014, 339; *Petersen*, Das Firmenrecht zwischen Bürgerlichem Recht und Handelsrecht, JURA 2013, 244; *Preisner*, Examenstypische Klausurkonstellationen des Handels- und Gesellschaftsrechts, Teil I: Eintritt, Fortführung und Nachfolge, JA 2011, 826; *Prütting/Weller* HandelsR §§ 4 f.; *K. Schmidt*, HandelsR §§ 8 und 12; *K. Schmidt*, Haftung aus Fortführung eines insolventen Unternehmens, JuS 2014, 454; *Weber*, Von Firmen und Etablissements, JA 2015, 388; *Zerres*, Inhaberwechsel und rechtliche Konsequenzen, JURA 2006, 253.

Übersicht 9

Recht der Handelsfirma	53

1. Begriff und Bestandteile

Begriff:
Im Handelsrecht andere Bedeutung des Begriffs »Firma« als im alltäglichen Sprachgebrauch: nicht das Unternehmen als »Betrieb« (Gebäude), sondern der *Name des Kaufmanns*, unter dem er seine Geschäfte betreibt und die Unterschrift abgibt sowie klagen und verklagt werden kann (§ 17 HGB). Firma ist untrennbar mit Unternehmen verbunden (§ 23 HGB – »Handelsgeschäft« doppeldeutig, hier: kaufmännisches Unternehmen, Betrieb; in §§ 343 ff. HGB: Rechtsgeschäfte des Kaufmanns!)

Bestandteile:
* **Firmenkern:**
  – Personenfirma
  – Sachfirma
  – Phantasiefirma
  – Mischfirma

  § 18 I HGB = Kennzeichnungseignung und Unterscheidungskraft

* **Rechtsformzusatz:**
  – für Einzelkaufmann: § 19 I Nr. 1 HGB
  – für Personenhandelsgesellschaften: § 19 I Nr. 2 und 3 HGB
  – für GmbH & Co. KG: § 19 II HGB
  – für AG, KGaA, GmbH/UG und eG: §§ 4, 279 AktG, §§ 4, 5a I GmbHG und § 3 GenG

2. Grundsätze für die Firmenbildung und -führung

a) **Firmenwahrheit (Irreführungsverbot):**
keine täuschenden Zusätze, insbesondere über Gesellschafter, Unternehmensgegenstand und Rechtsform (§ 18 II S. 1 HGB)
b) **Firmenbeständigkeit:**
Beibehaltung der alten Firma bei Namensänderung oder (Teil-) Inhaberwechsel
= §§ 21, 22, 24 HGB – Durchbrechung der Firmenwahrheit
Ausnahme: Irreführungsgefahr (§ 18 II iVm § 19 HGB)
c) **Firmeneinheit:**
Grundsätzlich nur eine Firma für dasselbe Unternehmen eines Kaufmanns
Mehrere Firmen nur bei *organisatorischer Trennung*
d) **Firmenöffentlichkeit:**
Bekanntgabe (Publizierung) der Firma in der Öffentlichkeit
ZB Pflicht zur Eintragung ins HReg. gem. § 29 HGB (außerdem zB Briefbogen)
e) **Firmenunterscheidbarkeit:**
Unterscheidbarkeit von anderen Firmen am selben Ort (§ 30 HGB)

3. Firmenschutz

Bei unzulässigem Gebrauch der Firma zweifacher Schutz nach **HGB**:
a) § 37 I HGB = öffentlich-rechtlicher Schutz
b) § 37 II HGB = privatrechtlicher Schutz: Ansprüche gegen unbefugte Benutzer zB §§ 12, 823 I und II, 826 oder analog § 1004 **BGB**
Außerdem Schutz nach §§ 5, 15 **MarkenG** und §§ 8 f. **UWG**

4. Firmenfortführung bei Inhaberwechsel

- Neuer Inhaber eines Handelsgeschäfts kann Fa. »mit oder ohne« Nachfolgezusatz fortführen, wenn Einwilligung vorliegt = § 22 I HGB
- Erwerb kann auch vorübergehender Natur sein, zB Pacht = § 22 II HGB

a) Haftung des Erwerbers bei Firmenfortführung – § 25 HGB –

aa) Haftung für **Verbindlichkeiten**

- Haftung nach § 25 I S. 1 HGB für Geschäftsverbindlichkeiten des früheren Inhabers unabhängig von Nachfolgezusatz.
- Möglichkeit des Haftungsausschlusses gem. § 25 II HGB
  Gegenüber Dritten nur wirksam, wenn *unverzüglich* eingetragen und bekanntgemacht bzw. unverzüglich dem Dritten mitgeteilt
- Haftung des Erwerbers *neben* früherem Inhaber als Gesamtschuldner (vgl. § 421 BGB – gegebenenfalls § 426 BGB).
- Ansprüche der Gläubiger gegen den früheren Inhaber gem. § 26 I HGB auf fünf Jahre zeitlich begrenzt

bb) Übergang von **Forderungen**
  Gemäß § 25 I S. 2 HGB *gelten* die Forderungen den Schuldnern gegenüber auf den Erwerber übergegangen (hM: Fiktion des Forderungsübergangs).
  Schuldner des früheren Inhabers, die an Erwerber zahlen, werden frei (§ 362 I BGB)
  Bei Zahlung an Erwerber Anspruch des früheren Inhabers gegen den Erwerber aus ungerechtfertigter Bereicherung möglich gem. § 816 II BGB und gegebenenfalls aus § 280 I BGB

b) Haftung der Erben bei Geschäftsfortführung – § 27 HGB –

- Bei Übernahme des Geschäfts durch Erben gilt § 25 HGB entsprechend
- Zusätzlich: Erbe hat drei Monate Zeit zu »prüfen«, ob er das Geschäft einstellt (§ 27 II HGB)
- Zur parallel bestehenden bürgerlich-rechtlichen Erbenhaftung vgl. §§ 1967 ff. BGB

c) »Eintritt« in das Geschäft eines Einzelkaufmanns – § 28 HGB –

- Durch »Eintritt« einer Person in Unternehmen entsteht Personenhandelsgesellschaft (OHG oder KG); die neue Gesellschaft haftet auch ohne Firmenfortführung für Altverbindlichkeiten (§ 28 I S. 1 HGB); Forderungen gelten gem. § 28 I S. 2 HGB als auf die Gesellschaft übergegangen;
- abweichende Vereinbarung iSd § 28 II HGB möglich

4. Kapitel. Handelsregister und Unternehmensregister

I. Inhalt und Zweck

1. Handelsregister

Die besondere Bedeutung des Handelsregisters für den Rechtsverkehr der Kaufleute **54**
wurde schon mehrfach angedeutet. Die Vorschriften im HGB, die sich mit dem Re-
gisterrecht befassen, sind die §§ 8–16 HGB. Sie wurden durch das 2007 in Kraft getretene EHUG an das »Internetzeitalter« angepasst und auf den elektronischen Rechtsverkehr umgestellt. Das Handelsregister ist, wie bereits erwähnt, ein öffentliches
Verzeichnis, das über die Rechtsverhältnisse von Kaufleuten eines bestimmten Amtsgerichtsbezirks Auskunft gibt. Laut § 8 I HGB wird das Handelsregister von den
Gerichten geführt und zwar elektronisch. Anmeldungen zur Eintragung ins Handelsregister sind gem. § 12 I S. 1 HGB elektronisch in öffentlich beglaubigter Form einzureichen. Nach § 129 I S. 1 BGB ist eine Beglaubigung der Unterschrift durch einen
Notar erforderlich.

Zweck des Handelsregisters ist es, die Sicherheit im Handelsverkehr durch Offenlegung der Rechtsverhältnisse der Kaufleute[83] zu gewährleisten.[84]

Die **Einsicht** in das Handelsregister sowie in die zum Handelsregister eingereichten
Dokumente ist deshalb gem. § 9 I S. 1 HGB jedem zu Informationszwecken gestattet.
Die Einsichtnahme erfolgt zumeist online über das Internet. Der Zugang erfolgt über
das gemeinsame Registerportal der Länder unter www.handelsregister.de (gebühren-
pflichtig nach Anmeldung). Von den Eintragungen und den eingereichten Dokumenten kann ein (amtlicher) Ausdruck bzw. eine (beglaubigte) Abschrift verlangt werden
(§ 9 IV HGB). Auch elektronisch übermittelte Daten können gem. § 9 III HGB be-
glaubigt werden.

Gemäß § 10 S. 1 HGB muss das Registergericht die Eintragungen in das Handelsregister in der zeitlichen Folge ihrer Eintragung nach Tagen geordnet elektronisch
bekanntmachen. Die **Bekanntmachungen** können unter www.handelsregister
bekanntmachungen.de eingesehen werden; die Bekanntmachungen sind dort ohne
Anmeldung und kostenfrei zugänglich. Beispiele für elektronisch bekanntgemachte
Eintragungen aus einem Handelsregister zeigt die folgende Übersicht 10 (→ Rn. 55),
die anschließend kurz kommentiert werden.

---

83 Nach dem Regierungsentwurf für ein **Personengesellschaftsrechtsmodernisierungsgesetz** vom
    22.1.2021, BR-Drs. 59/21 (→ **Rn. 147, 153a**) soll für Gesellschaften bürgerlichen Rechts (= *keine
    Kaufmannseigenschaft*) künftig ein »**Gesellschaftsregister**« (§ 707 BGB-E) neu geschaffen wer-
    den, auf das § 15 HGB (→ **Rn. 64 ff.**) entsprechende Anwendung (§ 707a III BGB-E) findet.
84 Ausf. zu den Funktionen des Handelsregisters *Jung* HandelsR Kap. 3 Rn. 1.

Übersicht 10

55

www.handelsregisterbekanntmachungen.de

Amtsgericht Siegburg Aktenzeichen: HRA 2864   Bekannt gemacht am: 1.6.20xx 12:00 Uhr

In () gesetzte Angaben der Anschrift und des Geschäftszweiges erfolgen ohne Gewähr.

Neueintragungen
31.5.20xx

ASTORIA Spiel- und Unterhaltungsautomaten GmbH & Co KG, Much, Sommerhausen 17, 53804 Much. Kommanditgesellschaft. (Betrieb von und Handel mit sowie die Aufstellung von Spiel- und Unterhaltungsautomaten aller Art). Nach Sitzverlegung (vormals Köln, AG Köln, HRA 18055) nunmehr: Geschäftsanschrift: Sommerhausen 17, 53804 Much. Jeder persönlich haftende Gesellschafter vertritt einzeln. Persönlich haftender Gesellschafter: ASTORIA Spiel- und Unterhaltungsautomaten GmbH, Much (Amtsgericht Siegburg HRB 7546), mit der Befugnis – auch für jeden Geschäftsführer –, im Namen der Gesellschaft mit sich im eigenen Namen Rechtsgeschäfte abzuschließen.

Amtsgericht Siegburg Aktenzeichen: HRB 1676   Bekannt gemacht am: 1.6.20xx 12:00 Uhr

In () gesetzte Angaben der Anschrift und des Geschäftszweiges erfolgen ohne Gewähr.

Neueintragungen
31.5.20xx

HOCO Composite Technologie GmbH, Opperzau, Auf dem Schlag 11, 51570 Windeck. Gesellschaft mit beschränkter Haftung. Gesellschaftsvertrag vom 16.5.20xx. Geschäftsanschrift: Opperzau, Auf dem Schlag 11, 51570 Windeck. Gegenstand: Entwicklung und Vertrieb von Werkstoffen zur Herstellung von Faserverbundbauteilen sowie die Produktionsanlagenentwicklung zur Herstellung von Faserverbundbauteilen; Erwerb gleicher oder ähnlicher Unternehmen im In- und Ausland; Beteiligung an solchen und Übernahme von deren Vertretung; Errichtung von Zweigniederlassungen. Stammkapital: 25.000 EUR**. Allgemeine Vertretungsregelung: Ist nur ein Geschäftsführer bestellt, so vertritt er die Gesellschaft allein. Sind mehrere Geschäftsführer bestellt, so wird die Gesellschaft durch zwei Geschäftsführer oder durch einen Geschäftsführer gemeinsam mit einem Prokuristen vertreten. Geschäftsführer: Hoffmann, Werner, Köln, *17.9.19xx . Einzelprokura: Schmidt, Georg, Köln, *6.1.19xx

Amtsgericht Siegburg Aktenzeichen: HRB 1632   Bekannt gemacht am: 1.6.20xx 12:00 Uhr

In () gesetzte Angaben der Anschrift und des Geschäftszweiges erfolgen ohne Gewähr.

Veränderungen
31.5.20xx

LEUTE planen- schlüsselfertiges Bauen GmbH, Siegburg, Im Klausgarten 32, 53721 Siegburg. Die Gesellschafterversammlung vom 24.4.20xx hat die Neufassung des Gesellschaftsvertrages beschlossen und hierbei insbesondere Änderungen in § 3 des Gesellschaftsvertrags (Stammkapital und Geschäftsanteile) und mit ihnen die Änderung der Firma und des Unternehmensgegenstandes beschlossen. Neue Firma: LEUTE Bauen-Wohnen GmbH. Neuer Unternehmensgegenstand: An- und Verkauf von bebauten und unbebauten Grundstücken und grundstücksgleichen Rechten, die Erschließung von Baugrundstücken, die schlüsselfertige Herstellung von Wohngebäuden und anderen Hochbauten aller Art als Bauträger oder Baubetreuer jeweils durch zu beauftragende Fachfirmen und die Vermietung solcher Geschäfte einschließlich der Vermittlung von Finanzierungen und Versicherungen aller Art. Neue Geschäftsführerin: Leute geb. Müller, Heidemarie, gen. Heidi, Siegburg, *10.2.19xx, einzelvertretungsberechtigt mit der Befugnis im Namen der Gesellschaft mit sich im eigenen Namen oder als Vertreter eines Dritten Rechtsgeschäfte abzuschließen. Nicht mehr Geschäftsführer Leute, Bruno, Siegburg, *9.7.19xx.

** Vgl. § 5 GmbHG.

Erläuterungen zu Übersicht 10:

Wenn Sie die Bekanntmachungen soeben aufmerksam gelesen haben, sollte Ihnen aufgefallen sein, dass die beiden GmbH unter der Rubrik »HRB«, Kommanditgesellschaften dagegen unter »HRA« eingetragen sind.

In **Abteilung A** (HRA) werden die Tatsachen über Einzelkaufleute und Personenhandelsgesellschaften, also insbesondere OHG und KG, aufgenommen, § 3 II Handelsregisterverordnung (HRV[85]).   **56**

In **Abteilung B** (HRB) werden die Tatsachen über Kapitalgesellschaften, also insbesondere GmbH und AG, wiedergegeben (§ 3 III HRV).

Für Genossenschaften besteht ein eigenes Genossenschaftsregister, für Vereine ein Vereinsregister und für Partnerschaftsgesellschaften ein Partnerschaftsregister.

Was im Einzelnen in das Handelsregister einzutragen ist, bestimmt sich nach dem HGB und den Nebengesetzen, insbesondere dem Aktiengesetz und dem GmbH-Gesetz sowie generell nach der HRV.

Wenngleich wir nicht auf alle Details eingehen können, sollten wir zumindest kurz festhalten, welche wichtigen Tatsachen in den Abteilungen HRA und HRB, die im »Originalhandelsregister« in verschiedenen Spalten eingetragen sind, mitgeteilt werden.   **57**

In Abteilung HRA (= ASTORIA . . . KG) erscheinen Zeitpunkt (»Datum«) der Eintragung, Firma und Ort der Niederlassung nebst Geschäftsanschrift, Gegenstand des Unternehmens, die allgemeine Regelung zur Vertretung, persönlich haftende Gesellschafter und die Geschäftsführer. Für die Eintragung im Original gelten für die Abteilung HRA im Einzelnen die §§ 40–42 HRV, für Abteilung HRB die §§ 43–46 HRV.

Aus unserer Handelsregisterbekanntmachung können wir aus der Abteilung HRB über die Kapitalgesellschaft »HOCO . . . GmbH« vor allem entnehmen: Zeitpunkt der Eintragung, Firma und Sitz nebst Geschäftsanschrift, Datum des Gesellschaftsvertrags, Gegenstand des Unternehmens, Höhe des Stammkapitals der Gesellschaft, die allgemeine Regelung zur Vertretung und die Geschäftsführer, Regelungen der Geschäftsführungsbefugnis und Vertretungsmacht. Diese Tatsachen sind im Handelsregister für die Firma »LEUTE . . . GmbH« bereits enthalten und müssen bei Eintragungen von »Veränderungen« nicht wiederholt werden, wie sich aus einigen Bezugnahmeformulierungen ersehen lässt.

Die (sachliche) Zuständigkeit der Amtsgerichte als Registergerichte für die Eintragungen ins Handelsregister ergibt sich übrigens nicht aus den §§ 8–16 HGB, die das »materielle[86] Handelsregisterrecht« regeln. Die Zuständigkeit folgt aus §§ 374, 376 des Gesetzes über das Verfahren in Familiensachen und in den Angelegenheiten der freiwilligen Gerichtsbarkeit (FamFG) iVm § 23a I S. 1 Nr. 2 und II Nr. 3 GVG. Im FamFG sind unter anderem weitere Vorschriften für das Verfahren (= »formelles« Recht) in Handelssachen enthalten.   **58**

---

85 Nr. 4 der dtv-Gesetzessammlung HGB.
86 Vgl. zur Unterscheidung zwischen materiellem und formellem Recht zB *Wörlen/Metzler-Müller* BGB AT Rn. 28.

2. Unternehmensregister

59 Gemäß § 8b I S. 1 HGB wird das Unternehmensregister, sofern sich aus § 9a I HGB nichts anderes ergibt, vom Bundesministerium der Justiz elektronisch geführt (www.unternehmensregister.de).

Über die Internetseite des Unternehmensregisters ist eine Vielzahl von unternehmensrelevanten Informationen zugänglich, die in § 8b II Nr. 1–11 HGB aufgelistet sind.

Gemäß § 9 VI S. 1 iVm § 9 I S. 1 HGB ist auch die Einsichtnahme in das Unternehmensregister jedem zu Informationszwecken gestattet.

II. Arten von Tatsachen

60 Es werden eintragungspflichtige, eintragungsfähige und nicht eintragungsfähige Tatsachen unterschieden.[87]

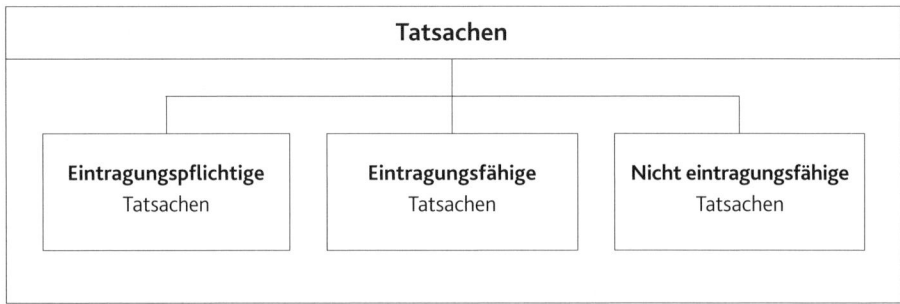

Eintragungspflichtige Tatsachen sind solche, zu deren Eintragung der Kaufmann gesetzlich verpflichtet ist (Wortlaut: »ist verpflichtet«, »ist anzumelden«).

> **Beispiele:**
> - Anmeldung der Firma gem. § 29 HGB (den Sie schon kennen, trotzdem: nochmals lesen!)
> - Erteilung und Erlöschen der Prokura[88] gem. § 53 I und II HGB.

Eintragungsfähig sind Tatsachen, deren Eintragung zwar zulässig, aber nicht gesetzlich vorgeschrieben ist.

61 > **Beispiel:** Der schon erwähnte Haftungsausschluss gem. §§ 25 II, 28 II HGB.

Nicht eintragungsfähig sind, allgemein ausgedrückt, immer solche Tatsachen, für die das Gesetz keine Eintragung vorsieht.

> **Beispiele:**
> - Geschäftskapital einer Personengesellschaft oder eines Einzelkaufmanns
> - Erteilung einer Handlungsvollmacht.[89]

Die wichtigsten eintragungsfähigen und -pflichtigen Tatsachen sind in einer zusammenfassenden Übersicht (11) bei Rn. 63 aufgelistet.

---

87 *Bitter/Schumacher* HandelsR § 4 Rn. 2 ff.
88 Ausf. dazu → **Rn. 74 ff.**
89 Dazu ausf. → **Rn. 86 ff.**

Bevor Sie diese Übersicht lesen, merken Sie sich nochmals, dass die Eintragungen ins Handelsregister unterschiedliche Wirkung haben:

III. Wirkung der Eintragung

Es wird zwischen der deklaratorischen und der konstitutiven Wirkung einer Eintragung differenziert.   **62**

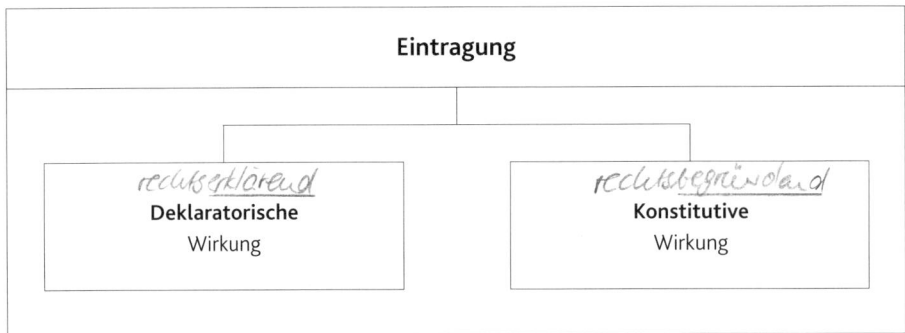

- Zur Wiederholung: Worin liegt der Unterschied zwischen deklaratorischen und konstitutiven Eintragungen? (Überlegen Sie, bevor Sie weiterlesen!)
- ▶ **Deklaratorisch** ist eine Eintragung, wenn sie ein Rechtsverhältnis nur bekundet (erklärt), das ohne Rücksicht auf die Eintragung ohnehin schon besteht (zB § 29 iVm § 1 HGB).

  Durch eine **konstitutive** Eintragung dagegen wird ein solches Rechtsverhältnis erst begründet.[90]

Die wichtigsten Beispiele, die wir zur deklaratorischen und konstitutiven Wirkung genannt haben, waren

- … welche? (Erst nachdenken, dann weiterlesen!)
- ▶ Deklaratorisch: Die Eintragung des Istkaufmanns (§ 1 HGB), Erteilung und Erlöschen der Prokura (§ 53 I, II HGB).

  Konstitutiv: Die Eintragung des Kannkaufmanns (§§ 2 und 3 HGB) sowie derjenigen Gesellschaften, die erst mit der Eintragung ins Handelsregister als Gesellschaft entstehen (zB AG gem. § 41 I S. 1 AktG, GmbH gem. § 11 S. I GmbHG).[91]

Lesen Sie nun

---

90 *Jung* HandelsR Kap. 3 Rn. 8.
91 Besonderheit beim Versicherungsverein auf Gegenseitigkeit (VVaG) § 171 VAG: VVaG erlangt Rechtsfähigkeit durch die von der Aufsichtsbehörde erteilte Erlaubnis zum Geschäftsbetrieb.

Übersicht 11

63

Handelsregister[92]

Inhalt:

Das Handelsregister (HR) ist ein öffentliches Verzeichnis über die Rechtsverhältnisse von Kaufleuten eines oder mehrerer Amtsgerichtsbezirke.

HR wird von Amtsgerichten geführt (§ 8 I iVm § 376 FamFG und § 23a I S. 1 Nr. 2 und II Nr. 3 GVG) = »Registergericht«

Zweck:

Sicherheit im Handelsverkehr durch Offenlegung der Rechtsverhältnisse zu gewährleisten = Publizität

- Einsichtnahme ist jedermann gestattet (§ 9 I S. 1)
- Verpflichtung des Registergerichts zur (elektronischen) Bekanntmachung der Eintragungen (§ 10 S. 1)

Aufbau:

Zwei Abteilungen = »HR A« und »HR B«
- HR**A** = Einzelkaufleute u. Personenhandelsgesellschaften
- HR**B** = Kapitalgesellschaften

Einzelheiten: vgl. §§ 40–42 HRV (Abteilung A)
§§ 43–46 HRV (Abteilung B)

Einzutragende Tatsachen:

- Nur im Gesetz vorgesehene Tatsachen dürfen eingetragen werden;
andernfalls handelt es sich um **nicht eintragungsfähige** Tatsachen
(zB Handlungsvollmacht, Geschäftskapital von Personengesellschaft oder Einzelkaufmann).

Beispiele:

eintragungspflichtig	eintragungsfähig
• Istkaufmann (§ 1) • Errichtung einer Zweigniederlassung (§ 13 I S. 1) • Firma und Inhaber (§ 29) • Insolvenzeröffnung (§ 32 I S. 1) • Erteilung und Erlöschen von Prokura (§ 53 I und II) • Erhöhung und Herabsetzung der Einlagen von Kommanditisten (§ 175) • Gründung, Sitz und Firma von Handelsgesellschaften • bei juristischen Personen: zB Vorstandsmitglieder, Geschäftsführer, Grundkapital und Stammkapital	• Haftungsausschluss gem. §§ 25 II, 28 II

- **Wirkungen der Eintragungen:**
  - → **deklaratorische** (rechtserklärende) Wirkung
    zB Eintragung des Istkaufmannes, §§ 1, 29
  - → **konstitutive** (rechtsbegründende) Wirkung
    zB Eintragung als Kannkaufmann, § 2

---

92 §§ ohne Bezeichnung auf dieser Übersicht sind solche des HGB.

IV. Publizitätswirkung von Handelsregistereintragungen

Das Handelsregister dient der Sicherheit des Rechtsverkehrs und hat die Vermutung **64** der Richtigkeit für sich. Durch die Offenlegung der wichtigsten Rechtsverhältnisse der Kaufleute kommt dem Handelsregister eine sog. Publizitätswirkung zu, die in § 15 HGB geregelt ist. Man unterscheidet zwischen sog. negativer Publizität (§ 15 I HGB) und positiver Publizität (§ 15 II und § 15 III HGB).[93]

Übersicht 12

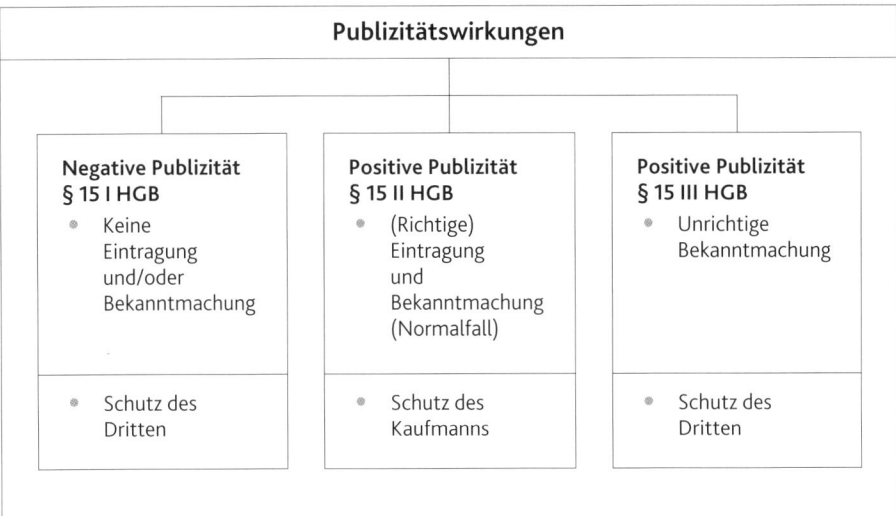

Hinweis: § 15 HGB stellt die für die Klausur wichtigste Vorschrift des Registerrechts dar.

1. Negative Publizität (§ 15 I HGB)

Prüfungsschema § 15 I HGB: **65**

(1) **Eintragungspflichtige Tatsache**
(2) **Nicht eingetragen** und/oder **nicht bekanntgemacht**
(3) **Gutgläubigkeit** des Dritten

Die negative Publizität regelt § 15 I HGB: Solange eine einzutragende Tatsache nicht eingetragen und bekanntgemacht ist, kann sie gem. § 15 I HGB einem Dritten *nicht* entgegengehalten werden (§ 15 I lesen!).

(1) Erste Voraussetzung ist das Vorliegen einer **eintragungspflichtigen Tatsache** (Wortlaut: »einzutragende Tatsache«).[94]

---

93 Der Regierungsentwurf für ein **Personengesellschaftsrechtsmodernisierungsgesetz** vom 22.1.2021, BR-Drs. 59/21 (→ **Rn. 147**), sieht die entsprechende Anwendung von § 15 HGB vor (§ 707a III BGB-E), wenn eine **GbR** in das neu zu schaffende »Gesellschaftsregister« (§ 707 BGB-E) eingetragen wurde (→ **Rn. 153a**).

94 Baumbach/Hopt/*Merkt* § 15 Rn. 5.

> **Beispiel** für eintragungspflichtige Tatsachen: Erteilung und Erlöschen der Prokura (§§ 53 I und II HGB) oder Ausscheiden eines Gesellschafters aus der OHG (§ 143 II HGB).

(2) Die Tatsache darf **nicht eingetragen** und/oder **nicht bekanntgemacht** worden sein.

(3) Dritte Voraussetzung ist die **Gutgläubigkeit** des Dritten. Er darf keine positive Kenntnis von der Tatsache haben. (Wortlaut § 15 I HGB: »… es sei denn, dass sie (die Tatsache) diesem bekannt war.«).

Zur Veranschaulichung folgendes

> **Beispiel:** Die Versicherungsgesellschaft V widerruft die Prokura ihrer Prokuristin P und kündigt ihr fristlos. Aus Versehen unterbleibt die Löschung der Prokura im Handelsregister. P schließt mit X einen Haftpflichtversicherungsvertrag. Wenige Tage später tritt der Versicherungsfall ein.

- ■ Muss V die Versicherungssumme an X zahlen?
- ▶ Die V muss zahlen und kann sich nicht darauf berufen, dass P zum Abschluss des Vertrags nicht mehr berechtigt war; denn bei der Entziehung der Prokura handelt es sich um eine eintragungspflichtige Tatsache gem. § 53 II HGB. Ist das Erlöschen der Prokura, wie hier, nicht eingetragen, so kann V sich gem. § 15 I HGB darauf gegenüber X, sofern dieser gutgläubig war, nicht berufen! Gutgläubig war X, wenn ihm das Erlöschen der Prokura nicht bekannt war.

Der gutgläubige Dritte darf also auf das »Schweigen des Handelsregisters« vertrauen. Daraus resultiert die Bezeichnung als *negative* Publizität.

Es wird das **abstrakte Vertrauen** geschützt. Das bedeutet, dass der Dritte sich auch auf die fehlende Eintragung im Handelsregister oder die fehlende Bekanntmachung berufen kann, wenn er gar nicht in das Handelsregister oder in die Bekanntmachungen Einsicht genommen hat.[95]

Der hM zufolge ist auch im Falle des **Fehlens der Voreintragung** (Fehlen der »Ersttatsache«) § 15 I HGB grundsätzlich anwendbar.[96]

> **Beispiel:** Eine erteilte Prokura wird widerrufen, ohne dass das Erlöschen der Prokura im Handelsregister eingetragen wird (eintragungspflichtig gem. § 53 II HGB). Auch bei fehlender Eintragung der Erteilung der Prokura ins Handelsregister (eintragungspflichtig gem. § 53 I HGB) ist § 15 I HGB anwendbar. Der Dritte kann sich also auf die fehlende Eintragung des Erlöschens der Prokura (»Zweittatsache«) im Handelsregister berufen, obgleich auch die Erteilung der Prokura (»Ersttatsache«) nicht im Handelsregister eingetragen war.

Die hM lässt sich aus dem Wortlaut des § 15 I HGB herleiten, der eine Voreintragung nicht voraussetzt. Zudem kann der Dritte die Ersttatsache, zB die Stellung als Prokurist, bei Fehlen der Voreintragung auch anderweitig erfahren haben. Wenn die Ersttatsache allerdings ein *rein interner Vorgang* geblieben ist und sich die Zweittatsache in *kurzem Abstand* anschließt, kann sich der Dritte ausnahmsweise nicht auf § 15 I HGB berufen.[97]

Rechtsfolge des § 15 I HGB ist ein **Wahlrecht des Dritten:** er kann sich auf die Rechtslage nach dem Handelsregister oder auf die tatsächliche Rechtslage berufen.[98]

---

95 S. *Bitter/Schumacher* HandelsR § 4 Rn. 35.
96 S. *Jung* HandelsR Kap. 3 Rn. 12 mwN; *Kindler* GK HandelsR/GesR § 3 Rn. 19 ff. mwN.
97 Insgesamt zum Problem der fehlenden Voreintragung Baumbach/Hopt/*Merkt* § 15 Rn. 11 mwN.
98 Hierzu und zur sog. **Meistbegünstigungs-/Rosinentheorie** Baumbach/Hopt/*Merkt* § 15 Rn. 6 mwN.

Hinweis: § 15 I HGB hat eine sehr hohe Klausurrelevanz! Insofern würde es sich – wie auch bei anderen wichtigen Lerninhalten – anbieten, die *Struktur des § 15 I HGB* nochmals **anhand des Gesetzestextes** zu wiederholen.

2. Positive Publizität (§ 15 II HGB)

Prüfungsschema § 15 II HGB: 66

(1) **Eintragungspflichtige Tatsache**
(2) **Eingetragen** und **bekanntgemacht**
(3) Ausschluss: Innerhalb »**Schonfrist**« von **15 Tagen** bei **Gutgläubigkeit** des Dritten

§ 15 II HGB regelt den Normalfall in der Praxis, dh es liegt eine richtige Eintragung ins Handelsregister und deren Bekanntmachung vor.[99] Ist eine **eintragungspflichtige Tatsache**[100] ins Handelsregister **eingetragen** und **bekanntgemacht** worden, so muss ein Dritter sie gem. § 15 II HGB gegen sich gelten lassen. § 15 II HGB betrifft also einen Fall der positiven Publizität (Vorschrift lesen!).

Das Gesetz geht davon aus, dass jeder, der mit Kaufleuten Geschäfte macht (»Dritter«), die Bekanntmachungen des Registergerichts liest.

§ 15 II S. 2 HGB gibt dem Dritten aber bis zu 15 Tage Zeit dazu (»**Schonfrist**«): »Dies gilt nicht bei Rechtshandlungen, die innerhalb von fünfzehn Tagen nach der Bekanntmachung vorgenommen werden, sofern der Dritte beweist, daß er die Tatsache weder kannte noch kennen mußte.« Voraussetzung ist also auch die **Gutgläubigkeit** des Dritten.

> **Beispiel:** Wieder kündigt die Versicherungsgesellschaft V der Prokuristin P. Diesmal wird die Prokura ordnungsgemäß im Handelsregister gelöscht. Nach drei Wochen schließt X mit P einen Versicherungsvertrag und verlangt einige Tage später nach Eintritt des Versicherungsfalls von V Zahlung.

■ Zu Recht?
▶ Diesmal hat X Pech gehabt; er muss gem. § 15 II S. 1 HGB die Löschung der Prokura gegen sich gelten lassen, da jedenfalls die Schonfrist von 15 Tagen abgelaufen ist.

3. Positive Publizität (§ 15 III HGB)

Prüfungsschema § 15 III HGB: 67

(1) **Eintragung**spflichtige **Tatsache**
(2) **Unrichtige Bekanntmachung** (Veranlassungsprinzip)
(3) **Gutgläubigkeit** des Dritten

§ 15 III HGB schließlich dehnt die positive Publizitätswirkung des Handelsregisters auch auf den Fall aus,

(1) dass einzutragende (das sind nach hM nur **eintragungspflichtige**[101]) Tatsachen

---

99   Baumbach/Hopt/*Merkt* § 15 Rn. 2.
100 *Jung* HandelsR Kap. 3 Rn. 19 mwN.
101 Baumbach/Hopt/*Merkt* § 15 Rn. 18.

(2) **unrichtig bekanntgemacht** wurden.

(3) Schließlich ist **Gutgläubigkeit** des Dritten erforderlich, dh er darf keine positive Kenntnis von der Unrichtigkeit der Bekanntmachung haben (Vorschrift lesen!).

Der Gesetzgeber geht davon aus, dass derjenige, der die Berichtigung einer falschen Bekanntmachung unterlässt, zugunsten des gutgläubigen Dritten sich so behandeln lassen muss, als ob die unrichtige Bekanntmachung mit seinem Willen fortbesteht.

> **Beispiel:** Nachdem V der P gekündigt hat, wurde die *Löschung* der Prokura beim Registergericht angemeldet und ins Handelsregister eingetragen. Durch ein Versehen wird aber im elektronischen Informations- und Kommunikationssystem der Landesjustizverwaltung die *Erteilung* der Prokura bekanntgegeben.

- Muss V zahlen, wenn P nach Löschung der Prokura und der unrichtigen Bekanntmachung der Erteilung einen Versicherungsvertrag mit X geschlossen hat und der Versicherungsfall eintritt?

▶ In diesem Fall könnte sich X nach Abschluss eines Vertrags mit P gem. § 15 III HGB auf die unrichtige Bekanntmachung berufen.

Das Gesetz unterstellt, wie gesagt, dass jeder, der mit Kaufleuten Geschäfte macht, die Bekanntmachungen der Handelsregistereintragungen liest, ebenso wie die Kaufleute selbst und dass die V daher Gelegenheit hatte, die unrichtige Bekanntmachung berichtigen zu lassen.

Bei § 15 III HGB gilt allerdings nach der hM das **Veranlassungsprinzip**. Erforderlich ist also, dass der Inanspruchgenommene den Eintragungsantrag selbst gestellt oder zurechenbar (insbesondere durch seine Arbeitnehmer) veranlasst hat.[102]

Auch hier wird das **abstrakte Vertrauen** geschützt. Der Dritte kann sich auf die unrichtige Bekanntmachung berufen, auch wenn er gar nicht die Bekanntmachung gelesen hat.[103]

Rechtsfolge ist wie bei § 15 I HGB, dass der Dritte ein **Wahlrecht** hat: Dem Wortlaut von § 15 III HGB zufolge kann er sich auf die (unrichtig) bekanntgemachte Tatsache oder auf die tatsächliche Rechtslage berufen.

Prägen Sie sich die Publizitätswirkungen von § 15 HGB nochmals anhand der nächsten Übersicht (13) ein!

Literatur zur Vertiefung (→ Rn. 54–67): *Beck*, Positive Publizität des Handelsregisters gem. § 15 Abs. 3 HGB, JURA 2014, 507; *Bitter/Schumacher* HandelsR § 4; *Bornemann*, Der unberufene Geschäftsführer (Fortgeschrittenenklausur), JuS 2016, 244; *Brox/Henssler* HandelsR §§ 5 und 6; *Canaris* HandelsR §§ 4–6; *Fischinger* HandelsR § 3; *Funk/Mack*, Handkäs mit Musik oder Klassiker des Handelsrechts in neuem Gewand (Schwerpunktbereichsklausur Handelsrecht), JURA 2018, 916 (15, 377 HGB); *Haag/Erdl* Fälle HandelsR/GesR Fall 3; *Hucke/Christow*, Handels- und Gesellschaftsrecht, AL 2018, 60; *Jung* HandelsR Kap. 3; *Kindler* GK HandelsR § 3; *Kneisel*, Rechtsscheinhaftung im BGB und HGB – mehr Schein als Sein, JA 2010, 337; *Körber/Schaub*, § 15 HGB in der Fallbearbeitung, JuS 2012, 303; *Lettl* HandelsR § 3; *Loose*, Modernisierung am Polarkreis (Semesterabschlussklausur), JuS 2016, 1095; *Lieder*, Die Bedeutung des Vertrauensschutzes für die Digitalisierung des Gesellschaftsrechts, NZG 2020, 81; *Lotte/Bertl*, Der Handel zieht alle Register (Fortgeschrittenenklausur), JuS 2014, 339;

---

102 S. *Bitter/Schumacher* HandelsR § 4 Rn. 19 f.
103 S. Baumbach/Hopt/*Merkt* § 15 Rn. 21.

Petersen, Der Dritte im Handels- und Gesellschaftsrecht, JURA 2017, 294; *Petersen*, Handelsrechtlicher Verkehrsschutz, JURA 2013, 580; *Petersen*, Handelsrecht in der Examensvorbereitung, JURA 2013, 377; *Preisner*, Examenstypische Klausurkonstellationen des Handels- und Gesellschaftsrechts, Teil III: Haftung und Rechtsscheinhaftung, JA 2012, 163; *K. Schmidt* HandelsR § 13 und § 14; *Steinbeck*, Grundlagen des Handelsrechts und examensspezifische Problemkonstellation, Ad Legendum 2013, 298.

Übersicht 13

68

Zusammenfassung:
Publizitätswirkung des Handelsregisters nach § 15 HGB

§ 15 I – Negative Publizität

Solange eine einzutragende Tatsache nicht eingetragen ist, kann sie dem Dritten nicht entgegengehalten werden (Vertrauen auf das Schweigen des Handelsregisters)

> **Beispiel:** Versehentliche Nichteintragung der Löschung einer Prokura (§ 53 II HGB)
> → Geschäfte zwischen dem durch die (ursprüngliche) Prokuristin vertretenen Kaufmann und dem Dritten sind wirksam.

§ 15 II – Positive Publizität

Ist eine Tatsache eingetragen und bekanntgemacht worden, muss der Dritte sie gegen sich gelten lassen (Normalfall); gegebenenfalls Schonfrist von 15 Tagen

> **Beispiel:** Löschung der Prokura ist eingetragen; Dritter hat Bekanntmachung nicht gelesen
> → Geschäfte zwischen dem durch die (ursprüngliche) Prokuristin vertretenen Kaufmann und dem Dritten sind unwirksam.

§ 15 III – Positive Publizität

Wurde die einzutragende Tatsache unrichtig bekanntgemacht, kann der Dritte sich auf die unrichtig bekanntgemachte Tatsache berufen

> **Beispiel:** *Löschung* der Prokura wird angemeldet und ins HR eingetragen; versehentlich wird aber die *Erteilung* der Prokura bekanntgemacht
> → Geschäfte zwischen dem durch die (ursprüngliche) Prokuristin vertretenen Kaufmann und dem Dritten sind wirksam.

5. Kapitel. Hilfspersonen der Kaufleute

Als wir uns soeben mit der negativen und positiven Publizität des Handelsregisters 69
nach § 15 HGB befasst haben, hatten wir als Beispiel für einzutragende Tatsachen die
Erteilung und Löschung der Prokura genannt. Die dabei angesprochene Prokuristin
war für einen Kaufmann tätig geworden, mit anderen Worten: die Prokuristin ist eine
Hilfsperson, derer sich der Kaufmann beim Betrieb seines Handelsgewerbes bedient
bzw. bedienen kann. Je nachdem, ob diese Person in den Betrieb des Kaufmanns eingegliedert (dh regelmäßig: bei ihm angestellt) ist, oder ob ihre Tätigkeit in freier Mitarbeit erfolgt, spricht man im Handelsrecht von *unselbstständigen* oder *selbstständi-*
gen Hilfspersonen der Kaufleute.

Übersicht 14

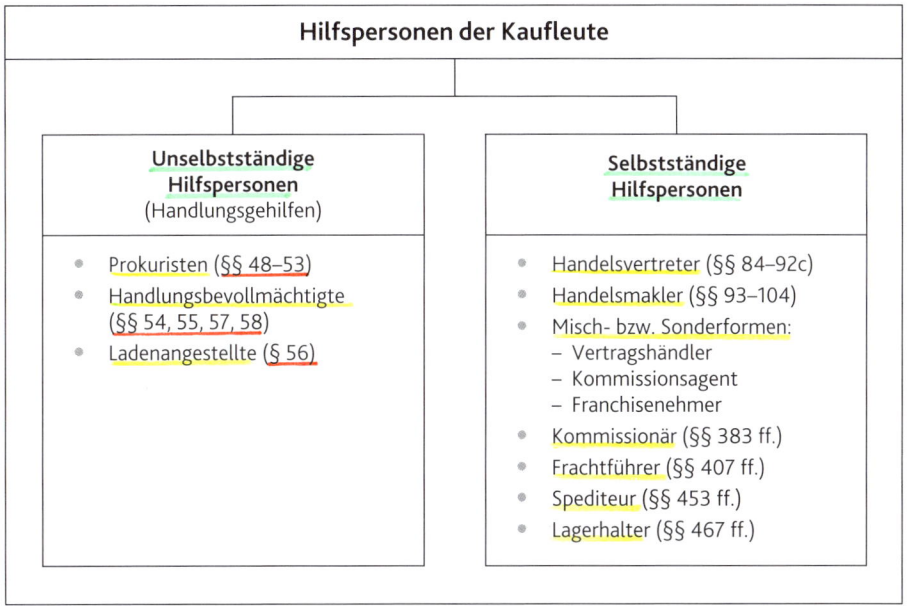

I. Unselbstständige Hilfspersonen als Vertreter (Handlungsgehilfen)

Soweit diese Hilfspersonen kaufmännische Dienste leisten, nennt sie das HGB Hand- 70
lungsgehilfen. Lesen Sie hierzu § 59 HGB! Diese Vorschrift bestimmt, dass der Handlungsgehilfe dem Kaufmann ortsübliche Dienste gegen entsprechende Vergütung zu
leisten hat. § 59 HGB und auch die dazugehörigen §§ 60–83 HGB treffen allerdings
keine Aussage darüber, welche *Arten* der Handlungsgehilfen es gibt. Vielmehr regeln
die §§ 59 ff. HGB allgemein das Innenverhältnis zwischen den Handlungsgehilfen
und dem Kaufmann als Arbeitgeber. Bei den §§ 59 ff. HGB handelt es sich sozusagen

um »kaufmännisches Sonderarbeitsrecht«,[104] mit dem wir uns vorerst noch nicht befassen wollen.

Welche Arten der Handlungsgehilfen – also der unselbstständigen Hilfspersonen der Kaufleute – es gibt, regeln vielmehr die Vorschriften des vorstehenden Fünften Abschnitts des Ersten Buchs des HGB, der mit der Überschrift »*Prokura und Handlungsvollmacht*« versehen ist. Wie jemand Prokuristin oder Handlungsbevollmächtigter wird, ergibt sich aus den §§ 48 ff. HGB, die besondere Regeln über die Vertretungsmacht der verschiedenen unselbstständigen Hilfspersonen der Kaufleute enthalten. Während also die *§§ 59 ff.* HGB das *Innenverhältnis* zwischen dem Kaufmann und seinem Handlungsgehilfen betreffen, regeln die *§§ 48 ff.* HGB die Kompetenzen der Handlungsgehilfen im *Außenverhältnis*.

1. Überblick

71 Entsprechend dem Umfang ihrer Vertretungsmacht im Außenverhältnis unterscheidet man drei Arten von unselbstständigen Hilfspersonen der Kaufleute:

(1) Prokuristen, (2) Handlungsbevollmächtigte und (3) Ladenangestellte.

Übersicht 15

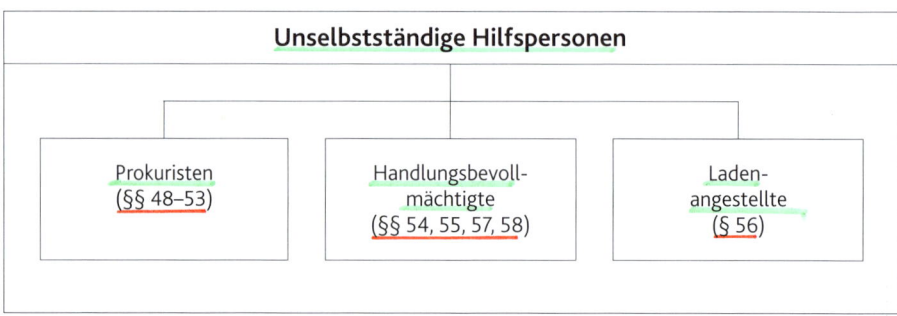

Während § 56 HGB den Sonderfall einer gesetzlichen Anscheinsvollmacht regelt, erhalten Prokuristen und Handlungsbevollmächtigte ihre besonderen handelsrechtlichen Kompetenzen durch *rechtsgeschäftliche* Vertretungsmacht (= Vollmacht), für deren *Erteilung* zunächst die Regelungen des BGB, insbesondere § 167 I BGB, gelten. Auch die *Wirksamkeit* des Vertreterhandelns richtet sich überwiegend nach dem Stellvertretungsrecht[105] des BGB, also nach den §§ 164 ff. BGB.

Prüfungsschema § 164 BGB:[106]

(1) Eigene **Willenserklärung** des Vertreters
(2) Erkennbar **in fremdem Namen**
(3) Innerhalb der zustehenden **Vertretungsmacht**

Wenn jemand als Prokurist, Handlungsbevollmächtigter oder Ladenangestellter handelt, kommen die jeweiligen handelsrechtlichen Spezialbestimmungen erst dann zur

---

104 Baumbach/Hopt/*Roth* § 59 Rn. 1.
105 S. dazu *Wörlen/Metzler-Müller* BGB AT Rn. 349 ff.
106 Sofern nicht mehr gewusst, s. zB *Wörlen/Metzler-Müller* BGB AT Rn. 354 f.

Anwendung, wenn es darum geht, ob der Vertreter »innerhalb der ihm zustehenden Vertretungsmacht« (vgl. § 164 I S. 1 BGB) gehandelt hat. Das HGB bestimmt vor allem den *Umfang* (Ausnahme: § 48 HGB, der auch die Erteilung der Prokura erfasst) der jeweiligen Vollmacht des auftretenden Handlungsgehilfen. Entgegen dem allgemeinen Sprachgebrauch kann also niemand »von Beruf« (zB) Prokurist sein. Den Beruf des Prokuristen gibt es ebenso wenig wie den des Stellvertreters nach § 164 BGB.[107] Für die Lösung von Fällen, in denen Handlungsgehilfen auftreten, ist es unerlässlich, sich diese Funktion der Prokura bzw. der anderen handelsrechtlichen Vollmachten klar zu machen.[108]

Den Unterschied zwischen der Prokura und der Handlungsvollmacht wollen wir uns **72** anhand eines Falls verdeutlichen:

Übungsfall 4

Olga Ochs (O) ist Inhaberin einer großen Wurst- und Fleischfabrik mit mehreren Filialen. Sie bestellt ihre Mitarbeiterin Sieglinde Stier (S) durch ausdrückliche mündliche Erklärung zur Prokuristin und lässt die Prokura in das Handelsregister eintragen. Mit S trifft O eine Vereinbarung, dass diese nicht ohne Einwilligung der O Geschäfte mit einem Volumen von über 200.000 EUR abschließen darf. S gedenkt nun Unternehmenspolitik zu betreiben. Sie erwirbt für das Unternehmen einen auf die Produktion von bio-veganen Lebensmitteln spezialisierten landwirtschaftlichen Betrieb zum Preis von 2 Mio. EUR, um die Fabrik durch Veggie-Wurst und vegetarische Fleischalternativen zukunftsorientierter auszurichten. Die Landwirtin Beate Borstig (B), von der S den landwirtschaftlichen Betrieb gekauft hat, verlangt von O die Zahlung des Kaufpreises. Diese weigert sich, den Kaufpreis zu zahlen.
Hat B gegen O einen Anspruch auf Bezahlung des Kaufpreises von 2 Mio. EUR für ihren landwirtschaftlichen Betrieb?

Dies wollen wir nun prüfen!

▪ Überlegen Sie, welche (bürgerlich-rechtliche!) Anspruchsgrundlage für das Verlangen der B in Betracht kommt!

▶ B verlangt von O ausdrücklich »Zahlung des Kaufpreises«. Anspruchsgrundlage ist also § 433 II BGB!

Ein Anspruch der B gegen O auf Bezahlung des Kaufpreises von 2 Mio. EUR für ihren landwirtschaftlichen Betrieb könnte sich also aus § 433 II BGB ergeben. Voraussetzung für diesen Anspruch ist, dass zwischen O (!) und B ein wirksamer Kaufvertrag geschlossen wurde. Das wiederum erfordert, wie Sie wissen, zwei sich deckende Willenserklärungen: Angebot (= »Antrag«) und Annahme.

▪ Wer hat in diesem Fall ein Angebot gemacht, und von wem wurde es angenommen?

▶ Das Angebot hat nicht die Vertragspartnerin der B, die O, gemacht, sondern ihre Prokuristin S; angenommen wurde es durch B.

▪ Was ist Voraussetzung dafür, dass O sich das Angebot der Prokuristin S als eigenes zurechnen lassen muss? (Überlegen Sie!)

▶ *Falsch* wäre es, wenn Sie antworten wollten: »Dann müsste die Prokura der S wirksam sein«! Richtig ist allein: »Voraussetzung dafür ist, dass S die O bei Vertragsabschluss gem. § 164 I S. 1 BGB wirksam vertreten hat«!

---

107 *K. Schmidt* HandelsR § 16 III S. 1 b.
108 *K. Schmidt* HandelsR § 16 III S. 1 b.

73 Wir müssen also zunächst die Voraussetzungen für ein wirksames Vertreterhandeln nach § 164 I S. 1 BGB prüfen. *Voraussetzung für Vertragsabschluss*

- ■ Wiederholungsfrage: Welche drei Voraussetzungen sind das? Das sollten Sie aus § 164 I S. 1 BGB herauslesen können!
- ▶ Voraussetzungen für eine wirksame Vertretung nach § 164 I S. 1 BGB sind[109]
  1. eine eigene »*Willenserklärung*« des Vertreters,
  2. die erkennbar »*im Namen* des Vertretenen« (also in fremdem Namen) erfolgt und
  3. sich innerhalb der dem Vertreter »zustehenden *Vertretungsmacht*« bewegt.

Daraus ergibt sich für unseren Fall: S überbrachte nicht lediglich eine fremde, sondern gab eine **eigene Willenserklärung** in Form eines Kaufangebots ab. Dies müsste auch **im Namen** der O geschehen sein.

- ■ Der Sachverhalt von Übungsfall 4 sagt dazu nichts ausdrücklich. Woraus können wir dennoch schließen, dass S erkennbar in fremdem Namen, dh im Namen der O, gehandelt hat?
- ▶ Sie hat den landwirtschaftlichen Betrieb »für das Unternehmen« erworben. S hat also entweder ausdrücklich im Namen der O gehandelt oder aber zumindest mit Bezug zu deren Unternehmen.
- ■ Warum genügt bereits der Unternehmensbezug für ein Handeln im Namen der O? Lesen Sie § 164 I BGB genau!
- ▶ Es ergibt sich »aus den Umständen« iSv § 164 I S. 2 Alt. 2 BGB, dass S sich nicht selbst als Handelnde, sondern vielmehr die Unternehmensinhaberin verpflichten wollte! S hat also im Namen der O als Unternehmensinhaberin gehandelt.

Die Rechtsprechung legt derart »*unternehmensbezogene Geschäfte*« im Zweifel dahin aus, dass der Inhaber des Unternehmens und nicht der für das Unternehmen Handelnde Vertragspartei werden soll.[110]

Ob schließlich auch die dritte Voraussetzung von § 164 I S. 1 BGB, das Handeln der S »innerhalb der ihr zustehenden **Vertretungsmacht**«, vorliegt, können wir nur beurteilen, wenn wir die Eigenheiten der handelsrechtlichen Vollmacht »Prokura« kennen. An dieser Stelle wird also die Eigenschaft der S als Prokuristin bedeutsam, welche wir nun etwas näher untersuchen wollen.

2. Prokuristen

74 Innerhalb der ihr zustehenden Vertretungsmacht hätte S als Prokuristin gehandelt, wenn ihr

(a) Prokura *erteilt* wurde,
(b) ihr Handeln vom *Umfang* der Prokura gedeckt ist und
(c) die Prokura nicht zuvor *erloschen* war.

---

109 → **Rn. 71**: Prüfungsschema § 164 BGB.
110 Und dies sogar dann, wenn der Inhaber des Unternehmens falsch bezeichnet wird oder sonst Fehlvorstellungen über ihn bestehen, s. zB BGH NJW 1998, 2897.

a) Erteilung der Prokura

Die Prokura begründet rechtsgeschäftliche Vertretungsmacht. Es handelt sich um eine 74a
besondere Form der Vollmacht, deren Erteilung sich zunächst, wie bereits angedeutet,
nach den allgemeinen Vorschriften des BGB richtet. Gemäß § 167 I BGB kann sie
dem Prokuristen selbst, aber auch einem Dritten, dem gegenüber der Prokurist als
Vertreter handeln soll, erteilt werden.

Prüfungsschema § 48 HGB:

(1) **Berechtigter** Vollmachtgeber (Inhaber eines Handelsgeschäfts oder gesetzlicher
    Vertreter) (§ 48 I HGB)
(2) Ausdrückliche und persönliche **Erklärung** (§ 48 I HGB) gegenüber zu Bevoll-
    mächtigendem oder Dritten
(3) **Bevollmächtigte(r):** eine oder mehrere (§ 48 II HGB) *natürliche* Person(en)
[(4) Deklaratorisch: Eintragung und Bekanntmachung (§ 53 I HGB)]

Der Erklärende, dh der **berechtigte** Vollmachtgeber, muss gem. § 48 I HGB (lesen!)
Inhaber eines *Handelsgeschäfts* sein. Prokura erteilen kann also nur der *Kaufmann*
selbst (falls nicht mehr gewusst: → Rn. 41!) oder sein gesetzlicher Vertreter (zB die
Geschäftsführerin einer GmbH oder der Vorstand einer AG).[111]

Weiterhin setzt die wirksame Erteilung einer Prokura, wie aus § 48 I HGB folgt, voraus, 75
dass sie nur mittels ausdrücklicher **Erklärung** persönlich durch den Inhaber des Handelsgeschäfts oder – sofern er nicht voll geschäftsfähig sein sollte – durch seinen gesetzlichen Vertreter erteilt werden kann. Die allgemeinen Grundsätze des bürgerlich-rechtlichen Stellvertretungsrechts über die sog. Duldungs- oder Anscheinsvollmacht[112] sind
auf die Prokura also nicht anwendbar! Ebenso wenig ist eine konkludente Prokuraerteilung möglich. Schließlich kommt nur eine natürliche Person als **Bevollmächtigter** in
Betracht – juristischen Personen kann keine Prokura erteilt werden.[113]

■ Prüfen Sie nun, ob in Übungsfall 4 nach dem bisher Gesagten eine wirksame Prokuraerteilung an S vorliegt!
▶ O betreibt als Fleisch- und Wurstfabrikantin ein Handelsgewerbe iSv § 1 II HGB.
  Sie ist also Kauffrau und Inhaberin eines Handelsgeschäfts und damit *berechtigte*
  Vollmachtgeberin einer Prokuraerteilung. Sie hat die S durch eine persönliche und
  ausdrückliche mündliche *Erklärung* zur Prokuristin bestellt. Als *Bevollmächtigte*
  hat sie dabei die S, eine natürliche Person, bestimmt. Die Prokuraerteilung ist somit wirksam.

O hat die Prokura auch in das Handelsregister eintragen lassen. Ob die Prokura ins 76
Handelsregister eingetragen ist oder nicht, ist für die Wirksamkeit ihrer Erteilung
nach § 48 I HGB unerheblich.[114] Der Geschäftsinhaber ist jedoch gem. § 53 I HGB
verpflichtet, die Erteilung der Prokura (ebenso wie ihr Erlöschen) ins Handelsregister
eintragen zu lassen. Da die **Eintragung** nicht Wirksamkeitsvoraussetzung ist, hat sie

---

111 Baumbach/Hopt/*Merkt* § 48 Rn. 1, 4.
112 Mehr dazu bei *Wörlen/Metzler-Müller* BGB AT Rn. 366 ff.
113 Baumbach/Hopt/*Merkt* § 48 Rn. 2 f.
114 S. zB *Brox/Henssler* HandelsR Rn. 197.

keine konstitutive, sondern nur *deklaratorische* Bedeutung.[115] Gemäß § 51 HGB ist der Prokurist verpflichtet, dass er bei der Unterschrift »der Firma seinen Namen mit einem die Prokura andeutenden Zusatz beifügt«. Dieser Zusatz lautet üblicherweise »per procura«, abgekürzt: »ppa.«.

Beispiel: »Olga Ochs e. K., ppa. Stier«

Möglich ist es übrigens auch, Prokura an mehrere Personen gemeinschaftlich zu erteilen (= *Gesamtprokura* nach § 48 II HGB – lesen!). Grundsätzlich lassen sich drei Arten der Prokura unterscheiden:

Übersicht 15a

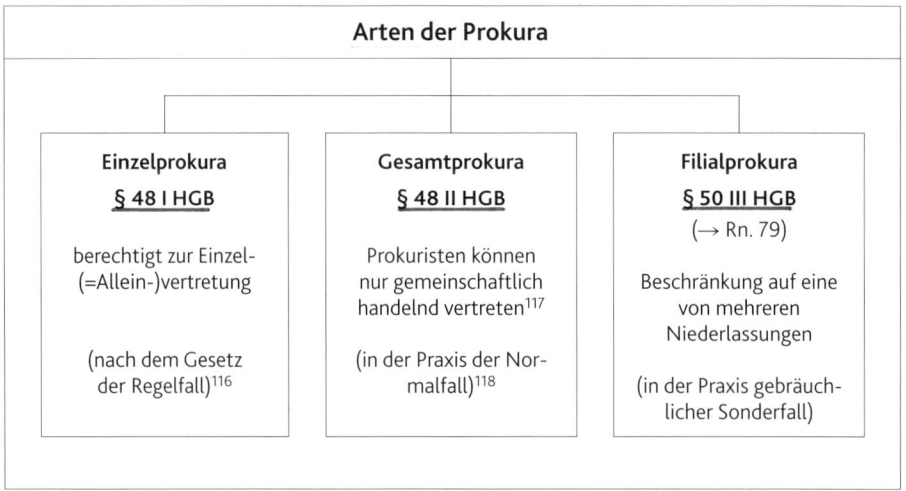

Arten der Prokura		
Einzelprokura	**Gesamtprokura**	**Filialprokura**
§ 48 I HGB	**§ 48 II HGB**	**§ 50 III HGB** (→ Rn. 79)
berechtigt zur Einzel- (=Allein-)vertretung	Prokuristen können nur gemeinschaftlich handelnd vertreten[117]	Beschränkung auf eine von mehreren Niederlassungen
(nach dem Gesetz der Regelfall)[116]	(in der Praxis der Normalfall)[118]	(in der Praxis gebräuchlicher Sonderfall)

b) Umfang der Prokura

77 Den Umfang der Prokura regelt zunächst § 49 I HGB (lesen!). Danach ist der Prokurist zu *allen* dort genannten Geschäften und Rechtshandlungen ermächtigt, die der *Betrieb* eines Handelsgewerbes mit sich bringt, ausgenommen zur Veräußerung und Belastung von Grundstücken, wie sich aus § 49 II HGB (lesen!) ergibt. Es geht dabei um Grundstücke, die sich bereits im Eigentum des Unternehmers (»Prinzipal«, vgl. § 55 IV Hs. 2 HGB) befinden! Der *Erwerb* eines neuen Grundstücks durch Prokuristen ist daher möglich. Wenn dabei zur Bezahlung des Kaufpreises ein Kredit aufgenommen und zu dessen Sicherung eine Hypothek bestellt wird, ist das keine Belastung iSv § 49 II HGB, da dies im Ergebnis dem Erwerb eines bereits belasteten Grundstücks gleichkommt.[119]

---

115 → **Rn. 62**.
116 MüKoHGB/*Krebs* § 48 Rn. 69.
117 *Groh* in Creifelds Recht-WB »Prokura«.
118 MüKoHGB/*Krebs* § 48 Rn. 69.
119 S. zB *Lettl* HandelsR § 6 Rn. 44; *Jung* HandelsR Kap. 7 Rn. 11; *Brox/Henssler* HandelsR Rn. 200.

Hinweis: Hier muss man **genau lesen:** Die Prokura ermächtigt gem. § 49 I HGB zu **»allen«** (gewöhnlichen und außergewöhnlichen) Arten von gerichtlichen und außergerichtlichen Geschäften und Rechtshandlungen, die der **»Betrieb«** (nicht also die Einstellung oder Veräußerung sowie sonstige Grundlagengeschäfte) eines Handelsgewerbes mit sich bringt. Sie umfasst sämtliche Geschäfte, die der Betrieb **»eines«** (also irgendeines beliebigen) **»Handelsgewerbes«** (deshalb keine Privatgeschäfte des Kaufmanns bzw. der Kauffrau, wohl aber für das Handelsgewerbe branchenfremde Geschäfte) mit sich bringen kann.[120]

Selbstverständlich können Kaufleute die Prokura auf bestimmte Bereiche, insbesondere auch auf Beträge, die der Prokurist beim Abschluss von Rechtsgeschäften nicht überschreiten darf, beschränken. Diese Beschränkung hat indessen keine Wirkung im Außenverhältnis, dh, wie aus § 50 I HGB folgt, auf eine solche Beschränkung kann sich der Kaufmann oder die Kauffrau im Verhältnis zu Dritten nicht berufen. Lesen Sie § 50 I und II HGB! **78**

Überschreitet allerdings ein Prokurist den Umfang seiner Vertretungsmacht, die im Innenverhältnis beschränkt wurde, macht er sich gegebenenfalls wegen Verletzung des zwischen ihm und dem Inhaber des Handelsgeschäfts bestehenden Dienst- oder Arbeitsvertrags (§§ 611, 611a BGB!) seinem Dienstherrn gegenüber schadensersatzpflichtig!

▨ Auf welche Anspruchsgrundlage im BGB kann der Dienstherr seinen Schadensersatzanspruch stützen?
▷ Die Antwort gibt Fußnote[121].

Eine Ausnahme von dem Grundsatz, dass die Beschränkung der Prokura nicht nach außen wirkt, enthält § 50 III HGB (lesen!): Wenn die Prokura auf den Betrieb einer von mehreren Niederlassungen des Geschäftsinhabers beschränkt wurde und diese Niederlassungen unter verschiedenen Firmen (= Namen) betrieben werden, ist diese Beschränkung auch Dritten gegenüber wirksam (= **»Filialprokura«**; s. auch Übersicht 15a → **Rn. 76**). Dies kommt in der Praxis durchaus nicht selten vor; denn, wie Sie wissen, können Kaufleute ein Handelsgeschäft beispielsweise unter einer übernommenen Firma fortführen. In einem solchen Fall kann die Prokura auch mit Wirkung nach außen auf diese Firma beschränkt werden. **79**

Kommen wir zurück zu unserem Fall, um die besonderen Voraussetzungen für die Prokura zu prüfen.

▨ Hat S sich beim *Kauf* des landwirtschaftlichen Betriebs im Rahmen des gesetzlichen Umfangs der Prokura gem. § 49 HGB (lesen und nachdenken!) gehalten? **80**
▷ Durch die Erteilung der Prokura wurde S von O zu allen Rechtshandlungen ermächtigt, die der Betrieb eines Handelsgewerbes mit sich bringt. Dazu kann auch der Kauf eines landwirtschaftlichen Betriebs inklusive des dazugehörenden Grundstücks gehören. Denn gem. § 49 II HGB erfordert nur der *Verkauf* (Veräußerung) und die *Belastung* von Grundstücken, die (bereits) im Eigentum des Prinzipals stehen, die Erteilung einer besonderen Befugnis für den Prokuristen.
▨ Wie steht es mit der Begrenzung der Prokura der S auf 200.000 EUR? Welchen Einfluss hat diese Beschränkung auf das Handeln der S? (Erst überlegen, dann weiterlesen!) **81**

---

120 S. zB EBJS/*Weber* § 49 Rn. 3 ff.
121 **§ 280 I BGB iVm §§ 611/611a, 241 II BGB.**

▷ Diese Beschränkung ist nur im Innenverhältnis zwischen O und S von Bedeutung! Nach außen ist eine solche Beschränkung unwirksam (§ 50 I HGB).

Somit war der Kauf des landwirtschaftlichen Betriebs für 2 Mio. EUR durch die Prokura nach außen gedeckt.

Die Tatsache, dass O die S nur zu Geschäften bis 200.000 EUR ermächtigt hatte, führt im Außenverhältnis nicht zur Überschreitung der mit der Prokura verbundenen Vertretungsmacht der S. Daher kommt zB § 177 I BGB[122] *nicht* zur Anwendung, wonach die Wirkung des Vertrags, den S für O geschlossen hat, von deren Genehmigung abhängig sein würde. Da S innerhalb ihrer Vertretungsmacht, nämlich im Rahmen der wirksamen Prokura, handelte, die gem. § 53 I HGB auch ordnungsgemäß im Handelsregister eingetragen wurde (= erforderlich, aber nur deklaratorische Wirkung), hat sie als Vertreterin der O iSd § 164 I BGB gehandelt. Da für ein Erlöschen der Prokura (dazu sogleich → Rn. 83 ff.) nichts ersichtlich ist, ist folglich der von S im Namen der O geschlossene Vertrag mit B wirksam.

▨ Zwischenergebnis für unseren Fall also? (Überlegen!)

▷ B hat gegen O einen Anspruch auf Zahlung des Kaufpreises von 2 Mio. EUR gem. § 433 II iVm § 164 I S. 2 BGB und §§ 48, 49 HGB.

82 O kann sich also nicht weigern, den Kaufpreis zu zahlen, sondern muss gegebenenfalls einen Schadensersatzanspruch (aus Pflichtverletzung beim Dienst- oder Arbeitsvertrag gem. § 280 I iVm §§ 611/611a, 241 II BGB) gegen S geltend machen, wonach aber im vorliegenden Fall nicht mehr gefragt ist.

c) Erlöschen der Prokura

83 Gemäß § 52 I HGB erlischt die Prokura durch Widerruf. Der jederzeit und ohne besonderen Grund mögliche Widerruf durch den Geschäftsinhaber kann, wie die Erteilung, durch einseitiges Rechtsgeschäft (vgl. §§ 168 S. 3, 167 I BGB – lesen!) ausgeübt werden.[123]

Weitere Erlöschensgründe sind zB:[124] Die Beendigung des der Prokura zugrunde liegenden Arbeitsverhältnisses (arg. aus § 168 S. 1 BGB), die Insolvenz des Prinzipals (s. § 117 I InsO[125]), die Einstellung bzw. Veräußerung des Handelsgeschäfts sowie der Tod des Prokuristen (nicht aber der Tod des Geschäftsherrn, § 52 III HGB!).

84 Die Eintragung des Erlöschens der Prokura ins Handelsregister (§ 53 II HGB) hat – wie die der Erteilung – nur *deklaratorische* Wirkung. Da gutgläubige Dritte aber durch § 15 I HGB[126] geschützt werden, bewirkt das Erlöschen in erster Linie Folgen im Innenverhältnis.

> **Hinweis:** Notieren Sie in Ihrer Gesetzessammlung § 15 I HGB neben § 53 II HGB!

Prägen Sie sich das Wichtigste zur Prokura nochmals ein anhand der folgenden

---

122 S. dazu *Wörlen/Metzler-Müller* BGB AT Rn. 373 ff., 377.
123 *Brox/Henssler* HandelsR Rn. 206.
124 Aufzählung bei Baumbach/Hopt/*Merkt* § 52 Rn. 5.
125 § 117 I InsO – Erlöschen von Vollmachten – lautet:
     »(1) Eine vom Schuldner erteilte Vollmacht, die sich auf das zur Insolvenzmasse gehörende Vermögen bezieht, erlischt durch die Eröffnung des Insolvenzverfahrens.«
126 → **Rn. 65 ff.**

Übersicht 16

Prokura (s. zu den *Arten* auch Übersicht 15a → Rn. 76)			85
Erteilung	**Umfang**	**Erlöschen**	
§ 48 HGB	**§§ 49, 50 HGB**	**§ 52 HGB**	
Berechtigte(r) **Inhaber eines Handelsgeschäfts** oder gesetzlicher Vertreter (gegebenenfalls mit Genehmigung des Vormundschaftsgerichts: § 1822 Nr. 11 BGB)	**Grundsatz** Für **alle Geschäfte**, die der Betrieb (irgend) **eines Handelsgewerbes** mit sich bringt (§ 49 I HGB) (keine Privatgeschäfte des Inhabers)	**Widerruf** Jederzeit möglich gem. § 52 I HGB (iVm §§ 168 S. 3, 167 I BGB)	
		Beendigung des zugrundeliegenden Arbeitsverhältnisses (arg. aus § 168 S. 1 BGB)	
Erklärung **Ausdrücklich** und **persönlich** durch (mündl. oder schriftl.) Erklärung an Prokuristen oder Dritte (§ 48 I HGB iVm § 167 I BGB)	**Beschränkungen** (1) durch Rechtsgeschäft nach **außen unwirksam** (§ 50 I, II HGB); möglich: »*Filialprokura*« nach § 50 III HGB	**Tod** des Prokuristen (arg. aus § 52 III HGB)	
		Insolvenz des Prinzipals (§ 117 I InsO)	
Bevollmächtigte(r) **Natürliche** (nicht juristische) Person (eine P. = *Einzelprokura*); gegebenenfalls mehrere Personen gemeinsam = *Gesamtprokura* (§ 48 II HGB)	(2) durch Gesetz: • Veräußerung und Belastung von Grundstücken gem. § 49 II HGB • **Grundlagengeschäfte** wie Einstellung oder Veräußerung des Unternehmens (arg. aus § 49 I HGB: »Betrieb«)	**Einstellung** bzw. **Veräußerung** des Handelsgeschäfts	
Eintragung ins HReg. Gemäß § 53 I HGB Pflicht; nur **deklaratorische** Wirkung	• Inhaber- oder **Prinzipalgeschäfte** (→ Rn. 87)	**Eintragung ins HReg.** Gemäß § 53 HGB Pflicht; zwar nur **deklaratorische** Wirkung, aber *gutgläubige Dritte* bis zur Eintragung durch § 15 I HGB *geschützt*	

3. Handlungsbevollmächtigte

Abwandlung zu Übungsfall 4 (→ Rn. 72)   86

Ochs (O) beauftragt ihre neue Prokuristin Stier (S), eine Kühlwagenfirma zu suchen und für den Transport der Produkte die erforderliche Anzahl Kühlwagen zu mieten. S will dies aber nicht selbst erledigen, weil sie sich zu Höherem berufen fühlt. Sie bestellt den Angestellten Karsten Kuh (K) in sein Büro und erklärt ihm, dass sie ihn zum Prokuristen mache und mit der Anmietung von 20 Kühlwagen für O beauftrage. K erledigt dies umgehend.
O geht auch dieses eigenmächtige Handeln der S deutlich zu weit. Sie weigert sich, den von K abgeschlossenen Mietvertrag über 20 Kühlwagen gegen sich gelten zu lassen und den Mietpreis zu bezahlen. Zu Recht?

Wäre O die Mieterin der Kühlwagen, wäre sie gem. § 535 II BGB verpflichtet, die vereinbarte Miete zu zahlen. Ob O die Mietpreiszahlung zu Recht verweigert, hängt also davon ab, ob der Mietvertrag über die Kühlwagen wirksam ist, den der von S bevollmächtigte K für sie abgeschlossen hat.

■ Was ist die Voraussetzung dafür, dass der Mietvertrag zwischen O und der Kühlwagenfirma wirksam ist?

▶ K müsste wirksam als Vertreter der O iSv § 164 I S. 1 BGB gehandelt haben.

Auch in diesem Fall liegen die Voraussetzungen »eigene Willenserklärung« und »Handeln im Namen der O« vor; fraglich ist wiederum, ob K innerhalb der ihm zustehenden Vertretungsmacht gehandelt hat. Wir müssen also prüfen, ob K überhaupt Vertretungsmacht für O hatte.

■ Woraus könnte sich eine Vertretungsmacht des K ergeben?

▶ Aus den §§ 49 I, 48 HGB, weil S den K (= natürliche Person als **Bevollmächtigter**) auch »zum Prokuristen machte« (= ausdrückliche und persönliche **Erklärung**) und ihn mit der Anmietung der Kühlwagen beauftragte. Dazu müsste die dem K erteilte Prokura allerdings wirksam sein.

87 Die Frage ist also, ob ein Prokurist einem Dritten seinerseits Prokura erteilen kann, er also als **berechtigter** Vollmachtgeber in Betracht kommt.

■ Die Antwort auf diese Frage gibt uns die insofern eindeutige Formulierung des § 48 I HGB, nämlich? (Überlegen Sie!)

▶ Prokura kann nur vom *Inhaber* eines Handelsgeschäfts selbst oder von seinem *gesetzlichen* Vertreter erteilt werden.
Ein Prokurist ist aber nicht gesetzlicher Vertreter des Geschäftsherrn bzw. der Geschäftsherrin, sondern *rechtsgeschäftlicher* Vertreter, sodass S dem K keine Prokura erteilen konnte.

Hinweis: Zu den sog. **»Inhaber-« oder »Prinzipalgeschäften«**, die nach dem Gesetz dem Kaufmann bzw. der Kauffrau persönlich zugewiesen sind, gehört neben der Prokuraerteilung gem. § 48 I HGB insbesondere auch die Anmeldung der Firma zum Handelsregister, §§ 29, 31 HGB.[127]

88 Daraus, dass S dem K nicht wirksam Prokura erteilen konnte, folgt aber nicht, dass K als Vertreter ohne Vertretungsmacht handelt. Vielmehr findet auch im Handelsrecht eine nicht ganz einfach zu verstehende Vorschrift des BGB Anwendung, die Sie eventuell noch nicht kennen und deshalb unbedingt lesen müssen: § 140 BGB!

■ Was könnte das für unseren Fall bedeuten?

▶ Die nichtige Prokuraerteilung an K durch S könnte gem. § 140 BGB in eine wirksame Bevollmächtigung *umzudeuten* sein, die nicht an so strenge gesetzliche Voraussetzungen geknüpft ist wie die Prokura und auch von einer Prokuristin erteilt werden kann.

In Betracht kommt eine sog. **Handlungsvollmacht** (§ 54 HGB). Darunter versteht man *jede* zum oder im Betrieb eines Handelsgewerbes erteilte *Vollmacht, die keine Prokura* ist.[128] Auch auf die Handlungsvollmacht finden die §§ 164 ff. BGB Anwendung (s. Prüfungsschema → Rn. 71), sofern nicht spezielle Regelungen des HGB vorrangig sind.[129]

Dass eine »**Willenserklärung**« und ein »Handeln **im Namen** der O« vorliegen, hatten wir soeben bereits bejaht (→ Rn. 86). **Vertretungsmacht** des K für O könnte ihm aus einer Handlungsvollmacht zustehen. Zu klären ist also, ob dem K

127 S. zB *Brox/Henssler* HandelsR Rn. 201; *Jung* HandelsR Kap. 7 Rn. 11.
128 Baumbach/Hopt/*Merkt* § 54 Rn. 1.
129 *Brox/Henssler* HandelsR Rn. 212.

(a) Handlungsvollmacht **erteilt** wurde,
(b) sein Handeln vom **Umfang** der Handlungsvollmacht gedeckt und
(c) die Handlungsvollmacht **nicht erloschen** ist.

a) Erteilung der Handlungsvollmacht

Prüfungsschema § 54 I HGB:

89

(1) **Berechtigter** Vollmachtgeber (Inhaber des Handelsgeschäfts oder gesetzlicher Vertreter, Prokurist, anderer Handlungsbevollmächtigter) (§ 167 I BGB, § 54 I HGB)
(2) Ausdrückliche oder konkludente **Erklärung** gegenüber zu Bevollmächtigendem oder Dritten (§ 167 I BGB, auch Anscheins- oder Duldungsvollmacht)
(3) **Bevollmächtigte(r):** eine oder mehrere (auch juristische) Person(en)

Lesen Sie zunächst § 54 I HGB, der das Wesen der Handlungsvollmacht umschreibt!

Zur Erteilung einer Handlungsvollmacht ist neben dem Geschäftsinhaber auch ein Prokurist oder ein anderer dazu Bevollmächtigter **berechtigt** (1). Das ergibt sich zum einen daraus, dass das Gesetz für ihre Erteilung keine einschränkende Vorschrift vorsieht: Während § 48 I HGB für die Erteilung der Prokura festlegt, dass nur der Inhaber des Handelsgeschäfts sie persönlich und ausdrücklich erteilen darf, sucht man eine vergleichbare Regelung für die Erteilung einer Handlungsvollmacht hier vergeblich. Zum anderen lässt sich dies auch aus dem Umfang der Prokura nach § 49 I HGB ableiten. Wenn Sie sich diese Vorschrift nochmals ansehen, so lesen Sie, dass der Prokurist zu *allen* Rechtshandlungen ermächtigt ist, die der Betrieb *eines* (dh irgendeines, nicht eines bestimmten)[130] Handelsgewerbes mit sich bringt. Dazu gehört auch die Erteilung von *Vollmachten*, die nicht Prokura sind.

Wie jede Vollmacht wird auch die Handlungsvollmacht gem. § 167 I BGB durch eine einseitige empfangsbedürftige Willens**erklärung** (2) erteilt. Da § 54 I HGB nicht die »ausdrückliche« Erteilung der Handlungsvollmacht vorschreibt, kann diese auch als Duldungs- oder Anscheinsvollmacht wirksam sein.[131] Eine konkludente Bevollmächtigung kann etwa durch Übertragung einer Stellung oder Aufgabenzuweisung erfolgen, die verkehrstypisch mit Handlungsvollmacht verbunden ist.[132]

Weil das persönliche Vertrauen – anders als bei der Prokura – nicht im Vordergrund steht, kommen als **Bevollmächtigte** (3) neben natürlichen auch *juristische* Personen in Betracht.[133]

b) Arten und Umfang der Handlungsvollmacht

aa) Arten

Der in § 54 I HGB beschriebene Umfang der Handlungsvollmacht zeigt, dass es drei verschiedene Typen (Arten) der Handlungsvollmacht gibt: Generalhandlungsvollmacht, Arthandlungsvollmacht und Spezialhandlungsvollmacht.

90

---

130 S. zB *Kindler* GK HandelsR/GesR § 6 Rn. 22; *Jung* HandelsR Kap. 7 Rn. 10.
131 *Lettl* HandelsR § 6 Rn. 71; allgemein zur Duldungs- und Anscheinsvollmacht *Wörlen/Metzler-Müller* BGB AT Rn. 366 ff.
132 BGH NJW 2015, 2584 Rn. 47 f. (»**Deputy General Director**«); vgl. auch BAG NJW 2014, 3595 Rn. 26 mwN (**Personalleiter**).
133 Baumbach/Hopt/*Merkt* § 54 Rn. 7.

Übersicht 16a

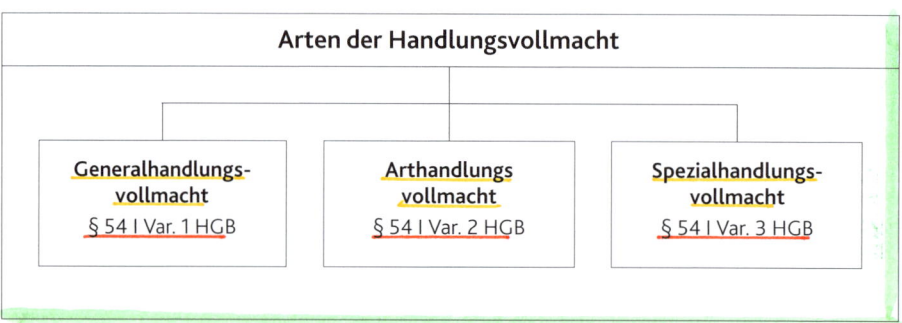

91 (1) **Generalhandlungsvollmacht** (§ 54 I Var. 1 HGB): Der Handlungsbevollmächtig-te kann zum Betrieb eines Handelsgewerbes und damit »*generell*« zu *allen* Geschäf-ten, die ein *derartiger* Betrieb dieses Handelsgewerbes *gewöhnlich* mit sich bringt, ermächtigt sein (Ausnahme: Die in § 54 II HGB genannten Geschäfte, auf die wir gleich noch kurz eingehen werden). In diesem Fall hat der Handlungsbevollmächtigte eine »Generalhandlungsvollmacht«.

(2) **Arthandlungsvollmacht** (§ 54 I Var. 2 HGB): Der Handlungsbevollmächtigte kann zur Vornahme einer bestimmten *Art* von Geschäften des Handelsgewerbes er-mächtigt sein. Er hat dann eine »Arthandlungsvollmacht«.

(3) **Spezialhandlungsvollmacht** (§ 54 I Var. 3 HGB): Schließlich kann der Hand-lungsbevollmächtigte zur Vornahme *einzelner*, spezieller Geschäfte des Handelsge-werbes ermächtigt sein. Man bezeichnet diesen Typ der Handlungsvollmacht daher als »Spezialhandlungsvollmacht«.

bb) Umfang

92 *Einschränkungen* des Umfangs all dieser Handlungsvollmachtsarten enthält, wie an-gedeutet, § 54 II HGB (lesen!).

Im Gegensatz zum Prokuristen bedarf danach der Handlungsbevollmächtigte nicht nur zur Veräußerung und Belastung von Grundstücken einer besonderen Befugnis des Geschäftsherrn, sondern auch zu den anderen dort genannten Rechtsgeschäften.

Gemäß § 57 HGB ist der Handlungsbevollmächtigte verpflichtet, seiner Unterschrift einen das Vollmachtsverhältnis andeutenden Zusatz beizufügen. Dieser Zusatz lautet zB »in Vollmacht« (abgekürzt: »i.V.«) oder »per«.

Beispiel: »Olga Ochs e. K., i. V. Kuh«

93 (1) **Abschlussvertretung:** Aus § 55 I HGB ergibt sich im Umkehrschluss, dass § 54 HGB die Handlungsvollmacht von Hilfspersonen regelt, die im Betrieb beschäftigt sind.[134] Denn § 55 I HGB besagt, dass die Vorschriften des § 54 HGB *auch* auf Personen Anwendung finden, die damit betraut sind, regelmäßig »*außerhalb des Betriebes*« (im Gesetzestext unterstreichen!) Geschäfte im Namen des Geschäftsinhabers »*abzu-schließen*« (ebenfalls unterstreichen!). Konkret regelt § 55 HGB den Umfang der er-teilten Vollmacht bei der Abschlussvertretung unabhängig davon, ob *unselbstständige*

---

134 *Brox/Henssler* HandelsR Rn. 225.

»Handlungsgehilfen« (§ 59 S. 1 HGB) oder *selbstständige* »Handelsvertreter« (§ 84 I HGB; mehr dazu sogleich bei → Rn. 106 ff.) tätig werden.

Daraus können wir entnehmen, dass das Gesetz bei der *Abschlussvollmacht* im Außen-   **94** dienst für unselbstständige und selbstständige Hilfspersonen gleiche Maßstäbe anlegt – schließlich besteht für Dritte im Rechtsverkehr bei beiden Personengruppen ein vergleichbares Bedürfnis nach Rechtssicherheit hinsichtlich des Umfangs ihrer Vertretungsmacht.[135]

Für die selbstständigen und unselbstständigen Abschlussbevollmächtigten wird die in § 54 HGB generell umschriebene Handlungsvollmacht in § 55 II–IV HGB etwas spezieller umrissen, indem sie zum Teil eingeschränkt und zum Teil positiv konkretisiert wird.

Einschränkungen ergeben sich aus § 55 II und III HGB (lesen!). Ein Abschlussbevollmächtigter ist also einerseits nicht berechtigt, einmal abgeschlossene Verträge abzuändern oder dem Vertragspartner die aus dem Vertrag folgenden Zahlungsverpflichtungen zu stunden, andererseits darf er Zahlungen nur entgegennehmen, wenn er dazu gesondert bevollmächtigt wurde.

Eine positive Konkretisierung der Vollmacht der Abschlussbevollmächtigten enthält § 55 IV HGB (lesen!).

> **Beispiel:** Nach dieser Vorschrift kann zB eine Versicherungsabschlussvertreterin die dem Prinzipal zustehenden Rechte auf Beweissicherung (vgl. § 485 ZPO) ausüben, dh. sie kann einen Sachverständigen damit beauftragen, einen geltend gemachten Schaden unverzüglich festzustellen.

(2) Vermittlungsvertretung: Die Geschäftsinhaberin kann ihren Außendienst auch   **95** nur mit der Vermittlung von Rechtsgeschäften (zB von Versicherungsverträgen) betrauen, ohne dass diese unmittelbar für sie abgeschlossen werden dürfen.

Verständnisfrage:

▨ Wie ist es rechtlich zu werten, wenn nun ein reiner *Vermittlungs*vertreter dennoch einen Vertrag im Namen des Prinzipals abschließt? Überlegen Sie!

▶ Da ihm für derartige Geschäfte gerade keine Vertretungsmacht eingeräumt wurde und der Vermittlungsvertreter im Unterschied zum Abschlussvertreter auch nicht in § 55 I HGB erwähnt wird, handelt er als *Vertreter ohne Vertretungsmacht*!

Eine entsprechende rechtliche Situation (Vertretung ohne Vertretungsmacht) ergibt   **96** sich übrigens auch dann, wenn ein Abschlussbevollmächtigter Geschäfte abschließt, die von seiner Vollmacht nicht abgedeckt werden. In beiden Fallgruppen *gilt* (= Fiktion) die *Genehmigung* durch den Prinzipal als erteilt, die nach § 177 I BGB die schwebende Unwirksamkeit beseitigt. § 91a I, II HGB bestimmt dies für den Handelsvertreter (→ Rn. 112) und § 75h I, II HGB für den Handlungsgehilfen, wenn nach entsprechender Benachrichtigung *nicht unverzüglich* (§ 121 I S. 1 BGB) die Ablehnung des Geschäfts durch den Prinzipal erklärt wird.[136]

Für Dritte (Kunden) ist häufig nicht erkennbar, ob sie es mit einem Abschluss- oder   **97** nur mit einem Vermittlungsbevollmächtigten zu tun haben. Zum Schutz von gutgläubigen Kunden gilt daher § 55 IV HGB auch für die reine *Vermittlungs*vertretung. Das folgt für den (selbstständigen) Handelsvertreter aus der ausdrücklichen Formulierung von § 91 II S. 1 HGB, den Sie hierzu abschließend auch noch lesen müssen. Wie Sie

---

135   *Lettl* HandelsR § 6 Rn. 95; *K. Schmidt* HandelsR § 16 V.
136   Vgl. *Brox/Henssler* HandelsR Rn. 227.

sicher gemerkt haben, ist die Formulierung mit § 55 IV HGB fast wortgleich! Für den (unselbstständigen) Handlungsgehilfen, der nur Vermittlungsvertreter ist, verweist § 75g S. 1 HGB auf die Geltung von § 55 IV HGB (notieren Sie beide Vorschriften neben § 55 IV HGB!). Abschluss- wie auch Vermittlungsbevollmächtigte gelten daher insbesondere als ermächtigt, Mängelrügen entgegen zu nehmen.

Fassen wir dieses Verweisungswirrwarr noch einmal anhand einer schematischen Grafik zusammen:

Übersicht 17

97a

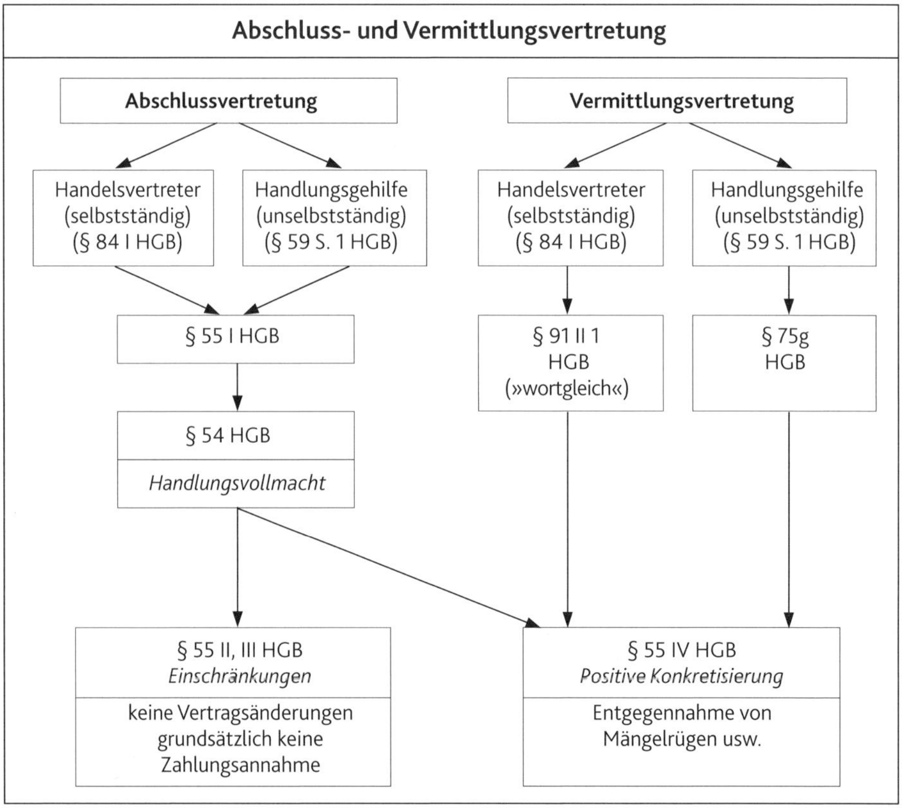

98 Speziell für **Versicherungsvertreter** (§ 92 I HGB: Handelsvertreter, die damit betraut sind, Versicherungsverträge *zu vermitteln* oder *abzuschließen*) gelten außer den handelsrechtlichen Vorschriften, die auf Handelsvertreter aus allen Branchen Anwendung finden, insbesondere die Vorschriften des VVG. Soweit die §§ 69 ff. VVG bezüglich der Vollmacht des Versicherungsvertreters (oder eines unselbstständigen Gehilfen des Versicherers, § 73 VVG) vom HGB abweichende Vorschriften enthalten, indem sie zB seine Vollmacht erweitern, haben die Vorschriften des VVG Vorrang.

▪ Wie nennt man dieses Prinzip, das hier zugunsten des VVG eingreift? (Überlegen Sie! Das VVG ist ein Spezialgesetz zum HGB …!)

▶ Wenn Sie sich an Ihre Einführung in das Recht und an Art. 2 EGHGB[137] erinnern, wissen Sie: Das Prinzip, dass das speziellere Gesetz die allgemeinen Gesetze

---

137 → Rn. 3, → Rn. 6.

verdrängt (»lex specialis derogat legi generali«[138], wie die römischen Juristen schon erkannt hatten …), wird auch als »Subsidiaritätsprinzip« bezeichnet.[139]

Das gilt, wie Sie bereits am Beispiel des BGB gesehen haben, im Übrigen auch für einzelne Paragrafen innerhalb eines Gesetzeswerks. Vorschriften des besonderen Schuldrechts des BGB haben zB Vorrang vor den Vorschriften des allgemeinen Schuldrechts. Sie sollten wissen, dass aufgrund der aus § 311 I BGB folgenden Vertragsfreiheit Verträge grundsätzlich formfrei, dh auch mündlich geschlossen werden können. Wenn aber manche Vorschriften des besonderen Teils des Schuldrechts festlegen, dass für bestimmte Willenserklärungen, zB gem. § 766 S. 1 BGB für die Bürgschaftserklärung, die Schriftform erforderlich ist, hat diese Vorschrift vor § 311 I BGB Vorrang. Gegenüber § 766 S. 1 BGB wiederum ist § 350 HGB vorrangig. **99**

Nach alledem können wir nun die abschließende Antwort auf die Frage geben, ob man die Erteilung der Prokura von S an K (→ **Rn. 86**) über § 140 BGB (nochmals lesen!) in die Erteilung einer Handlungsvollmacht umdeuten kann. **100**

■ Versuchen Sie, die Antwort selbst zu formulieren!
▶ Offensichtlich wollte S den Auftrag der O, die 20 Kühlwagen zu mieten, an K delegieren. Dazu ist sie als Prokuristin grundsätzlich auch *berechtigt*, denn sie hätte K eine Handlungsvollmacht erteilen können. Die unwirksame mündliche Prokuraerteilung gegenüber K umfasste hier insofern alle Voraussetzungen der wirksamen ausdrücklichen *Erklärung* einer Handlungsbevollmächtigung gegenüber der natürlichen Person K als *Bevollmächtigtem*. Es ist daher davon auszugehen, dass S dem K, wenn sie gewusst hätte, dass eine Prokuraerteilung durch eine Prokuristin nichtig ist, Handlungsvollmacht erteilt hätte. Somit gilt die Erteilung der Prokura von S an K gem. § 140 BGB als Handlungsvollmacht iSd § 54 HGB zum Abschluss des Mietvertrags.

■ Um welchen Typ der Handlungsvollmacht handelt es sich dabei? (Lesen Sie § 54 I HGB nochmals; er enthält die Antwort auf diese Frage!)
▶ Indem S den K zum Abschluss eines bestimmten Mietvertrags bevollmächtigte, hat sie ihn zur Vornahme eines einzelnen zu einem bestimmten Handelsgewerbe gehörigen Geschäfts ermächtigt (§ 54 I, 3. Var.), dh, sie hat ihm eine Spezialhandlungsvollmacht erteilt!

Da K mit Vertretungsmacht für O auftrat, ist der Mietvertrag iSd § 535 iVm § 164 I S. 1 BGB und § 54 I HGB zwischen O und dem Kühlwagenvermieter wirksam zustande gekommen. O weigert sich also zu Unrecht, den Vertrag zu erfüllen.

c) Erlöschen der Handlungsvollmacht

Für die Handlungsvollmacht gelten im Wesentlichen dieselben Erlöschungsgründe wie für die Prokura, sofern sich nicht aus dem HGB ein anderes ergibt. Für die Handlungsvollmacht gilt insbesondere nicht § 53 HGB: Die Handlungsvollmacht muss nicht in das Handelsregister eingetragen werden und ist auch *nicht eintragungsfähig*.[140] Uneingeschränkt anwendbar ist dagegen § 168 BGB. Danach erlischt die Handlungsvollmacht durch Widerruf oder mit Beendigung des zugrundeliegenden Arbeitsverhältnisses **101**

---

138 S. dazu *Liebs*, Lateinische Rechtsregeln und Rechtssprichwörter, 7. Aufl. 2007, L, Nr. 52.
139 Zur Rezeption (Übernahme) des römischen Rechts in Deutschland sowie zum Subsidiaritätsprinzip s. *Wörlen/Metzler-Müller* BGB AT Rn. 38 f.
140 Baumbach/Hopt/*Merkt* § 8 Rn. 5.

des Handlungsbevollmächtigten. Tritt der Handlungsbevollmächtigte dennoch weiterhin für seinen Geschäftsherrn auf, handelt er als »Vertreter ohne Vertretungsmacht« (vgl. §§ 177 und 179 BGB[141]).

Das Wichtigste zur Handlungsvollmacht enthält

Übersicht 18

102

Handlungsvollmacht		
Erteilung	**Umfang (§ 54 HGB)**	**Erlöschen**
Berechtigte(r): wie Übersicht 16 (→ Rn. 85) (Genehmigung des Vormundschaftsgerichts *nicht erforderlich*) *außerdem:* Erteilung **auch** durch Prokuristen oder (andere) **Handlungsbevollmächtigte**	**Grundsatz:** Im Ermessen des Vollmachtgebers, doch gesetzlich vermuteter Mindestinhalt gem. § 54 I HGB [beachte: »Geschäfte« … »die der Betrieb« (nicht irgendeines, sondern) »eines **derartigen** Handelsgewerbes … **gewöhnlich** mit sich bringt«!]	**Widerruf:** Jederzeit möglich gem. §§ 168 S. 2 und 3, 167 I BGB **Beendigung** des zugrunde liegenden Arbeitsverhältnisses (arg. aus § 168 S. 1 BGB)
Erklärung: • Ausdrücklich oder stillschweigend (konkludent) nach BGB-Regeln (§ 167 BGB) • Möglich auch: *Anscheins-* oder *Duldungsvollmacht* • Umdeutung (§ 140 BGB) unwirksam erteilter Prokura in Handlungsvollmacht möglich	**Arten (s. § 54 I Var. 1-3 HGB)** **(s. auch** Übersicht 16a → **Rn. 90):** • *General-Handlungsvollmacht* = alle zum Betrieb des Handelsgewerbes gehörenden Geschäfte, außer gesetzliche Beschränkungen (s. unten) • *Art-Handlungsvollmacht* = bestimmte Art von Geschäften • *Spezial-Handlungsvollmacht* = einzelne, spezielle Geschäfte	**Tod** des Handlungsbevollmächtigten (im Zweifel *nicht* bei Tod des Geschäftsinhabers) **Insolvenz** des Geschäftsinhabers (§ 117 InsO) **Einstellung bzw. Veräußerung** des Handelsgeschäfts
Bevollmächtigte(r): **Natürliche** oder **juristische**[142] Person auch *Einzel-, Gesamt- oder Filialhandlungsvollmacht*[143] möglich (vgl. Übersicht 15a → Rn. 76)	**Beschränkungen:** • Veräußerung und Belastung von Grundstücken, Wechselverbindlichkeiten, Darlehen und Prozessführung (§ 54 II HGB) • Rechtsgeschäftliche Beschränkungen, wenn Dritten bekannt (§ 54 III HGB)	
Eintragung ins HReg.: Gesetzlich nicht vorgesehen und **nicht eintragungsfähig**	**Sonderregelung für Außendienst:** *Einschränkungen* gem. § 55 II und III HGB *Erweiterung* nach § 55 IV (vgl. §§ 75g und 91 HGB)	

4. Ladenangestellte

103 Auch »Ladenangestellte« sind, wie Prokuristen und Handlungsbevollmächtigte, *unselbstständige* Hilfspersonen bzw. »*Handlungsgehilfen*« der Kaufleute.

---

141 S. dazu bei Bedarf *Wörlen/Metzler-Müller* BGB AT Rn. 373–385.

142 Baumbach/Hopt/*Merkt* § 54 Rn. 7 mwN, str.

143 = **Niederlassungshandlungsvollmacht**, s. EBJS/*Weber* § 54 Rn. 22.

Ladenangestellte werden bisweilen in missverständlicher Weise und entgegen der ausdrücklichen Legaldefinition des § 59 S. 1 HGB den »Handlungsgehilfen« gleichgesetzt und als solche von Prokuristen und Handlungsbevollmächtigten unterschieden. »Handlungsgehilfen« iSv § 59 HGB sind jedoch alle drei!

Zur Klarstellung daher eine schematische Übersicht:

Übersicht 19

103a

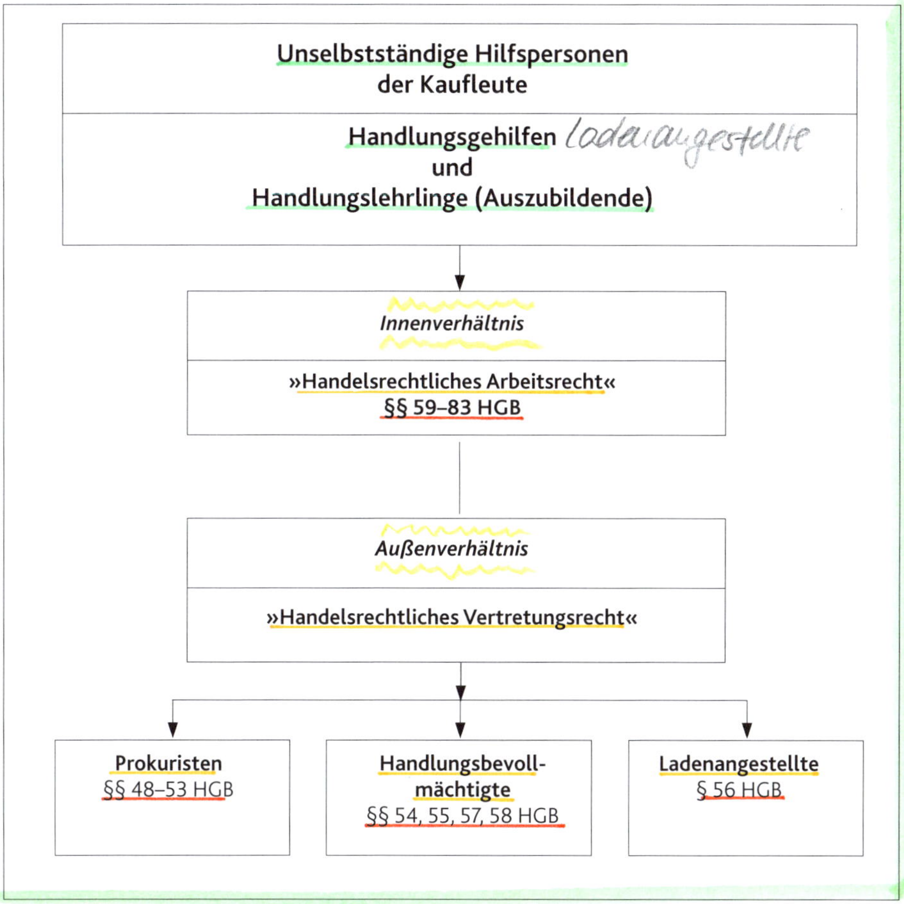

```
┌─────────────────────────────────────────────────┐
│         Unselbstständige Hilfspersonen            │
│              der Kaufleute                        │
├───────────────────────────────────────────────── │
│     Handlungsgehilfen   Ladenangestellte          │
│              und                                  │
│     Handlungslehrlinge (Auszubildende)            │
└─────────────────────────────────────────────────┘
                        │
                        ▼
              ┌─────────────────────────┐
              │     Innenverhältnis      │
              ├──────────────────────────│
              │ »Handelsrechtliches      │
              │     Arbeitsrecht«        │
              │     §§ 59–83 HGB         │
              └─────────────────────────┘
                        │
                        ▼
              ┌─────────────────────────┐
              │     Außenverhältnis      │
              ├──────────────────────────│
              │ »Handelsrechtliches      │
              │   Vertretungsrecht«      │
              └─────────────────────────┘
                        │
       ┌────────────────┼────────────────┐
       ▼                ▼                ▼
┌────────────┐  ┌───────────────┐  ┌────────────────┐
│ Prokuristen│  │ Handlungsbevoll-│  │ Ladenangestellte│
│ §§ 48–53   │  │    mächtigte    │  │    § 56 HGB     │
│    HGB     │  │ §§ 54,55,57,58  │  │                │
│            │  │      HGB        │  │                │
└────────────┘  └───────────────┘  └────────────────┘
```

Die Voraussetzungen der Ladenvollmacht eines Ladenangestellten regelt § 56 HGB (lesen!). **104**

Prüfungsschema § 56 HGB:

(1) **»Angestellt«** = tätig mit Willen des Prinzipals (Berechtigte/r = Vertretene/r)
(2) **Rechtsschein**setzung: Tätigkeit im »Laden« oder Warenlager uÄ
(3) Vertreter/**Bevollmächtigter:** Angestellte/r für gewöhnliche »Verkäufe und Empfangnahmen«

»**Angestellt**« im Sinne der Vorschrift ist jeder, der mit Wissen und Wollen des Geschäftsherrn in den Verkaufsräumen *beim Verkauf* mitwirkt.[144] Es muss sich nicht um einen »Angestellten« im arbeitsrechtlichen Sinne (Arbeitnehmer) handeln, auch mithelfende Familienangehörige kommen in Betracht, nicht aber zB eine Reinigungskraft![145]

Der Geschäftsinhaber hat dadurch, dass er den Betreffenden in seinem Laden wirken lässt, den **Rechtsschein gesetzt**, dass dieser eine entsprechende Vollmacht hat. Man kann bei der in § 56 HGB beschriebenen Vollmacht deshalb auch von einer »*gesetzlichen Anscheinsvollmacht*« sprechen. Ohne dass wir zu sehr ins Detail gehen können, müssen Sie wissen, dass der Wortlaut dieser Vorschrift etwas missverständlich ist und man ihn daher nicht zu eng verstehen darf. Dies gilt namentlich für die Begriffe »Laden« und »offenes Warenlager«, die Sie deshalb in Ihrem Text in Anführungszeichen setzen sollten (soweit dies nach Ihrer Prüfungsordnung zulässig ist). Unter »Laden« und »offenem Warenlager« verstehen Lehre und Rechtsprechung nämlich »jede dem Publikum zugängliche, wenn auch nur vorübergehend benutzte, offene Verkaufsstätte, unabhängig davon, ob der Geschäftsraum dazu besonders ausgestattet ist oder nicht«.[146]

▌ **Beispiel**: Als »Laden« iSd § 56 HGB ist deshalb zB auch ein Verkaufsstand anzusehen.

105 Auch ohne ausdrücklich dazu durch Erteilung einer Vollmacht gem. § 167 I BGB ermächtigt zu sein, *gelten* Ladenangestellte – und das ist das Wichtige und Entscheidende in § 56 HGB – als **bevollmächtigt** zu Verkäufen einschließlich der dazugehörigen Erfüllungsgeschäfte. Ebenso gelten sie als bevollmächtigt zur Empfangnahme, insbesondere von *Zahlungen*, die in einem derartigen Laden oder Warenlager *gewöhnlich* geschehen. Das Gesetz scheint für diesen Fall also eine Vollmacht zu fingieren. Da die Vorschrift aber nur gutgläubige Geschäftspartner schützt, handelt es sich um eine widerlegliche Vermutung.[147]

Der Geschäftsinhaber kann die Vollmacht von Ladenangestellten ebenso wie die Vollmacht von Handlungsbevollmächtigten beschränken. Eine Beschränkung gilt jedoch grundsätzlich nur im Innenverhältnis. Im Außenverhältnis wirkt sie nur dann, wenn der betroffene Dritte die Beschränkung kannte oder kennen musste[148]. Für die Handlungsvollmacht folgt das direkt aus § 54 III HGB, der auf die Vollmacht des Ladenangestellten entsprechend angewendet wird.[149]

Hinweis: Notieren Sie sich im Gesetzestext am Rand von § 56 HGB: »§ 54 III«.

Zu den *Verkäufen im* Laden gehören auch solche Geschäfte, die *in Erfüllung* des Kaufvertrags geschehen, also auch das sachenrechtliche Verfügungsgeschäft, die Eigentumsübertragung nach § 929 S. 1 BGB. Dies gilt trotz des »Abstraktionsprinzips«, das (bekanntlich?)[150] grundsätzlich die strenge Trennung von (schuldrechtlichem) Verpflichtungsgeschäft und (sachenrechtlichem) Verfügungsgeschäft vorsieht, mit der Folge, dass diese beiden Rechtsgeschäfte sowohl zeitlich als auch räumlich auseinanderfallen können. Für § 56 HGB bedeutet dies, dass der Ladenangestellte für *im*

---

144 *Brox/Henssler* HandelsR Rn. 229 f.
145 S. zB Baumbach/Hopt/*Merkt* § 56 Rn. 2 f.
146 Vgl. *K. Schmidt* HandelsR § 16 V 3a unter Hinweis auf RGZ 69, 307.
147 EBJS/*Weber* § 56 Rn. 2; ähnl. MüKoHGB/*Krebs* § 56 Rn. 5 (str.).
148 Dh **infolge von Fahrlässigkeit nicht kannte**, s. *die Legaldefinition in § 122 II BGB!*
149 Baumbach/Hopt/*Merkt* § 56 Rn. 5.
150 Ansonsten *Wörlen/Metzler-Müller* BGB AT Rn. 268–281 lesen!

Laden angebahnte Geschäfte, die außerhalb des Ladens abgeschlossen oder erfüllt werden, gleichermaßen als bevollmächtigt gilt.[151]

> **Beispiel:** Abschluss des Kaufvertrags im »Laden«, Übereignung (»Lieferung«) der Kaufsache durch den Ladenangestellten in der Wohnung der Kundin.

§ 56 HGB kommt nach alledem unter folgenden Voraussetzungen zur Anwendung: **105a**

Übersicht 20

Gesetzliche Anscheinsvollmacht der Ladenangestellten
Zusammenfassung zu § 56 HGB
1. **»Angestellt«** (tätig mit Willen des Prinzipals = Berechtigter/Vertretener).   2. **Rechtsschein**setzung: **Tätigkeit im »Laden« oder Warenlager** uÄ   (= jede offene Verkaufsstätte).   3. **Vertreter**/Bevollmächtigter: Angestellte/r für gewöhnliche **»Verkäufe und Empfangnahmen«**   (= **in diesem** »Laden« **übliche** Geschäfte).   → Sowohl a) Verpflichtungs-   → als auch b) Verfügungsgeschäfte.   → Örtlicher Zusammenhang zwischen 3a) und b):   = *Geschäftsanbahnung im Laden* genügt für Abschluss/Erfüllung außerhalb des Ladens.   → nur bei *Gutgläubigkeit* des Vertragspartners (vgl. § 54 III HGB).

Literatur zur Vertiefung (→ Rn. 69–105): *Beck,* Zur Funktionsweise der Prokura als handelsrechtliche Vollmacht, JURA 2016, 969; *Brox/Henssler* HandelsR §§ 10–12; *Bülow* HandelsR Erster Teil, Siebter Abschnitt; *Drexl/Mentzel,* Handelsrechtliche Besonderheiten der Stellvertretung (Teil 1) und (Teil 2), JURA 2002, 289 und 375; *Haag/Erdl* Fälle HandelsR/GesR Fälle 2 und 3; *Hartmeyer/Ludwig,* Der Ernst des (Arbeits-)Lebens (Anfängerhausarbeit – Zivilrecht: BGB AT, Arbeits- und Handelsrecht), JuS 2012, 611; *Häublein,* Die Ladenvollmacht, JuS 1999, 624; *Hellgardt/Schwarzfischer,* Das Catering-Chaos (Fortgeschrittenenklausur Handels- und Gesellschaftsrecht), JuS 2020, 334; *Jung* HandelsR Kap. 6 und 7; *Loose,* Modernisierung am Polarkreis (Semesterabschlussklausur), JuS 2016, 1095; *Lotte/Bertl,* Der Handel zieht alle Register (Fortgeschrittenenklausur), JuS 2014, 339; *Martinek* Fälle HandelsR/GesR Fälle 11–13; *Metzing,* Schwerpunktbereich Handelsrecht: Das Erlöschen handelsrechtlicher Vollmachten, JURA 2019, 143; *Mittwoch,* Die richtige Technik (Referendarexamensklausur Handels- und Gesellschaftsrecht), JuS 2017, 591; *Monhemius,* Grundprinzipien der Stellvertretung mit Bezügen zum Handels- und Gesellschaftsrecht, JA 1998, 378; *Paulus,* Stellvertretung und unternehmensbezogenes Geschäft, JuS 2017, 301; *Petersen,* Der Dritte im Handels- und Gesellschaftsrecht, JURA 2017, 294; *Petersen,* Scheinvollmachten im Handelsrecht, JURA 2012, 683; *Petersen,* Die Prokura, JURA 2012, 196; *K. Richter,* Erteilung der Prokura und gutgläubiger Erwerb (Semesterabschlussklausur), JuS 2007, 647; *Roth,* 150 Jahre Recht des Handlungsgehilfen: Vom ADHGB 1861 zum Arbeits(vertrags)gesetz(buch)?, RdA 2012, 1; *Walter,* Schwertransporter in Bewegung (Fortgeschrittenenklausur ZR), JURA 2020, 740; *Wank,* Arbeitsrecht und Handelsrecht im HGB, JA 2007, 321.

II. Selbstständige Hilfspersonen der Kaufleute

Neben den unselbstständigen kennt das HGB – wie bereits erwähnt (→ Rn. 93 ff.) – **106** auch selbstständige Hilfspersonen der Kaufleute. Das sind solche Personen, die zwar für den Kaufmann oder die Kauffrau Dienste leisten, die aber für ihn bzw. sie *nicht im Rahmen eines Arbeitsverhältnisses* als Angestellte tätig sind.

---

151 *K. Schmidt* HandelsR § 16 V 3 c); *Brox/Henssler* HandelsR Rn. 230; Baumbach/Hopt/*Merkt* § 56 Rn. 4.

Übersicht 21

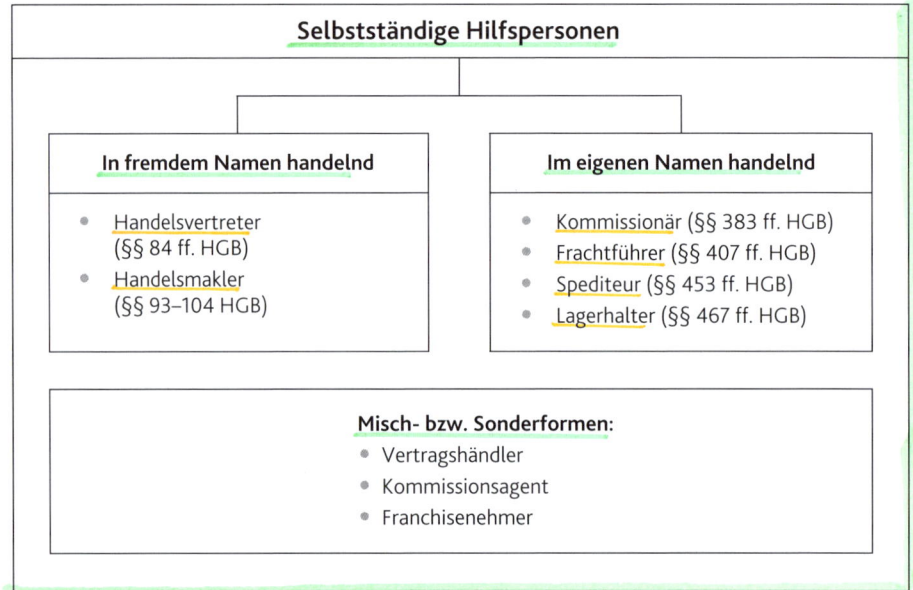

Davon werden wir im Folgenden den *Handelsvertreter* und den *Handelsmakler* (sowie verschiedene Misch- bzw. Sonderformen) etwas näher betrachten. Beide sind selbstständige Hilfspersonen des Kaufmanns, die in seinem Namen, also in *fremdem Namen*, tätig werden.

Daneben gibt es noch eine Reihe von selbstständigen Hilfspersonen des Kaufmanns, die *im eigenen Namen* handeln (*Kommissionär, Frachtführer, Spediteur, Lagerhalter*), mit denen wir uns im 8. Kapitel (→ Rn. 336 ff.) befassen werden.

1. Handelsvertreter

a) Begriff

107 Über den Handelsvertreter, insbesondere den Abschlussvertreter, wurde in Verbindung mit der Handlungsvollmacht und der Geltung des § 55 HGB bereits einiges gesagt (gegebenenfalls → Rn. 93–98 nochmal lesen!). So wissen Sie bereits, dass das Recht des Handelsvertreters in den §§ 84 ff. HGB geregelt ist.

Lesen Sie dazu folgenden Fall:

Übungsfall 5
Die Argus-Versicherung-AG (V) möchte ihren Umsatz steigern und überträgt ihrem bisher im Innendienst tätigen Angestellten Alfons (A) die Aufgabe, mit einem Pkw der V an mehreren von der Geschäftsführung bestimmten Tagen im Monat die jeweils von ihr ausgewählten Kunden aufzusuchen, um für Hausratsversicherungen zu werben und gegebenenfalls entsprechende Verträge abzuschließen. Ist A Handelsvertreter?

108 Die Antwort folgt aus § 84 I S. 1 HGB (lesen!).

Danach ist Handelsvertreter, wer folgende Voraussetzungen erfüllt:

Prüfungsschema § 84 I S. 1 HGB:

(1) Als **selbstständiger** (§ 84 I S. 2 HGB)
(2) **Gewerbe**treibender (§§ 1 I, II, 84 IV HGB)
(3) **Ständig** damit betraut
(4) Für **anderen** Unternehmer (§§ 1 I, II, 84 III HGB)
(5) Geschäfte **zu vermitteln oder** in dessen Namen **abzuschließen**

Dass das **selbstständige** Tätigwerden für die Eigenschaft eines Handelsvertreters Voraussetzung ist, hätte der Gesetzgeber in § 84 I S. 1 HGB eigentlich nicht wiederholen müssen; denn das ergibt sich bereits aus einer wichtigen Vorschrift des HGB, die wir schon kennengelernt haben: § 1 I HGB (nochmals lesen!).
109

Nach § 1 I HGB ist, wie Sie wissen, derjenige Kaufmann, der ein Handels**gewerbe** betreibt. Handelsvertreter sind demnach regelmäßig Istkaufleute.[152] Da das Tatbestandsmerkmal »betreiben« des § 1 I HGB, wie wir gelernt haben, bereits das selbstständige Tätigwerden voraussetzt, hätte es der Betonung in § 84 I HGB eigentlich nicht mehr bedurft. Dass der Gesetzgeber das Merkmal der Selbstständigkeit nochmals besonders hervorhebt, hat seinen Grund darin, dass im Handelsverkehr häufig auch unselbstständige Hilfspersonen mit Tätigkeiten beauftragt werden, die eigentlich typisch für den Handelsvertreter sind. Diese Personen sollen nach dem ausdrücklichen Willen des Gesetzgebers nicht als Handelsvertreter behandelt werden, sondern sie gelten gem. § 84 II HGB (lesen!) als Angestellte (= Arbeitnehmer iSv § 611a I S. 1 BGB). Die typischen Merkmale der Selbstständigkeit enthält § 84 I S. 2 HGB, den Sie bereits gelesen haben (lesen Sie ihn nochmals!). Danach ist selbstständig, wer *im Wesentlichen frei* seine *Tätigkeit gestalten* und seine *Arbeitszeit bestimmen* kann. Diese Definition der Selbstständigkeit hat, wie bereits angedeutet, nicht nur im Handelsrecht, sondern vor allem auch im Arbeitsrecht Bedeutung und findet inzwischen ihre Entsprechung in § 611a I S. 3 BGB (notieren Sie § 611a I S. 1, 3 BGB neben § 84 I S. 2 HGB!).[153]

Entscheidend ist nicht die wirtschaftliche, sondern die *persönliche* Selbstständigkeit (Weisungsfreiheit). Danach ist auch in unserem Übungsfall zu entscheiden, ob A Handelsvertreter ist oder nicht.

▪ Versuchen Sie, die Antwort zunächst selbst zu formulieren!
▶ A ist nach wie vor Angestellter der V, auch wenn er nun sozusagen als Handelsreisender im Außendienst tätig ist. Die V bestimmt hinsichtlich seiner Tätigkeit im Außendienst Arbeitszeit und Arbeitsort, sodass es ihm an der persönlichen Selbstständigkeit fehlt, die den Handelsvertreter auszeichnet.

Weiter verlangt § 84 I S. 1 HGB für den Handelsvertreter, dass er **ständig** damit betraut ist, für einen **anderen** Unternehmer Geschäfte **zu vermitteln** oder **abzuschließen**. Tritt der Gewerbetreibende dabei nur *gelegentlich* in ein Vertragsverhältnis mit einem Unternehmer ein, ist er kein Handelsvertreter iSd § 84 HGB. Sofern er auch nicht als Handelsmakler anzusehen ist, gilt für seine Tätigkeit nur das Geschäftsbesorgungs-, Werk- oder Dienstvertragsrecht des BGB (§§ 675 ff., 631 ff., 611 ff. BGB). Allerdings erfordert das Tatbestandsmerkmal »ständig« nicht, dass der Vertreter im-
110

---

152 Gemäß § 84 IV HGB finden die §§ 85 ff. HGB aber **auch** auf **Kleingewerbetreibende** Anwendung!
153 S. dazu *Wörlen/Kokemoor* ArbR Rn. 48.

mer nur für »einen« Unternehmer tätig sein muss oder darf.[154] »Für *einen*« in § 84 I HGB bedeutet also keine zahlenmäßige Beschränkung, sondern ist nur ein einfacher unbestimmter Artikel. Die Tatsache, dass ein Handelsvertreter für mehrere Unternehmen tätig sein kann, bringt in der Praxis häufig Vorteile für den Kunden; denn das Tätigwerden für mehrere Unternehmen spricht in der Regel für einen besonders guten Überblick des betreffenden Handelsvertreters in der Branche, in der er tätig ist.

b) Abschluss- und Vermittlungsvertreter

111 Dass das HGB zwei Arten des Handelsvertreters unterscheidet, wurde bereits angesprochen.[155]

Je nach Umfang seiner Vollmacht unterscheidet man zwischen Abschlussvertreter und Vermittlungsvertreter. Der **Abschlussvertreter** benötigt eine allgemeine *Vollmacht* nach den Vorschriften der §§ 164 ff. BGB. Wird dem Abschlussvertreter von einem Kaufmann Vollmacht nach dem HGB erteilt, findet, wie wir wissen, § 54 HGB Anwendung, auf dessen Geltung § 55 I HGB für den Abschlussvertreter ausdrücklich hinweist. § 91 I HGB (lesen!) stellt klar, dass diese Vollmachtsvorschriften für Abschlussvertreter auch dann gelten, wenn der Handelsvertreter von einem Unternehmer bevollmächtigt ist, der nicht Kaufmann im Sinne des HGB ist.

> **Beispiel** für solche Unternehmer: Land- und Forstwirte, wenn nicht Eintragung nach § 3 HGB erfolgt ist; große Architekturbüros.

112 **Vermittlungsvertreter** sollen konkrete Geschäfte *nur vorbereiten*, aber nicht selbst abschließen.[156] Ihnen wird daher *keine* (Handlungs-) *Vollmacht* erteilt. Schließt ein Handelsvertreter, der nur Vermittlungsvertreter ist, dennoch einen Vertrag mit einem Kunden im Namen des Unternehmens ab, so handelt er als »Vertreter ohne Vertretungsmacht«.

- ■ Welche Vorschrift könnte man in diesem Fall anwenden? (Überlegen Sie!)
- ▶ Wenn das HGB dazu nicht eine Sondervorschrift enthielte, wäre die Antwort »§ 177 BGB«, die Sie sicherlich parat hatten, richtig gewesen. So aber gilt § 91a I HGB (lesen!).
- ■ Worin besteht der wesentliche Unterschied dieser Vorschrift zu § 177 BGB? (Denken Sie nach!)
- ▶ Der Unternehmer, für den der Handelsvertreter tätig geworden ist, muss den Vertragsabschluss *unverzüglich* (§ 121 I S. 1 BGB) nach Kenntnisnahme ablehnen, andernfalls *gilt* er als *genehmigt*. Der nach bürgerlichem Recht Vertretene hat dagegen gem. § 177 II BGB zwei Wochen Zeit, den Vertragsabschluss des Vertreters ohne Vertretungsmacht zu genehmigen; tut er das nicht, *gilt* die Genehmigung als *verweigert*.

Hier haben wir erneut ein Beispiel dafür, dass das HGB im Interesse der zügigen Abwicklung des Handelsverkehrs an die dem Handelsrecht unterworfenen Personen bisweilen strengere Anforderungen stellt als das BGB.

---

154 Vgl. Baumbach/Hopt/*Hopt* § 84 Rn. 30.
155 → **Rn. 93 ff.**
156 Vgl. MüKoHGB/*Ströbl* § 91 Rn. 12.

c) Pflichten des Handelsvertreters

Wie jeder Vertrag bringt auch der Vertrag zwischen einem Handelsvertreter und einem Unternehmer bestimmte Rechte und Pflichten der Vertragsparteien mit sich. So kann zB jeder von dem anderen gem. § 85 HGB verlangen, dass der Vertrag schriftlich ausgefertigt wird. Aus dieser Kann-Vorschrift folgt aber zugleich, dass die Schriftform für den Handelsvertretervertrag nicht zwingend vorgeschrieben ist. Auch ein mündlicher Vertrag ist somit wirksam. **113**

Der Handelsvertretervertrag ist rechtlich als Geschäftsbesorgungsvertrag mit Dienstvertragscharakter iSd §§ 675 I, 611 ff. BGB einzuordnen,[157] für den zusätzlich die Sondervorschriften der §§ 84 ff. HGB gelten. **114**

Die Pflichten des Handelsvertreters folgen aus §§ 86, 90 und 90a HGB.

Lesen Sie zunächst § 86 I–III HGB.

Daraus lassen sich folgende Pflichten des Handelsvertreters herleiten: **115**

(1) **Tätigkeitspflicht** (§ 86 I Hs. 1 HGB). Der Handelsvertreter »hat sich zu bemühen«, heißt es dort.
(2) Pflicht zur **Wahrnehmung der Interessen** des Unternehmers (§ 86 I Hs. 2 HGB); er muss zB möglichst günstige Bedingungen für den Unternehmer aushandeln.
(3) **Benachrichtigung**spflicht (§ 86 II HGB).
(4) Allgemeine kaufmännische **Sorgfaltspflicht** (§ 86 III HGB). Das bezieht sich zB insbesondere auf die Auswahl der Vertragspartner des Unternehmers; so hat der Handelsvertreter etwa darauf zu achten, dass diese Vertragspartner kreditwürdig sind.
(5) **Verschwiegenheitspflicht** (auch noch nach Vertragsende) – § 90 HGB lesen!
(6) Gegebenenfalls Wettbewerbsverbot nach Beendigung des Vertrags (**nachvertragliches Wettbewerbsverbot**)[158], wenn mit dem Unternehmer *schriftlich* (§ 126 BGB – neben § 90a I S. 1 notieren!) vereinbart sowie zeitlich und gegenständlich begrenzt, § 90a I S. 1, 2 HGB (lesen Sie § 90a I HGB ganz! S. auch → **Rn. 121**)!

d) Rechte des Handelsvertreters

Die Rechte des Handelsvertreters bzw. seine Ansprüche, die naturgemäß mit den Pflichten des Unternehmers korrespondieren, ergeben sich aus den §§ 86a–90a HGB (lesen!). **116**

Die wichtigsten dieser Ansprüche sind:

(1) Anspruch auf **Unterstützung** durch den Unternehmer gem. § 86a HGB.
(2) Der Anspruch auf **Provision** gem. § 87 HGB für Geschäftsabschlüsse des Unternehmers, die aufgrund der Tätigkeit des Handelsvertreters zustande kommen. Lesen Sie hierzu nur § 87 I S. 1 HGB!

Ist dem Handelsvertreter, was in der Praxis häufig vorkommt, vom Unternehmer ein bestimmter Bezirk zugeordnet, so hat der Bezirksvertreter den Provisionsanspruch gem. § 87 II HGB (lesen!) sozusagen »automatisch«, wenn ein Vertrag mit Personen **117**

---

157 *Bitter/Schumacher* HandelsR § 9 Rn. 26; *Lettl* HandelsR § 7 Rn. 16.
158 § 90a HGB gilt auch für Versicherungsvertreter sowie entsprechend für Vertragshändler, s. Baumbach/Hopt/*Hopt* § 90a HGB Rn. 5; für die noch schutzbedürftigeren, unselbstständigen **Handlungsgehilfen** (→ **Rn. 70 ff.**) sind die **§§ 74–75f HGB** maßgeblich, die über § 110 GewO auf alle Arbeitsverhältnisse Anwendung finden, s. *Wörlen/Kokemoor* ArbR Rn. 142.

aus diesem Bezirk zustande kommt; dh, er braucht nicht nachzuweisen, dass er in diesem Bezirk vermittelnd tätig geworden ist.

Gemäß § 87a I S. 1 HGB (lesen!) wird der Provisionsanspruch fällig mit der Ausführung des Geschäfts durch den Unternehmer, dh, wenn der Unternehmer einen vermittelten Vertrag abgeschlossen hat oder einen Vertragsabschluss durch den Abschlussvertreter zur Kenntnis genommen hat.

118 Für einen Handelsvertreter, der Versicherungsvertreter ist, gelten die Besonderheiten des § 92 III und IV HGB (lesen!).

Im Übrigen gelten für den Versicherungsvermittler neben Vorschriften des HGB die Vorschriften der §§ 59–73 VVG.

119 Besondere Arten der Provision sind die sog. Delkredereprovision und die Inkassoprovision.

Unter *Delkredere*[159] versteht man die Erklärung des Handelsvertreters, für die Erfüllung der Verbindlichkeit eines Dritten aus einem vermittelten oder abgeschlossenen Geschäft einzustehen. Für diese Verpflichtung, die der Schriftform bedarf, steht ihm nach § 86b I HGB (lesen!) eine besondere Vergütung, die *Delkredereprovision*, zu.

120 Eine besondere *Inkassoprovision* steht dem Handelsvertreter gem. § 87 IV HGB zu, wenn er außer der Vermittlung oder dem Abschluss von Verträgen auch noch die häufig unangenehme Aufgabe der Einziehung von Forderungen des Unternehmers gegenüber dem Vertragspartner übernimmt.

121 (3) Gemäß § 87d HGB (lesen!) hat der Handelsvertreter gegen den Unternehmer einen Anspruch auf **Aufwendungsersatz**, sofern dies vereinbart wurde oder handelsüblich ist.

(4) Gemäß § 89b HGB (lesen!) besteht ein **Ausgleichsanspruch** bei Vertragsbeendigung zur Abgeltung erheblicher Vorteile, die dem Unternehmer durch die Tätigkeit des Handelsvertreters verbleiben (zB erweiterter Kundenstamm – vgl. hierzu § 89b V für den Versicherungsvertreter!).

(5) Sofern für die Zeit nach Beendigung des Vertrags ein nachvertragliches **Wettbewerbsverbot** (→ **Rn. 115**) vereinbart wurde, besteht für die Dauer der Wettbewerbsbeschränkung ein Anspruch auf angemessene Entschädigung (»**Karenzentschädigung**«) gem. § 90a I S. 3 HGB (lesen!).

(6) Allgemeine **Schadensersatzansprüche** ergeben sich bei Vertragsverletzung durch den Unternehmer (zB pflichtwidriger Entzug der Tätigkeitsgrundlage) wegen Pflichtverletzung beim Handelsvertretervertrag gem. § 280 I BGB oder nach §§ 823 ff. BGB.

2. Handelsmakler

122 Der Handelsmakler, für den die Vorschriften der §§ 93–104 HGB gelten, unterscheidet sich vom Handelsvertreter vor allem dadurch, dass das für den Handelsvertreter von § 84 I HGB vorausgesetzte *ständige* Vertragsverhältnis zwischen ihm und dem

---

159 Wie so viele Ausdrücke aus dem Handels- und Bankgewerbe stammt auch dieser aus dem Italienischen (= delcredere) und bedeutet wörtlich »vom Glauben«, freier übersetzt »Gewähr, Haftung, Bürgschaft« – vgl. auch »Bankrott«, it. »banca rotta«: Im mittelalterlichen Italien wurden Geldwechselgeschäfte über eine Steinbank (ohne Lehne!) getätigt; war der Geldwechsler »bankrott«, wurde die »Bank« – wohl mit einem Hammer – zertrümmert (›zerbrochen‹). Allerdings ist diese vielzitierte These nirgendwo bezeugt (vgl. *Duden* »Bankrott«).

Unternehmer gem. § 93 I HGB *nicht erforderlich* ist. Handelsmakler kann außerdem nur sein, wer Verträge über *Gegenstände des Handelsverkehrs*, insbesondere die in § 93 I HGB aufgezählten, vermittelt (§ 93 I HGB lesen).

Als Gegenstände des Handelsverkehrs sind auch Versicherungen ausdrücklich genannt; der Versicherungsmakler ist demnach ein echter Handelsmakler. Kein Handelsmakler ist der Immobilienmakler (§ 93 II HGB). Als sog. *Zivilmakler* gelten für ihn nur die §§ 652 ff. BGB[160], die bei der Vermittlung von Mietverträgen über Wohnraum zudem durch das WoVermG[161] überlagert werden. **123**

> **Hinweis:** Unterstreichen Sie »unbewegliche Sachen« in § 93 II HGB und notieren Sie daneben die §§ 652 ff. BGB sowie das WoVermG!

Im Gegensatz zum Handelsvertreter, der, wie Sie gelesen haben, den Unternehmer gegenüber Dritten vertritt (daher auch der Name) und die Interessen des Unternehmers wahren muss, steht der Makler zwischen den Parteien des vermittelten Vertrags. Oft, so insbesondere im Bereich des Versicherungswesens, ist er indessen eine Art Vertrauensperson der Kunden. Deshalb gelten für ihn zwangsläufig andere Vorschriften als für den Handelsvertreter. **124**

Nach dem Gesetzeswortlaut von § 93 I HGB besteht die Tätigkeit des Handelsmaklers *nur* in der *Vermittlung*, nicht aber im Abschluss von Verträgen. **125**

In der Praxis kommen aber häufig auch Abschlussmakler vor, insbesondere im Versicherungsbereich. Eine solche Abrede verstößt nicht gegen das Gesetz, weil § 93 I HGB insofern nachgiebiges bzw. dispositives Recht enthält; dh, es ist erlaubt, dass jemand, wenn er dies vertraglich mit seinem Unternehmer vereinbart hat, auch als Abschlussmakler tätig werden kann.

Auch sonst werden die Vorschriften des HGB über den Handelsmakler, für den das HGB zB keine Vertretungsmacht in Form der Handlungsvollmacht vorsieht, in der Praxis des Wirtschaftslebens durch Handelsbrauch und Gewohnheitsrecht mehrfach unberücksichtigt gelassen. So kann zB einem Versicherungsmakler, entgegen dem Wortlaut von § 97 HGB, Vertretungsmacht zur Einziehung von Prämien oder zur Regulierung kleinerer Versicherungsfälle erteilt werden (§ 97 HGB lesen!). Man spricht dann von der sog. »Maklerklausel« eines Versicherungsvertrags. Auch von § 99 HGB (lesen!) wird in der Praxis häufig abgewichen. Obwohl gerade Versicherungsmakler, wie gesagt, häufig Vertrauenspersonen der Kunden sind und eigentlich für beide Parteien tätig werden, erhalten sie ihre Provision, den Maklerlohn (bisweilen auch als »Courtage« bezeichnet), nicht je zur Hälfte vom Versicherer und Versicherungsnehmer, sondern sie wird häufig ganz vom Versicherer bezahlt. **126**

Lesen Sie abschließend zu den selbstständigen Hilfspersonen des Kaufmanns Übersicht 22 (→ Rn. 127).

---

160 S. dazu *Wörlen/Metzler-Müller* SchuldR BT Rn. 335 ff.

161 In § 2 Ia WoVermG ist das sog. »**Bestellerprinzip**« verankert, wonach der den Wohnungsmakler bezahlen muss, der ihn engagiert hat. Seit Ende 2020 müssen gem. § 656d I S. 1 BGB Verbraucher (§ 13 BGB) nur noch höchstens die **Hälfte** der Maklergebühr beim **Kauf** von **Wohnungen** und Einfamilienhäusern bezahlen, wenn der Verkäufer den Makler beauftragt hat.

Übersicht 22

127

Zusammenfassung: Selbstständige Hilfspersonen der Kaufleute[162]	
I. Handelsvertreter	
• <u>Gesetzliche Regelung</u>: §§ 84–92c • *Selbstständig* ist, wer im Wesentlichen seine Tätigkeit frei gestalten und seine Arbeitszeit bestimmen kann = *persönliche*, nicht wirtschaftliche (§ 84 I S. 2) Selbstständigkeit • Handelsvertreter ist grundsätzlich *Kaufmann* (arg. aus § 84 IV)	<u>Legaldefinition</u>: § 84 I S. 1 = Handelsvertreter ist, wer als *selbstständiger* Gewerbetreibender *ständig* damit betraut ist, für einen *Unternehmer* Geschäfte zu *vermitteln* oder in dessen Namen *abzuschließen* = »*Vermittlungs- oder Abschlussvertreter*«

• Ein Angestellter, auch als »Handelsreisender« im Außendienst, ist *nicht* Handelsvertreter
• *Ständige* Betreuung durch (irgend)einen Unternehmer: bei nur gelegentlicher Tätigkeit kein Handelsvertreter = keine Anwendung des HGB (sondern: §§ 675, 611, 631 oder 662 BGB). Möglich: Tätigkeit für mehrere Unternehmer. Unternehmer, für den Handelsvertreter tätig wird, muss nicht Kaufmann sein (arg. aus § 91 I)
• Für *Vollmachtserteilung* gelten ebenso wie für die Wirksamkeit der Vertretungsmacht allgemeine Vorschriften des BGB = §§ 164 ff., insbesondere § 167 BGB. Das HGB enthält Sondervorschriften zum Umfang der Vollmacht:
  – § 91 I → § 55 → § 54 für *Abschlussvertreter*;
  – für *Vermittlungsvertreter*: § 91 II (entspricht Wortlaut von § 55 IV) und § 91a (statt § 177 BGB) bei Vertretung ohne Vertretungsmacht
• *Handelsvertretervertrag*: formfrei; auf Verlangen Vertragsurkunde (§ 85)

<u>Pflichten</u> des Handelsvertreters:

(1) Tätigkeitspflicht (§ 86 I Hs. 1)
(2) Wahrnehmung der Unternehmensinteressen (§ 86 I Hs. 2)
(3) Benachrichtigungspflicht (§ 86 II)
(4) Allgemeine Sorgfaltspflicht (§ 86 III), zB »Kreditwürdigkeit« des Kunden
(5) Verschwiegenheitspflicht (§ 90)
(6) Wettbewerbsverbot nach Beendigung der Tätigkeit für Unternehmer, wenn vereinbart (§ 90a I)

<u>Rechte (Ansprüche)</u> des Handelsvertreters:

(1) Anspruch auf Unterstützung durch Unternehmer (§ 86a)
(2) Anspruch auf Provision (§ 87 I S. 1):
   Grundsätzlich für alle Geschäfte, die aufgrund seiner Tätigkeit zustande gekommen sind.
   • Nachweis der Tätigkeit nicht erforderlich bei »Bezirksvertreter« = § 87 II
     → *gilt nicht für Versicherungsvertreter* = § 92 III S. 2!
   • Fälligkeit der Provision: Mit Ausführung des Geschäfts = § 87a I S. 1
     → gilt nicht für Versicherungsvertreter = § 92 IV = Fälligkeit erst, wenn Versicherungsnehmer Prämie gezahlt hat!
   • Besondere Provisionsarten:
     – Delkredereprovision (§ 86b)
     – Inkassoprovision (§ 87 IV)
(3) Gegebenenfalls Anspruch auf Aufwendungsersatz (§ 87d)
(4) Ausgleichsanspruch nach Vertragsbeendigung, § 89b (zB für »Kundenvorteil«)
(5) Falls Wettbewerbsverbot: Karenzentschädigung nach § 90a I S. 3
(6) Gegebenenfalls allgemeiner Schadensersatzanspruch – zB § 280 I, §§ 823 ff. BGB

---

162 §§ ohne Bezeichnung sind auf dieser Übersicht solche des HGB!

II. Handelsmakler

- *Gesetzliche Regelung:* §§ 93–104
  Unterschied zum Handelsvertreter: **kein ständiges** Betrauungsverhältnis; grundsätzlich Tätig-werden für beide Parteien
- Gegenstand der vermittelten oder abgeschlossenen Verträge muss **Gegenstand des Handels-verkehrs** sein: § 93 I (unter anderem ausdrücklich erwähnt: Waren, Wertpapiere, Versicherun-gen), andernfalls: Zivilmakler (§§ 652 ff. BGB)
- § 93 ist »**abdingbar**« = »dispositives Recht«: entgegen Wortlaut (»Vermittlung«) kann Han-delsmakler auch zum *Abschluss* von Verträgen bevollmächtigt werden = häufig im Versiche-rungsbereich (§ 92 I; ferner dort abweichend von § 97 sog. »*Maklerklausel*« = Ermächtigung zur Prämieneinziehung oder Regelung kleiner Versicherungsfälle)
- Handelsmakler ist grundsätzlich **Kaufmann** (arg. aus § 1 iVm § 93 III)
- *Maklerlohn* (Provision, Courtage):
  Falls nicht anders vereinbart, gem. § 99 je 1/2 von beiden Vertragsparteien
- *Versicherungswesen:* Obwohl Versicherungsmakler oft »Vertrauensmann des Versicherungs-nehmers« → Provision ganz vom Versicherer

---

3. Sonderformen, Mischformen, Abgrenzungsfragen

Handelsvertreter und Handelsmakler haben gemeinsam, dass sie in fremdem Namen **128** und für fremde Rechnung tätig werden, also nicht selbst Vertragspartner der Abneh-mer werden. Als einen wesentlichen Unterschied zwischen diesen beiden selbststän-digen Hilfspersonen des Kaufmanns hatten wir festgehalten, dass der Handelsvertre-ter den Unternehmer gegenüber Dritten vertritt, während der Handelsmakler zwischen den Parteien des vermittelten Vertrags steht. Der Handelsmakler vertreibt also nicht unmittelbar Waren oder Dienstleistungen, sondern vermittelt nur auf den Vertrieb und Absatz gerichtete Geschäfte. Der Handelsvertreter dagegen wird unmit-telbar für den Absatz des Unternehmens tätig, das er vertritt.

Als unmittelbaren Absatzmittler kennt das HGB außer dem Handelsvertreter nur **129** noch den Kommissionär, der aber nicht ständig für einen Unternehmer und vor allem im eigenen Namen für fremde Rechnung tätig wird. Der Systematik des HGB fol-gend, wird der Kommissionär bzw. das Kommissionsgeschäft erst behandelt, wenn wir uns mit dem Vierten Buch des HGB, »Handelsgeschäfte«, befassen.[163]

In der Praxis des Rechts- und Wirtschaftslebens haben sich neben den im HGB gere-gelten Formen der für den Kaufmann (beim Absatz) tätigen Personen einige Misch-bzw. Sonderformen herausgebildet:

a) Vertragshändler (Eigenhändler)

Der Begriff »Vertragshändler« ist Ihnen sicher zumindest aus der Autobranche be- **130** kannt (»Audi«-, »BMW«-, »Citroen«- etc Vertragshändler), ohne dass Sie sich über die rechtliche Bedeutung dieses Begriffs Gedanken gemacht haben.

■ Riskieren Sie selbst einmal einen Definitionsversuch! Wie würden Sie die Frage beantworten, was ein Vertragshändler im handelsrechtlichen Sinne ist? Was »tut« so ein ›VW‹-Händler zB? Handelt er im eigenen oder fremden Namen, auf wessen

---

163 Vgl. *unten* 8. Kapitel, → **Rn. 336 ff.**

Rechnung etc? Überlegen Sie bzw. machen Sie sich kurze Notizen, bevor Sie weiterlesen!

131 ▶ Der Vertragshändler ist ein Kaufmann,

- dessen Unternehmen in die *Vertriebsorganisation eines Herstellers* von (idR) Markenartikeln in der Weise *eingegliedert* ist,
- dass er es durch *Vertrag* mit dem Hersteller oder einem von diesem eingesetzten Zwischenhändler *ständig* übernimmt,
- *im eigenen Namen und auf eigene Rechnung*
- die Vertragswaren im Vertragsgebiet *zu vertreiben* und ihren Absatz zu fördern, die Funktionen und Risiken seiner Handelstätigkeit hieran auszurichten und im Geschäftsverkehr das Herstellerzeichen neben der eigenen Firma herauszustellen.[164]

132 Kennzeichnend für den Vertragshändler ist also:

- die Eingliederung in die Verkaufsorganisation des Herstellers,
- die ständige Tätigkeit für den Hersteller,
- der Verkauf im eigenen Namen und
- das Handeln auf eigene Rechnung.

Letzteres unterscheidet ihn maßgeblich vom Kommissionär.

Das Rechtsverhältnis, in dem der Vertragshändler mit dem Hersteller einerseits und dem Abnehmer (Kunden) andererseits steht, verdeutlicht folgende graphische Skizze:

Abbildung 1

133

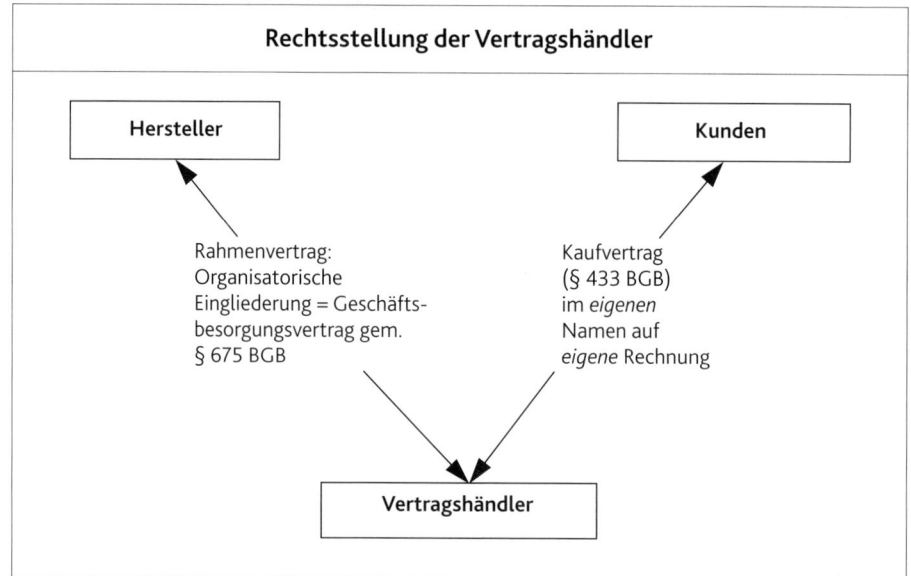

---

[164] So die Definition von *Ulmer*, Der Vertragshändler, 1969, 206, die in fast allen Lehrbüchern und Grundrissen ähnlich zu finden ist, während das Buch von *Ulmer* nicht mehr neu aufgelegt wurde.

Zwischen Hersteller und Vertragshändler besteht ein atypischer, gemischter Vertrag bzw. Kombinationsvertrag[165] mit sowohl handelsvertreterrechtlichen als auch geschäftsbesorgungsrechtlichen Elementen.

Die juristischen Probleme, die das Verhältnis zwischen Vertragshändler und Hersteller aufwerfen kann, liegen zum einen vor allem darin, inwieweit das Handelsvertreterrecht des HGB analog anzuwenden ist. Wir wollen uns nur merken, dass die Handelsvertretervorschriften des HGB, insbesondere die Schutzvorschriften der §§ 89 ff. HGB, nach hM[166] weitgehend *entsprechend* anwendbar sind und im Rahmen dieses Grundrisses nicht näher darauf eingehen.[167]

b) Kommissionsagent

Der Kommissionsagent ist eine Art des Kommissionärs (dazu, wie gesagt, mehr im **134** 8. Kapitel, → Rn. 336 ff.), der als selbstständiger Gewerbetreibender ständig damit betraut ist, im *eigenen* Namen für *fremde* Rechnung Verträge abzuschließen. Die *ständige* Betreuung durch einen Unternehmer hat er mit dem (im fremden Namen tätig werdenden) Handelsvertreter gemeinsam. Sie unterscheidet ihn zugleich vom (im eigenen Namen handelnden) Kommissionär. Der Kommissionsagent ist eine *Mischform aus Handelsvertreter und Kommissionär.* Dementsprechend gelten für ihn im Außenverhältnis weitgehend die Vorschriften des Kommissionsrechts, während das Innenverhältnis von Unternehmer zu Kommissionsagent überwiegend nach den Vorschriften des Handelsvertreterrechts (analog §§ 84 ff. HGB) zu beurteilen ist.[168]

c) Franchisenehmer

Der Franchisevertrag ist eine aus den USA stammende Form eines gemischten Ver- **135** trags, der den Vertrieb von Waren und Dienstleistungen zum Inhalt hat und wesentliche Elemente der Pacht enthält.[169] Dem Franchisenehmer wird über einen bloßen Lizenzvertrag hinaus gegen entsprechendes Entgelt vom Franchisegeber unter anderem gestattet, dessen Namen, Markenzeichen, Schutzrechte, technische Ausstattung, Vorteile beim Großeinkauf usw. beim Vertrieb von Waren und Dienstleistungen gewerblich zu nutzen.[170]

Unter Franchising (engl. franchise = Konzession, Selbstbehalt, Wahlrecht, Privileg **136** uam[171]) versteht man »eine Vertriebskonzeption, bei der ein Unternehmen sein Erzeugnis oder die von ihm entwickelte Serviceleistung oder beides einer großen Zahl von anderen Unternehmen unter Verwendung eines gemeinsamen Namens, Symbols, Markenzeichens oder einer gemeinsamen Ausstattung des für diesen Zweck geschaffenen Vertriebssystems zum Vertrieb überlässt.«[172] Das Franchising ist, vereinfacht

---

165 Vgl. *Wörlen/Metzler-Müller* SchuldR AT Rn. 19.
166 Vgl. Baumbach/Hopt/*Hopt* § 84 Rn. 11 ff. mwN; *K. Schmidt* HandelsR § 28 III S. 1; *Canaris* HandelsR § 17 Rn. 23 ff.
167 Ausführlicher dazu zB *Lettl* HandelsR § 7 Rn. 97 ff., 107 ff.; *Jung* HandelsR Kap. 6 Rn. 15.
168 S. dazu zB *Lettl* HandelsR § 7 Rn. 76–82; *Bitter/Schumacher* HandelsR § 9 Rn. 139–141.
169 S. Baumbach/Hopt/*Leyens* Einl. vor § 373 Rn. 43.
170 Vgl. *Groh* in Creifelds Recht-WB »Franchisevertrag«.
171 Vgl. *Romain/Bader/Byrd*, Die Abgrenzung des Handelsrechts vom Bürgerlichen Recht als Kodifikationsproblem im 19. Jahrhundert, 1962, 332.
172 So die Definition von *K. Schmidt* HandelsR § 28 II 3, die man auch andernorts wörtlich finden kann.

ausgedrückt, ein spezielles Gesamtsystem von Vertragshändlern. Im Unterschied zum Vertragshändler ist der Franchisenehmer an ein bis ins einzelne geregeltes Organisations- und Marketingkonzept des Franchisegebers gebunden und insofern dessen Überwachungs- und Weisungsrecht unterworfen.[173] Vergleichbar einem Vertragshändler muss er die über den Franchisegeber bezogenen Waren bezahlen, aber – anders als dieser – darüber hinaus auch eine Franchisegebühr als Gegenleistung für die Nutzung des Konzepts und des Know-hows entrichten. Man kann daher auch von einer »gesteigerten Form des Vertragshändlers«[174] sprechen.

137 **Merkmale des Franchisevertrags** sind, dass

- der rechtlich *selbstständige* Franchisenehmer
- vom Franchisegeber *gegen Zahlung einer Gebühr* damit betraut wird,
- im Rahmen eines *einheitlichen Erscheinungsbildes* und unter *einheitlicher Geschäftsbezeichnung*
- im *eigenen Namen* und auf *eigene Rechnung*
- *Waren oder Dienstleistungen* auf dem Markt *anzubieten.*

Die Nutzung der Geschäftskonzeption wird dabei regelmäßig nicht nur gestattet, sondern verpflichtend vorgeschrieben:[175] Schließlich verspricht ein solches Konzept regelmäßig nur bei nach außen einheitlichem Erscheinungsbild und einheitlichen Qualitätsstandards Erfolg, während Abweichungen durch einzelne Franchisenehmer das Kundenvertrauen und den »guten Ruf« des Systems insgesamt gefährden können.

138 Nur vor diesem Hintergrund sind die mitunter für den Laien grotesk anmutenden vertraglichen Vorgaben des Franchisegebers an seine Franchisenehmer zu verstehen, wie sie etwa in der »*McDonald's-Entscheidung*« des BGH[176] dokumentiert sind:

Hier wurde unter anderem das Verfahren für die Zubereitung von Speisen vom Franchisegeber sehr detailliert festgelegt. Vorgesehen war, dass die Grilltemperatur eines mit Gas geheizten Grillgeräts bei der Zubereitung von Hamburgern 177°C betragen sollte. Der Franchisenehmer hatte diese Temperatur nicht eingehalten, weshalb der Franchisegeber wegen dieses Verstoßes den Franchisevertrag nach Abmahnung außerordentlich (fristlos) kündigte (vgl. heute § 314 I, II BGB). Der BGH erachtete die Kündigung allerdings für unwirksam, weil sie erst zehn Monate nach der Abmahnung und damit nicht mehr innerhalb angemessener Zeit nach Kenntniserlangung von dem Kündigungsgrund (vgl. § 314 III BGB) ausgeübt worden war.
Eine ähnliche Situation lag der Ende 2014 in den deutschen Medien viel beachteten Schließung von 89 Burger King-Filialen zugrunde. Diese wurden von der *Yi-Ko Holding* als Franchisenehmer mit insgesamt 3000 Mitarbeitern in Süd- und Westdeutschland betrieben. *Yi-Ko* war wegen wiederholter Verstöße gegen das Arbeitsrecht sowie aufgrund von Presseberichten über Hygienemängel in die Kritik geraten. Daraufhin kündigte Franchisegeber *Burger King Europe* nach Abmahnung alle Franchiseverträge mit der *Yi-Ko Holding* mit sofortiger Wirkung wegen fortgesetzter »Missachtung der BURGER KING® Standards« und der daraus resultierenden Rufschädigung für das Franchise-System.[177]

---

173 *Brox/Henssler* HandelsR Rn. 242.
174 *Bitter/Schumacher* HandelsR § 9 Rn. 100.
175 Einen Beispielsfall zu in der Systemgastronomie (Franchising) sowie bei Vertragshändlern anzutreffenden *grundbuchrechtlichen Absicherungen* der Geschäftskonzeption finden Sie bei *Wörlen/Kokemoor* SachenR Rn. 356 ff.
176 BGH NJW 1985, 1894 f.
177 Vgl. *Dierig,* Burger-King-Betreiber wehren sich gegen Kündigung, v. 19.11.2014, www.welt.de/wirtschaft/article134522905/Burger-King-Betreiber-wehren-sich-gegen-Kuendigung.html (zuletzt aufgerufen am 18.3.2021).

Wegen der starken Eingliederung in das Organisationskonzept des Franchisegebers **139** und seiner Weisungsrechte erscheint bei Franchisenehmern, die *allein* und *ohne eigene Mitarbeiter* tätig werden, in der Praxis häufig fraglich, ob sie tatsächlich als *selbstständige* Hilfspersonen tätig werden. Ist dies nicht der Fall, handelt es sich um sog. *Scheinselbstständige* (= nur scheinbar Selbstständige, die tatsächlich aber als *Arbeitnehmer* iSv § 611a I S. 1 BGB anzusehen sind)[178], die vollen arbeitsrechtlichen Schutz beanspruchen können. Sind sie hingegen nicht nur scheinbar, sondern tatsächlich selbstständig, werden sie dennoch oft als *arbeitnehmerähnliche Personen*[179] anzusehen sein und können damit zumindest teilweise arbeitsrechtlichen Schutz beanspruchen. Für Ihre Prüfung im Fach Handelsrecht werden diese Fragen normalerweise nicht relevant.

Die Franchise-Wirtschaft ist ein Wachstumsmarkt. Im Jahr 2020 ist die Zahl der Fran- **140** chisenehmer in Deutschland auf über 138.000 angestiegen.[180]

◼ Einige Franchise-Systeme hatten wir ja bereits erwähnt. Welche kennen Sie noch?
▶ Zu den wohl bekanntesten Namen zählen neben den Fast-Food-Ketten McDonald's, Burger King, Kentucky Fried Chicken, Nordsee und Subway auch Sixt Autovermietung, OBI, INJOY, Sanifair, Blume 2000, The Body Shop und VOM FASS.

Weitere – gemessen an der Zahl ihrer Franchisenehmer – große Franchisesysteme finden Sie in der nachfolgenden Tabelle.

Abbildung 2

Große Franchisesysteme in Deutschland		
System	Bereich	Franchisenehmer in Deutschland
TÜV Rheinland / FSP	Fahrzeuguntersuchungen	670
Subway	Gastronomie	360
Mrs. Sporty	Frauen-Sportclubs/Fitness-Center	313
Kamps	Bäckereien	310
Mortimer English Club	Sprachkurse	300
Schülerhilfe	Nachhilfe	300
Studienkreis	Nachhilfe	ca 300
Town & Country Haus	Baubranche	300
Musikschule Fröhlich	Musikunterricht	296
Premio Reifen + Autoservice	Reifen- und Autoservice	280

---

178 Vgl. dazu *Wörlen/Kokemoor* ArbR Rn. 35 ff., 52.
179 *Wörlen/Kokemoor* ArbR Rn. 55, 61.
180 Deutscher Franchiseverband eV, Franchise Statistik für das Jahr 2020, www.franchiseverband. com/services-nutzen/studien-und-statistiken/ (zuletzt aufgerufen am 18.3.2021).

System	Bereich	Franchisenehmer in Deutschland
BackWerk	Backwaren/SB-Bäckereien	250
Fressnapf	Heimtierbedarf	242
McDonald's	Gastronomie	238
Engel & Völkers	Immobilien-Vermittlung	216
Body Street	Fitnessbranche	200
Domino's Pizza	Gastronomie / Lieferdienst	190
Re/Max Germany	Immobilien-Vermittlung	185
clever fit	Fitnessbranche	184
mobilcom-debitel	Telekommunikationsanbieter	182

Quelle: Angaben des Deutschen Franchise-Verbands eV (Januar 2021) unter https://www.franchise verband.com/systeme-finden/.

Literatur zur Vertiefung (→ Rn. 106–140): *Bitter/Schumacher* HandelsR §§ 6, 9; *Brox/Henssler* HandelsR §§ 13, 14; *Canaris* HandelsR §§ 10–13; *Drossart,* Überblick über neuere Entwicklungen der Rechtsprechung des Vertriebsrechts, ZVertriebsR 2018, 71; *Fischinger* HandelsR § 8; *Flohr,* Entwicklungen im Franchiserecht, ZAP 2019, 343; *Hombrecher,* Der Vertrieb über selbstständige Absatz- und Vertragshändler, Franchisenehmer & Co, JURA 2007, 690; *Jung* HandelsR Kap. 6; *Lettl* HandelsR § 7; *K. Schmidt* HandelsR § 28; *Schreiber,* Grundlagen des Franchising, JURA 2009, 115; *Thume,* Auswirkungen der COVID-19-Pandemie auf nationale und grenzüberschreitende Vertriebsverträge, BB 2020, 1419; *Zerres,* Marketingrecht – Rechtsrahmen einer marktorientierten Unternehmensführung, 2002, IX.

6. Kapitel. Gesellschaftsrecht

I. Einleitung und Begriff

In der klassischen juristischen Ausbildung, Literatur und Praxis werden die verschiedenen Gesellschaftsformen gemeinhin im Rahmen eines eigenen »Fachs« namens »Gesellschaftsrecht« abgehandelt. In anderen Studiengängen finden sich hingegen häufig einheitliche Module zum Handels- und Gesellschaftsrecht. **141**

Der Begriff der »Gesellschaft« im Rechtssinne ist nicht zu verwechseln mit dem, was man im allgemeinen Sprachgebrauch manchmal unter »Gesellschaft« versteht. Mitglieder zB einer OHG können zwar auch zur sog. »High Society« gehören, doch lässt sich daraus keine rechtliche Definition herleiten.

■ Was versteht man unter einer *Gesellschaft* im Rechtssinne bzw. unter Gesellschaftsrecht?

▶ Unter »Gesellschaft« versteht man den auf einem Rechtsgeschäft (= Gesellschaftsvertrag) beruhenden Zusammenschluss von Personen zur Verfolgung eines bestimmten gemeinsamen Zwecks.[181] Das Gesellschaftsrecht wird definiert als das »Recht der privatrechtlichen Personenvereinigungen, die zur Erreichung eines bestimmten gemeinsamen Zwecks durch Rechtsgeschäft begründet werden«.[182]

■ Was für Gesellschaftsformen fallen Ihnen ein? Einige wurden bereits im handelsrechtlichen Teil dieses Buches genannt! **142**

▶ Wichtige Beispiele sind:
- Gesellschaft bürgerlichen Rechts (GbR),
- Offene Handelsgesellschaft (OHG),
- Kommanditgesellschaft (KG),
- Gesellschaft mit beschränkter Haftung (GmbH),
- Aktiengesellschaft (AG).

■ Wie viele Gründer, sprich Gesellschafter, sind grundsätzlich bei einer Gesellschaft erforderlich?

▶ Grundsätzlich sind zwei Personen (»Personenvereinigung«) zur Gründung einer Gesellschaft notwendig.
Es gibt als Ausnahme zB bei der GmbH die Möglichkeit der Einpersonengesellschaft (§ 1 GmbHG; lesen!).

Die Regelungen zum Gesellschaftsrecht finden sich in verschiedenen Gesetzen:
- GbR primär im BGB,
- sog. Personenhandelsgesellschaften, also OHG und KG, schwerpunktmäßig im HGB,
- GmbH im GmbHG,
- AG und KGaA im AktG,
- Genossenschaft im GenG.

---

181 *Eisenhardt/Wackerbarth* GesR I Rn. 20.
182 *Windbichler* GesR § 1 Rn. 1.

Im Folgenden werden wir uns die Grundstruktur der wichtigsten Gesellschaftsformen ansehen. Details zu den einzelnen Gesellschaftsformen finden Sie bei Bedarf in der angegebenen Literatur zur Vertiefung.

II. Systematisierung der Gesellschaften

143 Je nachdem, welchem Zweck eine Gesellschaft dienen soll, können die Gründer einer Gesellschaft unter verschiedenen Gesellschaftstypen, die die Privatrechtsordnung zur Verfügung stellt, auswählen.

■ Welche Kriterien könnten für Unternehmensgründer relevant sein bei der Frage der Wahl der geeigneten Rechtsform?
▶ Wichtige Kriterien sind insbesondere:
  • Haftung der Gesellschafter,
  • Kosten und Aufwand der Gründung,
  • Folgekosten und -aufwand,
  • Kapitalbeschaffungsmöglichkeiten,
  • notwendige Anzahl der Gründer,
  • steuerrechtliche Gesichtspunkte.

144 Entsprechend ihrer Organisation und Rechtsform lassen sich die Gesellschaften in zwei große Gruppen einteilen:

(1) *Personengesellschaften* und
(2) Körperschaften (insbes. *Kapitalgesellschaften*).

Übersicht 23

Überblick über die wichtigsten Gesellschaftsformen

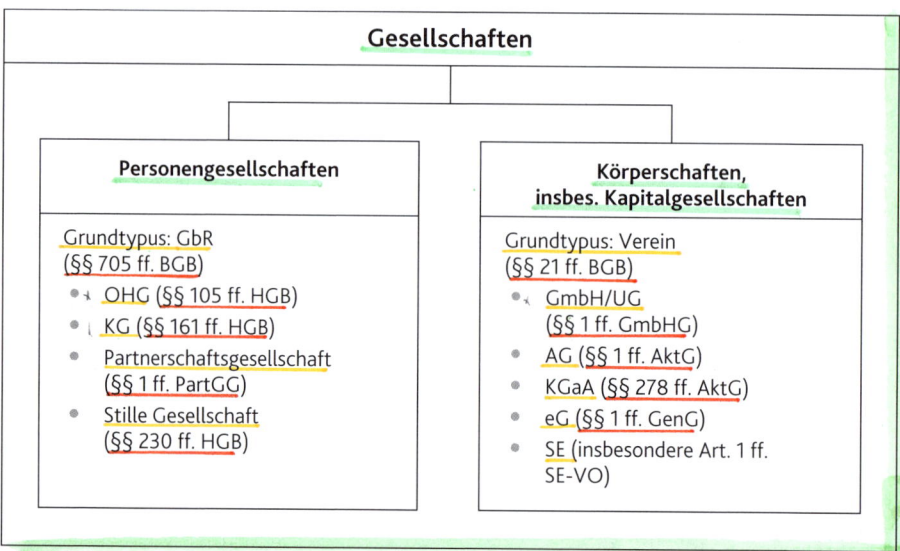

Literatur zur Vertiefung (→ Rn. 141–144): *Eisenhardt/Wackerbarth* GesR I §§ 1–3; *Engländer*, Die Lehren vom Gesellschaftsvertrag, JURA 2002, 381; *Klein-Blenkers* Rechtsformen Teil A; *Saenger* GesR §§ 1 u. 2; *K. Schmidt* GesR §§ 1–3; *Windbichler* GesR §§ 1 u. 2; *Wolffskeel von Reichenberg*, Gesellschaftsrecht in der Kautelarklausur, JA 2017, 51.

III. Personengesellschaften

Im Folgenden wollen wir uns zunächst die Personengesellschaften näher ansehen. Für 145
Personengesellschaften gelten folgende **Grundsätze:**[183]

(1) Personengesellschaften sind *keine juristischen Personen.* Fraglich ist daher die 146
Rechtsfähigkeit von Personengesellschaften, also die Fähigkeit Träger von Rechten und Pflichten zu sein.

OHG und KG können gem. § 161 II, § 124 I HGB unter ihrer Firma Rechte erwerben und Verbindlichkeiten eingehen, Eigentum erwerben sowie vor Gericht klagen und verklagt werden. Insofern ist bei diesen Gesellschaften **Teilrechtsfähigkeit** gegeben. Bei der GbR war die Frage lange Zeit umstritten, da keine eindeutige Vorschrift (wie § 124 I HGB) zur Rechtsfähigkeit der GbR existiert. Seit einer wegweisenden Entscheidung des BGH von 2001 ist jedoch auch die Teilrechtsfähigkeit der (Außen)GbR anerkannt.[184]

(2) Im Allgemeinen ist bei Personengesellschaften eine **Abhängigkeit vom Bestand ihrer Gesellschafter** gegeben. Nach der gesetzlichen Regelung wird die Gesellschaft aufgelöst durch Tod oder Kündigung eines Gesellschafters, sofern der Gesellschaftsvertrag nicht etwas anderes bestimmt (s. §§ 723, 727 I BGB; Fortsetzungsklausel: § 736 BGB).

(3) Grundsatz der **Selbstorganschaft**: Das bedeutet, dass die Organbefugnisse (Geschäftsführung und Vertretung) bei Personengesellschaften nur von den *Gesellschaftern* persönlich wahrgenommen werden können, entweder von allen gemeinsam oder von den gesellschaftsvertraglich dazu bestimmten.[185] Bei Kapitalgesellschaften gilt der gegensätzliche Grundsatz der Fremdorganschaft.[186]

(4) **Unbeschränkte Haftung:** Für Verbindlichkeiten der Personengesellschaften haften die Gesellschafter als Gesamtschuldner, wobei jeder Gesellschafter grundsätzlich unbeschränkt mit seinem Privatvermögen haftet (s. insbesondere § 128 S. 1 HGB).

Diese Grundsätze gelten für Personengesellschaften, also die GbR, die OHG und mit 147
Einschränkungen für die KG (beschränkte Haftung des Kommanditisten) sowie teilweise auch für die stille Gesellschaft.

Es ist beabsichtigt, das Personengesellschaftsrecht, insbesondere die Gesellschaft bürgerlichen Rechts, zum 1. Januar 2023 zu modernisieren. Dazu wurde im Januar 2021 der Regierungsentwurf für ein »Gesetz zur Modernisierung des Personengesellschaftsrechts (**Personengesellschaftsrechtsmodernisierungsgesetz** – MoPeG)«[187] beschlossen. Dieser Entwurf hat unter anderem Änderungen des BGB und des HGB zum Inhalt.[188]

---

183 Ausführlicher dazu zB *Kindler* GK HandelsR § 9 Rn. 13 ff.
184 BGHZ 146, 341 ff. = NJW 2001, 1056. **Zur Teilrechtsfähigkeit der GbR näher → Rn. 153a.**
185 *Schäfer* GesR § 7 Rn. 1.
186 **→ Rn. 199.**
187 Vom 22.1.2021, BR-Drs. 59/21.
188 S. dazu *Hell*, Grundzüge und Modernisierung des Rechts der Gesellschaft bürgerlichen Rechts (GbR), JA 2021, 12; *Pieronczyk*, Der »Mauracher Entwurf« zur Reform des Personengesellschaftsrechts – worauf Studenten und Referendare vorbereitet sein müssen, JURA 2021, 53.

Bevor wir diese Gesellschaften etwas näher betrachten, prägen Sie sich die allgemeinen Grundsätze zu den Personengesellschaften nochmals ein anhand von:

Übersicht 24

148

Gesellschaftsrecht
Grundlagen
• **Gesetzliche Regelung:** insbesondere BGB, HGB, GmbHG und AktG. • Begriff »**Gesellschaft**«: auf einem Rechtsgeschäft (= Gesellschaftsvertrag) beruhender Zusammenschluss von Personen (Personenvereinigung) zur Verfolgung eines bestimmten gemeinsamen Zwecks. • Die Gesellschaftsformen können unterschieden werden in - **Personengesellschaften** und - **Körperschaften** (insbes. **Kapitalgesellschaften**).
Personengesellschaften
Bei Personengesellschaften (P) geltende folgende **Grundsätze:** (1) P sind *keine juristischen Personen;* **Teilrechtsfähigkeit**. (2) **Abhängigkeit vom Bestand ihrer Gesellschafter:** Sofern Gesellschaftsvertrag nicht Sonderregelung enthält, sind P vom Bestand ihrer Gesellschafter abhängig = idR Auflösung der P bei Kündigung oder Tod eines Gesellschafters. (3) Grundsatz der **Selbstorganschaft**: Geschäftsführung und Vertretung durch einen oder mehrere Gesellschafter persönlich. (4) Grundsätzlich **unbeschränkte Haftung** der Gesellschafter als Gesamtschuldner mit Privatvermögen.

1. Gesellschaft des bürgerlichen Rechts (GbR)

149 Die GbR wird auch »BGB-Gesellschaft« genannt, weil sie im BGB normiert ist. Die gesetzliche Regelung der BGB-Gesellschaft findet sich in den §§ 705–740 BGB. Teilweise werden Vorschriften des HGB aus dem Recht der OHG analog auf die GbR angewendet (→ Rn. 154 f.).

Die GbR stellt den organisatorischen *Grundtyp* der Personengesellschaften dar. Bei der BGB-Gesellschaft handelt es sich um einen vertraglichen Zusammenschluss von Personen zur Erreichung eines gemeinsamen Zwecks (§ 705 BGB), wobei alle Gesellschafter für Verbindlichkeiten der Gesellschaft persönlich haften (→ Rn. 154 f.).

Prüfungsschema GbR (§ 705 BGB):

(1) **Gesellschaftsvertrag**
(2) **Gemeinsamer Zweck**
(3) **Förderungspflicht**

Das Recht der OHG und KG baut auf den Grundregeln der GbR auf, da – wie bereits erwähnt – die GbR der Grundtyp der Personengesellschaften ist. Dies erkennt man auch an den Verweisnormen (§§ 161 II, 105 III HGB – lesen!).

Wir wollen wir uns die wichtigsten Vorschriften der §§ 705 ff. BGB anhand einiger Übungsfälle etwas ausführlicher ansehen.

Übungsfall 6[189]

Apache Ah (A), Badmómz B (B) und Capital Cee (C) verdienen sich als Studierende mit ihrer Band »123 Straßentruppe« etwas Geld dazu. Entsprechend ihrer mündlichen Vereinbarung bestreiten sie die Kosten für das Equipment und die Instrumente sowie alle anderen Auslagen anteilig gemeinsam und teilen den erspielten Gewinn.

Wer haftet für eventuelle Schulden der »123 Straßentruppe«?

Die Antwort auf die Frage nach der Haftung der drei Bandmitglieder richtet sich danach, wie diese Band rechtlich zu qualifizieren ist. Möglich ist, dass A, B und C eine BGB-Gesellschaft gegründet haben. Dann müssten die Voraussetzungen des § 705 BGB (lesen!) erfüllt sein. | **150**

■ Welche drei Voraussetzungen müssen danach erfüllt sein, damit es sich bei den »123 Straßentruppe « um eine GbR handelt?
(Lesen Sie § 705 BGB nochmals und versuchen Sie, die drei Voraussetzungen auf einem Zettel zu formulieren, bevor Sie weiterlesen!)

▶ (1) Abschluss eines *Gesellschaftsvertrags* durch mindestens zwei Gesellschafter.
(2) Erreichung eines *gemeinsamen Zwecks*.
(3) *Förderungspflicht:* Leistung von Beiträgen zur Förderung des Zwecks.

Hinweis: Markieren Sie in § 705 BGB die Worte »Gesellschaftsvertrag«, »gemeinsamer Zweck« und »fördern«!

Prüfen wir nun, ob diese Voraussetzungen in unserem Übungsfall erfüllt sind:

a) Gesellschaftsvertrag

Der Gesellschaftsvertrag bildet die Grundlage für die Entstehung einer Gesellschaft. Es sind übereinstimmende Willenserklärungen erforderlich. Dabei handelt es sich um ein Rechtsgeschäft, das grundsätzlich *formfrei* (also auch mündlich oder konkludent) getätigt werden kann. Ausnahmsweise ist – insbesondere bei Einbringung eines Grundstücks als Sacheinlage – der Gesellschaftsvertrag *formbedürftig;* in diesem Fall wird eine notarielle Beurkundung gem. § 311b I BGB (lesen!) erforderlich.[190] Ansonsten ist gegebenenfalls der Gesellschaftsvertrag wegen Formmangels gem. § 125 S. 1 BGB nichtig. | **151**

Bei Mängeln des Gesellschaftsvertrags ist eine sog. **fehlerhafte Gesellschaft** gegeben. Unter den Voraussetzungen, dass

(1) ein *fehlerhafter Gesellschaftsvertrag* vorliegt [zB Nichtigkeit wegen Geschäftsunfähigkeit (§§ 104 ff. BGB) oder Verstoßes gegen ein gesetzliches Verbot (§ 134 BGB) oder gegen die guten Sitten (§ 138 BGB) oder Anfechtbarkeit (§§ 119 ff. BGB)],

---

189 Anlehnung an *Nawratil*, BGB leicht gemacht, 31. Aufl. 2011, Fall 77.
190 S. Jauernig/*Stürner* § 705 Rn. 17 und § 706 Rn. 6.

(2) die Gesellschaft bereits *in Vollzug gesetzt* worden ist (zB durch Aufnahme von Tätigkeiten nach außen) und

(3) überwiegende *Interessen* Einzelner oder der Allgemeinheit *nicht entgegenstehen,*

wird die fehlerhafte Gesellschaft aus Gründen des Verkehrsschutzes *vorerst als fehlerfreie Gesellschaft* behandelt. Der Nichtigkeits- oder Anfechtungsgrund stellt einen Auflösungs- oder Kündigungsgrund dar.[191]

Auflösungs- oder Kündigungsgründe können nicht wie ein Anfechtungsgrund die rückwirkende (»ex tunc«) Auflösung herbeiführen, sondern nur für die Zukunft (»*ex nunc*«) geltend gemacht werden. Das Mittel hierzu ist eine Auflösungsklage iSv § 133 HGB analog bzw. die Kündigung.[192]

Auch bei anderen Gesellschaftsformen liegt bei Mängeln des Gesellschaftsvertrages eine fehlerhafte Gesellschaft vor.

Für die Lösung von Fall 6 bedeutet das:

A, B und C haben mündlich einen wirksamen Gesellschaftsvertrag geschlossen.

b) Gemeinsamer Zweck

152 Neben dem Gesellschaftsvertrag ist die Verpflichtung zur Erreichung eines gemeinsamen Zwecks Voraussetzung für das Entstehen der BGB-Gesellschaft. Dieser Zweck kann ein dauernder oder ein vorübergehender sein. Es kann sich um einen wirtschaftlichen oder ideellen Zweck handeln.[193] In Abgrenzung zur OHG darf aber bei der GbR der Zweck *nicht* auf den Betrieb eines Handelsgewerbes gerichtet sein (§ 105 I, § 1 II HGB; lesen!)

- ■ Was bedeutet das für Übungsfall 6?
- ▶ Da A, B und C als »123 Straßentruppe« gemeinsam Musik machen und sich den erspielten Gewinn teilen wollen, haben sie sich zur Erreichung eines gemeinsamen Zwecks zusammengetan und sich gegenseitig verpflichtet, den Zweck zu erreichen. Der Zweck ist auch nicht auf den Betrieb eines Handelsgewerbes gerichtet.

c) Pflicht zur Förderung des Zwecks, insbesondere Leistung von Beiträgen

153 »Beitrag« iSd § 705 BGB ist nicht nur so zu verstehen, dass als solcher eine bestimmte Geldsumme zu zahlen ist, wie etwa der »Beitrag« zu einem Sportverein. Der Beitrag, der gem. § 706 I BGB von jedem Gesellschafter grundsätzlich gleich zu leisten ist, kann, wie sich aus § 706 III BGB ergibt, auch in der Leistung von Diensten bestehen (§ 706 I und III BGB lesen!). Insofern sind Geld- und Sacheinlagen zulässig.

In Übungsfall 6 leisten die Gesellschafter A, B und C ihre Beiträge zur Förderung des gemeinsamen Zwecks dadurch, dass sie einerseits alle Anschaffungen und Auslagen anteilig tätigen und außerdem jeder aktiv in der Band mitspielt, also einen Musikbeitrag leistet.

---

191 S. *Windbichler* GesR § 6 Rn. 8, § 12 Rn. 11 ff.
192 Vgl. zur OHG *Windbichler* GesR § 12 Rn. 15.
193 Palandt/*Sprau* § 705 Rn. 20.

Somit erfüllt unsere Band alle Voraussetzungen einer BGB-Gesellschaft, die deshalb entstanden ist, ohne dass A, B und C sich selbst ausdrücklich als solche bezeichnen müssen.

d) Teilrechtsfähigkeit

Wie bereits erwähnt, war die Frage der Rechtsfähigkeit bei der GbR lange Zeit umstritten. Hintergrund ist, dass bei der GbR eine eindeutige gesetzliche Regelung, wie zB der § 124 I HGB bei der OHG, fehlt. Seit 2001 ist allerdings die *Teilrechtsfähigkeit* der (Außen)GbR anerkannt. 153a

Leitsätze des BGH in der Entscheidung vom 29.1.2001:[194]

1. Die (Außen-)GbR besitzt Rechtsfähigkeit, soweit sie durch Teilnahme am Rechtsverkehr eigene Rechte und Pflichten begründet.
2. In diesem Rahmen ist sie zugleich im Zivilprozess aktiv und passiv parteifähig, sie kann also selbst klagen und verklagt werden.

Der Regierungsentwurf[195] für ein Personengesellschaftsrechtsmodernisierungsgesetz (→ **Rn. 147**) sieht vor, die bisher gesetzlich nicht normierte Frage der Rechtsfähigkeit der GbR künftig explizit zu regeln. Danach soll es **künftig zwei** sich gegenseitig ausschließende **Rechtsformvarianten** einer GbR geben, eine rechtsfähige und eine nicht rechtsfähige Form (s. § 705 II BGB-E).

Demzufolge soll die GbR künftig

- entweder als *rechtsfähige* Gesellschaft selbst Rechte erwerben und Verbindlichkeiten eingehen können, wenn diese nach dem gemeinsamen Willen der Gesellschafter *am Rechtsverkehr teilnehmen* soll (**rechtsfähige GbR**) oder
- als nicht rechtsfähige Gesellschaft den Gesellschaftern lediglich zur *Ausgestaltung* ihres *Rechtsverhältnisses untereinander* dienen (**nicht rechtsfähige GbR**).

Auch sollen die Gesellschafter die Möglichkeit haben, die rechtsfähige GbR freiwillig in ein neu zu schaffendes »**Gesellschaftsregister**« (§ 707 BGB-E) eintragen zu lassen. Die Eintragung bewirkt, dass § 15 HGB entsprechend anzuwenden ist (§ 707a III BGB-E), also *Publizitätswirkung* (→ **Rn. 64 ff.**) erzeugt. Die Gesellschaft ist dann verpflichtet, als Namenszusatz die Bezeichnung »eingetragene Gesellschaft bürgerlichen Rechts« oder »eGbR« zu führen (§ 707a II BGB-E).

e) Haftung

Für Gesellschaftsverbindlichkeiten haftet die **Gesellschaft** mit ihrem Gesellschaftsvermögen. Aufgrund der mittlerweile anerkannten Teilrechtsfähigkeit der GbR kann diese auch Verbindlichkeiten eingehen und verklagt werden. 154

Für die Haftung der **Gesellschafter** gilt im *Innenverhältnis* § 708 BGB (lesen!). Jeder Gesellschafter haftet für die Erfüllung seiner Verpflichtungen wie in eigenen Angelegenheiten (§ 277 BGB).

Hinweis: Notieren Sie sich § 277 BGB neben § 708 BGB.

---

194 BGHZ 146, 341 = NJW 2001, 1056.
195 Vom 22.1.2021, BR-Drs. 59/21.

Die Haftung der Gesellschafter im *Außenverhältnis* ist in den §§ 705 ff. BGB nicht geregelt. Da auch hier keine eindeutige Vorschrift für die GbR existiert, war die rechtliche Konstruktion lange Zeit umstritten. Seit der Entscheidung des BGH aus dem Jahr 2001 ist die sog. **Akzessorietätstheorie** ganz hM; als Anspruchsgrundlage für die Haftung der Gesellschafter für Gesellschaftsverbindlichkeiten wird **§ 128 HGB analog** angewendet[196] (Vorschrift lesen!).

Leitsatz 3 des BGH in der Entscheidung vom 29.1.2001:[197]

Soweit der Gesellschafter für die Verbindlichkeiten der Gesellschaft bürgerlichen Rechts persönlich haftet, entspricht das Verhältnis zwischen der Verbindlichkeit der Gesellschaft und der Haftung des Gesellschafters derjenigen bei der OHG (Akzessorietät).[198]

Prüfungsschema § 128 S. 1 HGB analog (Akzessorietätstheorie)

1. Verbindlichkeit der Gesellschaft
2. Gesellschafter
3. Keine Einwendungen, § 129 HGB analog

154a Gemäß *§ 128 S. 1 HGB* analog haften die Gesellschafter für die Verbindlichkeiten der Gesellschaft. Alle Gesellschafter einer GbR haften also unbeschränkt mit ihrem Privatvermögen und als Gesamtschuldner (§§ 421, 426 BGB).[199] Wie diese gesamtschuldnerische Haftung ausgestaltet ist, folgt aus § 421 BGB (S. 1 – lesen!). Auf die BGB-Gesellschaft umformuliert bedeutet dies, dass ein Gläubiger der Gesellschaft seine Forderung nach Belieben ganz oder teilweise von jedem einzelnen Gesellschafter verlangen kann.

Gemäß *§ 128 S. 2 HGB analog* ist eine anderweitige Haftungsvereinbarung Dritten gegenüber unwirksam.

Mittlerweile ist zudem höchstrichterlich entschieden, dass (auch) für die Haftung der GbR § 31 BGB analog angewandt wird. Das bedeutet, dass die GbR für Schäden haftet, die ein Gesellschafter durch eine zum Schadensersatz verpflichtende Handlung einem Dritten in Ausführung der ihm zustehenden Verrichtung zufügt. § 31 BGB ist insofern eine Zurechnungsvorschrift.[200]

Der neu in eine bestehende GbR **eintretende Gesellschafter** haftet gem. § 130 HGB analog auch für Altverbindlichkeiten der Gesellschaft (Vorschrift lesen!).[201]

Aus §§ 736 II BGB, 160 HGB entsprechend ergibt sich, dass auch **ausgeschiedene Gesellschafter** für Altverbindlichkeiten der Gesellschaft haften (§ 160 I HGB lesen!).

Zur Wiederholung:

155 ■ Welche Rechtsfolge tritt ein, wenn ein Gesellschafter die gesamte Gesellschaftsschuld alleine beglichen hat? (Überlegen Sie!)

---

196 *Bitter/Heim* GesR § 5 Rn. 39; BGHZ 146, 341 ff. = NJW 2001, 1056.
197 BGHZ 146, 341 = NJW 2001, 1056.
198 Eine ausführliche Würdigung der Bedeutung und Tragweite dieses Urteils finden Sie bei *K. Schmidt* NJW 2001, 993 ff.
199 S. dazu *Wörlen/Metzler-Müller* SchuldR AT Rn. 455 ff.
200 S. BGH NJW 2003, 1445; Palandt/*Ellenberger* § 31 Rn. 3.
201 BGH ZIP 2003, 899 ff.

▷ Er hat gegenüber den anderen Gesellschaftern einen Ausgleichsanspruch gem. § 426 II iVm I BGB (auch diese Vorschrift nochmals lesen!).

Die Antwort auf unsere Fallfrage lautet nach alledem: Da A, B und C (als »123 Straßentruppe«) eine BGB-Gesellschaft bilden, haften sie neben der GbR für Verbindlichkeiten der Gesellschaft analog § 128 S. 1 HGB als Gesamtschuldner.

f) Geschäftsführung und Vertretung

▨ Worin besteht der Unterschied zwischen Geschäftsführungsbefugnis und Vertretungsmacht?   **156**

▷ Die Geschäftsführungsbefugnis betrifft das Innenverhältnis, die Vertretungsmacht das Außenverhältnis.

Ebenso wie die Gesellschafter gemeinsam haften, sind sie gem. § 709 BGB alle gemeinschaftlich zur *Geschäftsführung* befugt. Dies kann allerdings, wie aus § 710 BGB folgt, per Gesellschaftsvertrag abgeändert werden (§§ 709 I und 710 BGB lesen!).

Die *Vertretungsmacht* ergibt sich gem. § 714 BGB (lesen!) im Zweifel aus der Geschäftsführungsbefugnis. Sie kann aber im Gesellschaftsvertrag ebenfalls abweichend geregelt werden.

Für die Vertretungsmacht gelten mangels besonderer Vorschriften im Gesellschaftsrecht ohne Einschränkung auch die allgemeinen Vorschriften des BGB über die Stellvertretung.   **157**

▨ Welche Vorschriften sind das? (Das sollten Sie wissen!)

▷ Die Antwort gibt Fußnote[202]!

Zur Wiederholung der Voraussetzungen einer wirksamen Vertretung schauen Sie sich am besten → Rn. 71 an!

g) Gesamthänderisches Gesellschaftsvermögen

Lesen Sie zunächst die »Fortsetzung« von Fall 6:   **158**

Übungsfall 7[203]

Nach vier Jahren hat Badmómz B (B) genug vom Sound der »123 Straßentruppe«, und da das Examen vor der Tür steht, beschließt sie, ihre zum Gesellschaftsvermögen gehörende Trompete, die sie immer bei sich zu Hause hat, zu verkaufen. Sie führt diesen Entschluss auch sofort aus und übereignet die Trompete an den gutgläubigen Tommy Trumpet (T).

Ist T Eigentümer der Trompete geworden?

▨ Nach welcher sachenrechtlichen Vorschrift des BGB und wie das Eigentum an einer beweglichen Sache übertragen wird, wissen Sie wahrscheinlich?

▷ Das Eigentum an beweglichen Sachen wird grundsätzlich durch Einigung zwischen dem Eigentümer und dem Erwerber sowie durch Übergabe der Sache übertragen, § 929 S. 1 BGB.[204]

---

202 §§ 164 ff. BGB!
203 In Anlehnung an *Nawratil*, BGB leicht gemacht, 31. Aufl. 2011, Fall 79.
204 Näher dazu *Wörlen/Kokemoor* SachenR Rn. 102 ff.

■ Was ist zunächst gem. § 929 S. 1 BGB Voraussetzung dafür, damit B dem T das Eigentum an der Trompete verschaffen könnte? § 929 S. 1 BGB setzt Einigung, Übergabe und Berechtigung voraus.

159 ▶ B müsste also insbesondere *Eigentümerin* der Trompete sein!

Die Trompete gehört jedoch zum Gesellschaftsvermögen. Das Gesellschaftsvermögen der BGB-Gesellschaft wird in § 718 I BGB legaldefiniert (lesen!). Danach ist das Gesellschaftsvermögen, zu dem auch das Eigentum an beweglichen Sachen gehört, gemeinschaftliches Vermögen. Dies nennt man *Gesamthandsvermögen*.[205] Was diese etwas altertümliche Formulierung bedeutet, wird klar, wenn wir § 719 I BGB lesen!

Die »gesamthänderische Bindung« der Gesellschafter nach § 719 BGB bedeutet, dass ein Gesellschafter über seinen Anteil am Vermögen der Gesellschaft, sei es nun ein rechnerischer Anteil am Geldvermögen oder sein Anteil am Sachvermögen, nicht allein verfügen darf. Eine Verfügung über das Gesellschaftsvermögen kann nur von allen Gesellschaftern gemeinsam, oder, wie man das früher bildlich formulierte, zur »gesamten Hand« vorgenommen werden.[206]

■ Was könnte das für die Verfügung der B bedeuten?

▶ Somit könnte die Verfügung der B über das Eigentum an der Trompete unwirksam sein, da sie allein als *Nichtberechtigte* (§ 185 BGB – lesen!) verfügt hat.

160 Da aber T »*gutgläubig*« war, dh nicht wusste oder wissen konnte, dass die Trompete der B nicht gehörte, kann er das Eigentum an dem Instrument dennoch wirksam erworben haben.

■ Sie wissen vielleicht, welche Vorschriften des Sachenrechts im BGB dem T insofern »helfen« können?

▶ Die Trompete war der Gesellschaft, da B den unmittelbaren Besitz (§ 854 BGB) daran mit Willen ihrer Mitgesellschafter ausübte, nicht »abhanden gekommen« (§ 935 BGB).
Der gutgläubige T ist deshalb gem. §§ 929 S. 1, 932 BGB Eigentümer der Trompete geworden.[207]

Bevor wir uns den Personengesellschaften des HGB zuwenden, lösen wir zur BGB-Gesellschaft abschließend noch einen umfassenden Fall:

---

205 *Windbichler* GesR § 3 Rn. 4 ff.
206 *Bitter/Heim* GesR § 1 Rn. 16 und § 5 Rn 37 f. Überwiegend für möglich gehalten wird allerdings eine Verfügung über den Gesellschaftsanteil im Ganzen, s. zB HK-BGB/*Saenger* § 719 Rn. 7, 9.
207 Zum gutgläubigen Eigentumserwerb vom Nichtberechtigten s. *Wörlen/Kokemoor* SachenR Rn. 114 ff.

Übungsfall 8

Die drei Studienfreunde Anastasia Affenschnell (A), Bengt Brunnenblau (B) und Carla Catenhusen (C) lassen sich nach dem zweiten Staatsexamen und erfolgreicher Promotion als Rechtsanwältinnen bzw. Rechtsanwalt nieder und beschließen, sich zu einer Anwaltssozietät zusammenzutun. Die Büroeinrichtung, Miete und alle anderen Ausgaben sollen ebenso geteilt werden wie die Gewinne. Zu den Anschaffungen gehört folgendes Namensschild:

>> Rechtsanwälte

Dr. Affenschnell

Dr. Brunnenblau

Dr. Catenhusen«

Im Gesellschaftsvertrag wird unter »Geschäftsführung« unter anderem folgender Passus aufgenommen: »Zum Abschluss der mit der Sozietät zusammenhängenden Geschäfte ist jeder Rechtsanwalt allein zu handeln berechtigt. Für die Eingehung von Verbindlichkeiten über 3.000 EUR bedarf es der Zustimmung aller übrigen Gesellschafter«.

A möchte für 5.000 EUR einen luxuriösen Color-Laser-Multifunktionsdrucker anschaffen. B, dem die Technik zuwider ist, ist dagegen. C äußert sich dazu nicht. A meint, die Zustimmung des B sei nicht erforderlich, da der erste Satz des zitierten Passus aus dem Gesellschaftsvertrag eindeutig für sie spreche.

Zur Ausstattung der gemeinsamen Bibliothek kauft B, der eine Schwäche für antiquarische Bücher hat, bei einem Buchantiquariat eine Ausgabe des Codex Maximilianaeus Bavaricus Civilis aus dem Jahre 1756 günstig für 3.800 EUR. A und C meinen, dieser »alte Schinken« sei allenfalls als Staubfänger geeignet und verlangen die Rückgabe des Buchs an den Verkäufer. Der Buchantiquar verlangt Zahlung der 3.800 EUR von A, da er weiß, dass diese schnell zu einem großen Privatvermögen gekommen ist.

Der C wird die Arbeit in der Kanzlei schon nach kurzer Zeit zu viel und sie will ihren alten Freund Daniel Deppen (D), der ein »Einserexamen« vorweisen kann, in die Sozietät aufnehmen. A und B sind dagegen, da D nicht promoviert hat. Auch denken sie an das Namensschild vor der Tür, das bei Aufnahme des D lauten würde:

>> Rechtsanwälte

Dr. Affenschnell

Dr. Brunnenblau

Dr. Catenhusen

Deppen«

Sie wollen einer Aufnahme des D erst zustimmen, wenn D promoviert hat.

Fragen:

1) Kann B sich der Anschaffung des Multifunktionsdruckers mit Recht widersetzen?

2) Muss A an den Buchantiquar zahlen? Falls ja, von wem kann sie den Ausgleich verlangen? Falls nein, welchen Anspruch hat der Antiquar?

3) Können A und B die Aufnahme des D in die Kanzlei verhindern?

Wir wollen die Antwort auf diese Fragen zwar nicht in Form eines vollständigen Gutachtens erarbeiten, doch anhand einschlägiger Vorschriften, die uns die Antwort geben können, relativ ausführlich prüfen.

Zu Frage 1:
Kann B der Anschaffung des Multifunktionsdruckers widersprechen?

Wenn Sie den ersten Satz des Passus in dem Gesellschaftsvertrag der Rechtsanwälte lesen und mit § 711 BGB (lesen!) vergleichen, können Sie die Frage schon beantworten.

■ Wie lautet die Antwort? (Überlegen Sie!)

▶ Wenn nach dem Gesellschaftsvertrag Einzelgeschäftsführung vereinbart ist, kann jeder einzelgeschäftsführungsberechtigte Gesellschafter der Geschäftsführung des anderen gem. § 711 S. 1 BGB widersprechen. Dies hat B getan. Somit muss das Geschäft der A gem. § 711 S. 2 BGB unterbleiben. A könnte ihren Willen nur durchsetzen, wenn im Gesellschaftsvertrag gem. § 709 II BGB vereinbart wäre, dass entgegen § 709 I BGB für ein Geschäft nicht die Zustimmung *aller*, sondern nur der *Mehrheit* der Gesellschafter erforderlich wäre (§ 709 BGB ganz lesen).

Zu Frage 2:

163 Zunächst: Kann der Buchantiquar die 3.800 EUR für den »Codex Maximilianaeus« von A verlangen?

Die damit zusammenhängende Teilfrage, ob der Buchantiquar, sofern zwischen der Gesellschaft und ihm ein Vertrag zustande gekommen ist, den Kaufpreis ganz verlangen kann, sollten wir nach dem, was wir zur Haftung der Gesellschaft gehört haben, vorab beantworten.

■ Wie lautet die Antwort? (Denken Sie nach!)

▶ Die Gesellschafter haften für Verbindlichkeiten der Gesellschaft als Gesamtschuldner gem. § 433 II BGB iVm § 128 HGB analog, sodass der Antiquar gem. § 421 S. 1 BGB *jeden* Gesellschafter wegen der Zahlung des gesamten Kaufpreises nach Belieben in Anspruch nehmen könnte.

164 Bleibt also zu prüfen, ob der Kaufvertrag, den B für die Gesellschaft mit dem Antiquar geschlossen hat, wirksam ist.

■ Unter welchen Voraussetzungen ist es möglich, dass ein BGB-Gesellschafter nach außen ein Rechtsgeschäft tätigt, durch das die Gesellschaft verpflichtet wird? (Die Antwort sollten Sie nach dem bisher Gelesenen selbst geben können!)

▶ Das ist nur möglich, wenn eine wirksame Vertretung iSd §§ 164 ff. BGB vorlag. In unserem Fall ist die Geschäftsführungsbefugnis laut Gesellschaftsvertrag darauf begrenzt, dass B nur Geschäfte bis zu 3.000 EUR abschließen durfte. Die Geschäftsführung betrifft, wie wir festgestellt haben, zwar nur das Innenverhältnis, doch folgt aus der Begrenzung der Geschäftsführungsbefugnis eine Begrenzung des Umfangs der Vertretungsmacht im Außenverhältnis. Das ergibt sich aus dem Wortlaut des § 714 BGB, den Sie nochmals lesen sollten.

■ Was bedeutet diese Vorschrift, insbesondere die Formulierung »im Zweifel«, für den Vertragspartner, der mit dem Gesellschafter verhandelt?

▶ Da sich »im Zweifel« der Umfang der Vertretungsmacht mit dem der Geschäftsführungsbefugnis deckt, muss der Vertragspartner, wenn er sicher sein will, ob der Geschäftsführer einer BGB-Gesellschaft in einem bestimmten Umfang zur Vertretung befugt ist, die Geschäftsführungsbefugnis nachprüfen!

165 Die BGB-Gesellschaft kennt keinen Verkehrsschutz bezüglich der Vertretungsmacht, wie er zB bei der Prokura besteht (§ 50 HGB), da die BGB-Gesellschaft im Gegensatz zu den Handelsgesellschaften nicht ins Handelsregister eingetragen wird.[208]

---

208 S. *Kraft/Kreutz*, Gesellschaftsrecht, 12. Aufl. 2007, C III 2 a bb.

Somit hat B in unserem Fall mit dem Kauf des Buchs für 3.800 EUR seine Vertretungsmacht überschritten und deshalb als Vertreter ohne Vertretungsmacht gehandelt.

▨ Welche Rechtsfolge tritt damit zunächst ein?　**166**

▶ B handelte als »Vertreter ohne Vertretungsmacht« iSd § 177 BGB, sodass die Wirksamkeit des Vertrags von der Genehmigung durch A und C abhängt! Da A und C offensichtlich den Vertrag nicht genehmigen werden, kann der Antiquar sich mangels eines wirksamen Vertrags nicht an die Gesellschaft und damit auch nicht an A halten.

▨ Auf welchen Anspruch bleibt der Antiquar in unserem Fall daher angewiesen? (Überlegen Sie!)

▶ Er muss sich an den vollmachtslosen Vertreter B halten, dh, er kann von diesem wahlweise Erfüllung des Vertrags oder Schadensersatz gem. § 179 I BGB verlangen!

▨ Welche Frage haben wir im Zusammenhang mit dem Buchkauf noch nicht beantwortet?

▶ Für den Fall, dass A zahlen müsste, war nach einem Ausgleichsanspruch der A　**167** gefragt.

Da A nicht zahlen muss, bräuchten wir uns mit dieser Frage eigentlich nicht mehr beschäftigen. Wäre unser Fall aber in einer Klausur so gestellt worden, müssten Sie die gestellte Frage in einem »Hilfsgutachten« beantworten.

▨ Die Antwort, an wen A sich aufgrund welcher Anspruchsgrundlage hätte halten können, falls sie die 3.800 EUR zu zahlen gehabt hätte, sollten Sie eigentlich geben können? (Denken Sie daran, dass A als Gesamtschuldnerin zahlen würde!)

▶ Wenn A den gesamten Betrag hätte zahlen müssen, hätte sie einen Ausgleichsanspruch gegen ihre Mitgesellschafter gem. § 426 I und II S. 1 BGB.

Zu Frage 3:
Können A und B die Aufnahme des Daniel Deppen in ihre Sozietät verhindern?　**168**

Über die Aufnahme eines neuen Gesellschafters in eine bestehende BGB-Gesellschaft werden Sie in den §§ 705–740 BGB keine spezielle Vorschrift finden. Da die BGB-Gesellschaft von A, B und C aufgrund eines Gesellschaftsvertrags zustande gekommen ist, müssen wir uns deshalb an den allgemeinen Vorschriften, genauer: an den Vorschriften des Allgemeinen Teils des BGB über das Zustandekommen von Verträgen, orientieren.

▨ Welche Vorschriften sind das?

▶ Antwort: Fußnote[209].

Wenn Sie davon die erste Vorschrift lesen, haben Sie auch schon die Antwort auf unsere dritte Fallfrage: Nach § 145 BGB ist jeder Vertragspartner an sein Vertragsangebot (»Antrag«) gebunden. Daraus ergibt sich auch, dass er an einen wirksam zustande gekommenen Vertrag ebenfalls gebunden ist. »Verträge sind einzuhalten« heißt ein alter Rechtsgrundsatz, der schon im römischen Recht (»pacta sunt servanda«) galt und so selbstverständlich ist, dass er im Gesetz nicht ausdrücklich wiedergegeben ist.　**169**

▨ Was folgt daraus für den Gesellschaftsvertrag unserer BGB-Gesellschaft? (Überlegen Sie!)

---

[209]　**§§ 145 ff. BGB!**

▶ Der Gesellschaftsvertrag ist zwischen A, B und C geschlossen worden und bindet alle drei Gesellschafter gleichermaßen.

170 Ein einmal geschlossener Vertrag kann deshalb, mangels besonderer Rücktritts- oder Kündigungsvereinbarungen, nur durch einen neuen Vertrag aufgehoben werden. Wenn der Gesellschaftsvertrag über die Aufnahme eines neuen Gesellschafters keine Vereinbarung enthält, müssten A, B und C darüber eine Vertragsänderung *beschließen*. Mit anderen Worten: Wenn A und B nicht einverstanden sind, kann C die Aufnahme des D als neuen Sozius nicht erreichen. Die etwas unsachliche Begründung für die Ablehnung des D ist in diesem Falle unerheblich. Wenn dem C die Zusammenarbeit mit D wichtiger sein sollte als die Sozietät mit A und B, dann müsste sie ihre Zugehörigkeit zur Gesellschaft gem. § 723 I 1 BGB (lesen!) kündigen. Die Folge der Kündigung (bei Ausscheiden des Gesellschafters) regelt § 736 BGB, den Sie abschließend auch noch lesen sollten.

Anschließend verdeutlichen wir uns das Wesen der BGB-Gesellschaft und die entsprechenden Vorschriften nochmals anhand der folgenden zusammenfassenden Übersicht (25).

Literatur zur Vertiefung (→ Rn. 145–171): *Benner,* Gesellschaften bürgerlichen Rechts als Instrument ambulant betreuter Wohngemeinschaften, NZS 2017, 447; *Bitter/Heim* GesR § 5; *Eisenhardt/Wackerbarth* GesR I §§ 4–8; *Buck-Heeb/Dieckmann,* Die Anwalts-GbR – Referendarexamensklausur Zivilrecht: Gesellschaftsrecht, Deliktsrecht, JuS 2016, 723; *Dehne-Niemann,* Fehlerhafter Anteilskauf als Anwendungsfall der Lehre von der fehlerhaften Gesellschaft?, JURA 2020, 247; *Gellings,* Inanspruchnahme eines Gesellschafters: Innenregress und Gesamtschuldnerausgleich, JuS 2012, 589; *Grunewald* GesR § 1; *Hell,* Grundzüge und Modernisierung des Rechts der Gesellschaft bürgerlichen Rechts (GbR), JA 2021, 12; *Heller/Schumacher,* Immer Ärger mit der Gesellschaft (Examensübungsklausur), JURA 2017, 179; *Hucke/Holfter,* Streitigkeiten unter Geschäftsleuten (Examensklausur Handels- und Gesellschaftsrecht), JuS 2011, 534; *Hübner,* Examinatorium Gesellschaftsrecht (Teil 1), JURA 2017, 130; *Klein-Blenkers* Rechtsformen Teil C IV; *Lange,* Von fehlerhaften und von Scheingesellschaften, JURA 2017, 751; *Lange,* Grundzüge des Rechts der GbR, JURA 2015, 547; *Lettl* Fälle GesR Fälle 4 und 14; *Markworth,* Die Haftung des GbR-Scheingesellschafters, JuS 2016, 587; *Oechsler/Mihaylova,* Der Kronkorkenfall – Zu Gelegenheitsgesellschaft (§ 705 BGB), Auslobung (§ 657 BGB) und Inhabermarke (§ 807 BGB), JURA 2017, 997; *Oechsler/Mihaylova,* Ein Abiturjahrgang als Gesellschaft bürgerlichen Rechts? – Zustandekommen der Gelegenheitsgesellschaft (§ 705 BGB) und Möglichkeiten der Haftungsbeschränkung, JURA 2016, 833; *Petersen,* Die rechtsfähige Personengesellschaft, JURA 2004, 683; *Petig/Gonzalez,* Die Haftung des eintretenden Sozius – Die analoge Anwendung des § 28 HGB auf die GbR, JURA 2009, 646; *Pieronczyk,* Der »Mauracher Entwurf« zur Reform des Personengesellschaftsrechts – worauf Studenten und Referendare vorbereitet sein müssen, JURA 2021, 53; *Saenger* GesR § 3; *Saenger,* Der praktische Fall – Handels- und Gesellschaftsrecht: Rechtsfähigkeit und Haftungsbeschränkung bei der Gesellschaft des bürgerlichen Rechts, JuS 2003, 577; *Sanders/Berisha/Klasfauseweh,* Die persönliche Haftung im Personengesellschaftsrecht, JURA 2020, 542; *Schäfer* GesR §§ 18–20; *K. Schmidt* GesR §§ 58–60; *Steinbeck,* Grundfälle zum Personengesellschaftsrecht, JuS 2012, 10 (105, 199); *Teichmann/Körber/Schaub,* Gesellschaftsrecht und Sachenrecht – Der aktive Ex-Gesellschafter (Referendarexamensklausur Zivilrecht), JuS 2011, 723; *Weber,* Abiturjahrgang als Gesellschaft bürgerlichen Rechts, JA 2017, 69; *Windbichler* GesR §§ 5–10.

Übersicht 25

Gesellschaft bürgerlichen Rechts[210]
Die GbR ist organisatorischer **Grundtyp** der Personengesellschaften; auch: »BGB-Gesellschaft« genannt.
Gesetzliche Regelung: §§ 705–740
Wesen (§ 705): Zusammenschluss mindestens zweier Gesellschafter durch Gesellschaftsvertrag mit gegenseitiger Verpflichtung, die Erreichung eines gemeinsamen Zweckes zu fördern (nicht Betrieb eines Handelsgewerbes, § 105 I, II S. 1 HGB).
Rechtsfähigkeit: Seit der Entscheidung des BGH im Jahr 2001 ist die *Teilrechtsfähigkeit* der (Außen)GbR anerkannt.
Haftung der Gesellschafter: Im *Innenverhältnis*: Haftung für Sorgfalt wie in eigenen Angelegenheiten (§§ 708, 277). Im *Außenverhältnis*: Unbeschränkte Haftung mit dem Privatvermögen analog § 128 HGB (Akzessorietätstheorie) als Gesamtschuldner (§ 130 HGB analog; §§ 736 II BGB, 160 HGB entsprechend).
Geschäftsführung (Innenverhältnis!): Grundsätzlich (§ 709) *gemeinschaftlich* – Änderung durch Gesellschaftsvertrag möglich (§ 710). Gegen Geschäft von Einzelgeschäftsführer Widerspruchsrecht der anderen geschäftsführungsbefugten Gesellschafter (§ 711).
Vertretungsmacht (Außenverhältnis!): § 714: Gesetzliche Vermutung, dass Vertretungsmacht der Geschäftsführungsbefugnis entspricht. Geltung der §§ 164 ff. (gegebenenfalls § 179).
Entziehung von Geschäftsführungsbefugnis (§ 712) und Vertretungsmacht (§ 715) möglich, wenn ein wichtiger Grund vorliegt.
Kontrollrecht jeder Gesellschafter, auch wenn von Geschäftsführung ausgeschlossen (§ 716).
Gewinnbeteiligung soweit nicht anders vereinbart, grundsätzlich nicht im Verhältnis der Beiträge (§ 722), sondern gleich.
Gesellschaftsvermögen (§ 718) ist *Gesamthandsvermögen* = »gemeinschaftliches Vermögen«, über das nur gemeinschaftlich (»zur gesamten Hand«) – § 719 – verfügt werden darf.
Gründe für die Auflösung: insbesondere • Erreichung des Gesellschaftszwecks → § 726 • Tod eines Gesellschafters → § 727 • Insolvenz der Gesellschaft oder eines Gesellschafters → § 728

---

210 §§ ohne Bezeichnung auf dieser Übersicht sind solche des BGB.

2. Offene Handelsgesellschaft (OHG)

172 Die OHG ist eine sog. Personenhandelsgesellschaft (siehe Überschrift Zweites Buch HGB) und gesetzlich primär in den §§ 105–160 HGB geregelt.

Prüfungsschema OHG (§ 105 I HGB):

(1) **Gesellschaftsvertrag**
(2) **Gesellschaftszweck:** grds. Betrieb eines **Handelsgewerbes**
(3) **Unbeschränkte Haftung aller** Gesellschafter

a) Gesellschaftsvertrag

173 Wie für die BGB-Gesellschaft ist auch für die Entstehung einer OHG ein Gesellschaftsvertrag Voraussetzung (§§ 105 III HGB, 705 BGB). Der Gesellschaftsvertrag kann auch bei der OHG grundsätzlich formfrei geschlossen werden.

> **Hinweis:** Für die OHG sind aufgrund der Verweisregelung in § 105 III HGB auch die Vorschriften über die BGB-Gesellschaft (§§ 705 ff. BGB) anwendbar, sofern das HGB keine Sonderregelungen enthält (§ 105 III HGB lesen und daneben §§ 705 ff. BGB notieren!).

Im Gegensatz zur BGB-Gesellschaft ist jedoch zwischen der Entstehung im Innenverhältnis und der Entstehung im Außenverhältnis zu unterscheiden.

174 Der Gesellschaftsvertrag regelt das Rechtsverhältnis der Gesellschafter untereinander (§ 109 HGB – lesen!) und lässt die OHG zunächst im Innenverhältnis entstehen.

Im Außenverhältnis wird sie unter den Voraussetzungen von § 123 HGB wirksam, insbesondere mit Eintragung in das Handelsregister oder schon vorher durch Aufnahme des Geschäftsbetriebs (§ 123 I und II HGB lesen).

b) Gesellschaftszweck

175 Während eine BGB-Gesellschaft zur Erreichung eines beliebigen Zwecks ideeller oder wirtschaftlicher Art (§ 705 BGB) gegründet werden kann, ist die OHG gem. § 105 I HGB grundsätzlich auf den Zweck des **Betriebs eines Handelsgewerbes** unter einer gemeinsamen Firma gerichtet. Nichtkaufleute (zB Freiberufler[211]) können deshalb keine OHG gründen, aber insbesondere eine BGB-Gesellschaft bilden.

Nach § 105 HGB können folgende Gesellschaften offene Handelsgesellschaften sein:

- **Grundsatz:** Eine Gesellschaft, die ein Handelsgewerbe betreibt, dh ein Unternehmen, das nach Art und Umfang einen kaufmännischen Geschäftsbetrieb erfordert (§ 105 I, § 1 II HGB).

---

211 Das Gesetz über Partnerschaftsgesellschaften Angehöriger freier Berufe (**Partnerschaftsgesellschaftsgesetz – PartGG**) ermöglicht seit 1995 eine der OHG ähnliche **Gesellschaftsform für Freiberufler.** Die Partnerschaft ist gem. § 1 I PartGG eine Gesellschaft, in der sich ausschließlich Angehörige freier Berufe zur Ausübung ihrer Berufe zusammenschließen können. Sie übt kein Handelsgewerbe aus. Ihr Name muss unter anderem den Zusatz »**und Partner**« oder »**Partnerschaft**« enthalten, s. § 2 I PartGG. Ausführlicher zur Partnerschaftsgesellschaft zB *Schäfer* GesR §§ 21–26.

- **Ausnahme 1**: Eine Gesellschaft, die nur ein Kleingewerbe betreibt (Gewerbebetrieb, der nach Art und Umfang keinen kaufmännischen Geschäftsbetrieb erfordert), wird mit der Eintragung ins Handelsregister zur OHG (§ 105 II 1. Alt. HGB).
- **Ausnahme 2**: Auch eine Gesellschaft, die »nur eigenes Vermögen verwaltet« und somit kein Gewerbe betreibt, wird mit der Handelsregistereintragung zur OHG (§ 105 II 2. Alt. HGB).

Gemäß § 105 II HGB steht die Rechtsform der OHG also auch Kleingewerbetreibenden offen. Gleiches gilt für die KG, da § 161 II HGB auf die §§ 105 ff. HGB verweist. **176**

> **Hinweis:** Für das Verständnis der Systematik von GbR, OHG und KG ist es wichtig zu erkennen, dass diese Gesellschaftsformen durch die Verweisvorschriften in § 105 III und § 161 II HGB miteinander verknüpft sind.

c) Unbeschränkte Haftung aller Gesellschafter

In Abgrenzung zur KG haften gem. § 105 I HGB bei der OHG *alle* Gesellschafter Dritten gegenüber unbeschränkt. Bei der KG gibt es, wie in → Rn. 194 ff. noch auszuführen sein wird, zwei Arten von Gesellschaftern, namentlich die unbeschränkt haftenden Komplementäre und die nur beschränkt haftenden Kommanditisten, § 161 I HGB. **177**

d) Innenverhältnis

Soweit im Gesellschaftsvertrag nichts anderes vereinbart wurde, gelten gem. § 109 HGB für das Innenverhältnis die §§ 110–122 HGB. Im Einzelnen ergeben sich daraus folgende Rechte und Pflichten der Gesellschafter: **178**

aa) Ersatz für Aufwendungen und Verluste

Jeder Gesellschafter kann gem. § 110 I HGB (lesen!) von der *Gesellschaft* seine persönlichen, erforderlichen Aufwendungen, die er gegenüber Gesellschaftsgläubigern erbracht hat, oder Verluste erstatten lassen. Gegenüber *Mitgesellschaftern* besteht ein gesamtschuldnerischer Ausgleichsanspruch nach § 426 BGB. **179**

bb) Beitragspflicht

Jeder Gesellschafter einer OHG muss die im Gesellschaftsvertrag vereinbarten Beitragsleistungen erbringen, um den gemeinsamen Zweck zu fördern (§§ 105 III HGB, 705 f. BGB). Insofern gilt das bereits zur BGB-Gesellschaft Ausgeführte[212] entsprechend. Eine Besonderheit für die OHG ergibt sich aus § 111 I HGB (lesen), der eine Verzinsungspflicht für Geldeinlagen vorsieht. **180**

cc) Wettbewerbsverbot

Gemäß § 112 I HGB darf kein Gesellschafter ohne Einwilligung der anderen Gesellschafter in dem Handelszweig der Gesellschaft Geschäfte machen oder sich als persönlich haftender Gesellschafter an einer anderen gleichartigen Handelsgesellschaft beteiligen. Verstöße gegen dieses Wettbewerbsverbot können Schadensersatzansprüche auslösen (§ 113 I HGB). **181**

---

212 → Rn. 153.

dd) Geschäftsführung

182 Soweit im Gesellschaftsvertrag nichts anderes bestimmt ist, sind alle Gesellschafter nach § 114 I HGB geschäftsführungsbefugt und -verpflichtet. Der Umfang der Geschäftsführungsbefugnis erstreckt sich gem. § 116 I HGB auf alle Handlungen, die der gewöhnliche Betrieb des Handelsgewerbes mit sich bringt. Unter den Voraussetzungen von § 117 HGB (wie immer: lesen!) kann einem Gesellschafter die Geschäftsführungsbefugnis entzogen werden.

ee) Mitverwaltungsrechte

183 Mitverwaltungsrechte haben alle Gesellschafter, auch die, die von der Geschäftsführungsbefugnis ausgeschlossen sind. Im Einzelnen sind dies *Informations- und Kontrollrechte* gem. § 118 HGB, das *Stimmrecht* nach § 119 HGB bei der Beschlussfassung, bei der der Grundsatz der Einstimmigkeit von Gesellschafterbeschlüssen gilt, sowie das Recht auf *Gewinn- und Verlustbeteiligung* iSd §§ 120, 121 HGB und das *Entnahmerecht* gem. § 122 HGB.

ff) Gesamthänderisches Gesellschaftsvermögen

184 Das Gesellschaftsvermögen ist bei der OHG – wie bei der BGB-Gesellschaft[213] – Gesamthandsvermögen (§ 105 III HGB iVm §§ 718, 719 BGB). Gemäß § 124 II HGB ist zur Zwangsvollstreckung in das Gesellschaftsvermögen ein gegen die Gesellschaft gerichteter vollstreckbarer Titel erforderlich.

185 ◼ Zwischenfrage: Sofern Ihnen in diesem Zusammenhang der Begriff »Titel« unbekannt ist, überlegen Sie einen Moment, was man darunter zu verstehen hat.

▶ Es handelt sich um einen Begriff aus dem Prozessrecht und ist die abgekürzte Bezeichnung für »Vollstreckungstitel«. Die wichtigsten Vollstreckungstitel sind gerichtliche Entscheidungen wie Urteile, Beschlüsse, Prozessvergleiche sowie vollstreckbare Urkunden.[214]

Das Gesellschaftsvermögen der OHG ist somit Haftungsobjekt.

e) Außenverhältnis

186 Das Außenverhältnis der OHG ist in den §§ 123–130a HGB geregelt.

Voraussetzung für die Anwendung dieser Vorschriften ist, dass die OHG nach außen wirksam geworden ist. Dies richtet sich – wie schon erwähnt – nach *§ 123 HGB*: Danach wird die OHG nach außen wirksam, wenn sie entweder (Abs. 1) ins Handelsregister eingetragen ist oder (Abs. 2) ihre Geschäfte schon vor der Eintragung begonnen hat.

187 Welche Geschäfte könnten das sein, die vor der Eintragung aufgenommen wurden?

Beispiele: Anmieten von Geschäftsräumen, Kauf von Einrichtungsgegenständen, Versenden von Werbematerial, Aufnahme eines Kredits und Ähnliches.

◼ Was bedeutet in diesem Zusammenhang wohl der »soweit«-Halbsatz in § 123 II HGB? Lesen Sie § 2 und § 105 II HGB und überlegen Sie wieder einmal selbst, bevor Sie weiterlesen.

---

213 → **Rn. 158 ff.**
214 §§ 704, 794 ZPO.

▶ Bei einem Gewerbe, das unter § 2 HGB fällt (Kleingewerbe), wirkt die Eintragung ins Handelsregister *konstitutiv*, weil der Gewerbebetrieb erst durch die Eintragung als Handelsgewerbe gilt. Im Außenverhältnis kann eine solche OHG also nur durch Eintragung wirksam werden.[215]

aa) Firma

Bezüglich des Firmenkerns kann bei einer OHG zwischen einer Personenfirma, Sachfirma, Phantasiefirma oder Mischfirma gewählt werden. Die Firma muss gem. § 19 I Nr. 2 HGB den Rechtsformzusatz »offene Handelsgesellschaft« oder »OHG« enthalten.[216]   **188**

Beispiele: »Ochs & Esel OHG«, »Maximilian Wagner Offene Handelsgesellschaft«.

Nach § 125a HGB (lesen!) sind folgende Angaben auf Geschäftsbriefen notwendig: Rechtsform und Sitz der Gesellschaft, Registergericht und Registernummer. Ist kein Gesellschafter eine natürliche Person, sind auf den Geschäftsbriefen ferner die Firmen anzugeben sowie die für diese Gesellschafter nach § 35a GmbHG oder § 80 AktG vorgeschriebenen Angaben.

Dadurch, dass die OHG gem. § 124 I HGB »unter ihrer Firma Rechte erwerben und Verbindlichkeiten eingehen« kann, »Eigentum und andere dingliche Rechte an Grundstücken erwerben« sowie »vor Gericht klagen und verklagt werden kann«, erwirbt sie eine **Teilrechtsfähigkeit**.   **189**

bb) Vertretung

Im Gegensatz zur BGB-Gesellschaft ist die Vertretungsmacht bei der OHG nicht an die Geschäftsführungsbefugnis gekoppelt.[217]   **190**

Grundsätzlich ist bei der OHG gem. § 125 I HGB **Einzelvertretung** gegeben, dh jeder Gesellschafter ist einzelvertretungsermächtigt, sofern der Gesellschaftsvertrag nichts anderes bestimmt.

Gesellschaftsvertraglich möglich ist auch eine **Gesamtvertretung**. Es gibt die sog. echte und die unechte Gesamtvertretung. Bei der *echten* Gesamtvertretung kann bestimmt werden, dass alle oder mehrere Gesellschafter nur in Gemeinschaft zur Vertretung ermächtigt sein sollen (§ 125 II HGB, Legaldefinition lesen!). Im Gesellschaftsvertrag kann auch eine sog. *unechte* Gesamtvertretung vereinbart werden, dass also die Gesellschafter, wenn nicht mehrere zusammen handeln, nur gemeinsam mit einem Prokuristen zur Vertretung der Gesellschaft ermächtigt sein sollen (§ 125 III BGB, Vorschrift lesen!).

Der Umfang der Vertretungsmacht ist in § 126 I HGB geregelt und kann nicht mit Wirkung gegen Dritte beschränkt werden (§ 126 II HGB). Eine Entziehung der Vertretungsmacht ist nur durch gerichtliche Entscheidung möglich (§ 127 HGB).

cc) Haftung

Die Gläubiger der Gesellschaft haben wie bei der GbR zwei Zugriffsmöglichkeiten: Zum einen die Gesellschaft mit dem Gesellschaftsvermögen, zum anderen die Gesellschafter mit ihrem Privatvermögen.   **191**

---

215 S. § 105 II 1 HGB und § 123 I HGB.
216 → **Rn. 33**.
217 *Bitter/Heim*, GesR § 6 Rn. 31.

Die **Gesellschaft** haftet mit ihrem Gesellschaftsvermögen. Aufgrund der Teilrechtsfähigkeit der OHG gem. *§ 124 I HGB* kann diese auch Verbindlichkeiten eingehen und verklagt werden. Auch bei der Haftung der OHG wird **§ 31 BGB analog** (Zurechnungsnorm) angewandt. Das bedeutet, dass die OHG für Schäden haftet, die ein Gesellschafter durch eine zum Schadensersatz verpflichtende Handlung einem Dritten in Ausführung der ihm zustehenden Verrichtung zufügt.[218]

Die Haftung der **Gesellschafter** regelt insbesondere **§ 128 HGB**.

Prüfungsschema § 128 S. 1 HGB

1. Verbindlichkeit der Gesellschaft
2. Gesellschafter
3. Keine Einwendungen § 129 HGB

Gemäß *§ 128 S. 1 HGB* haften für die Gesellschaftsverbindlichkeiten alle Gesellschafter den Gläubigern persönlich. Die Gesellschafter haften gesamtschuldnerisch und unbegrenzt mit ihren Privatvermögen.

Zwar können die Gesellschafter im Innenverhältnis vertraglich andere Haftungsregeln vereinbaren, doch sind diese gem. *§ 128 S. 2 HGB* Dritten gegenüber unwirksam.

Die unbeschränkte Haftung der Gesellschafter mit ihrem Privatvermögen findet durch **§ 129 HGB** einige Einschränkungen. Es sind dabei eigene Einwendungen des Gesellschafters und Einwendungen der Gesellschaft zu unterscheiden. So kann ein Gesellschafter zB Einwendungen[219], die von der Gesellschaft erhoben werden können, gleichermaßen geltend machen, wenn er wegen einer Verbindlichkeit der Gesellschaft in Anspruch genommen werden soll (§ 129 I HGB – lesen!).

> **Beispiel:** Gläubiger G hat gegen die Gesellschaft S-OHG eine Forderung, die am 31.7. verjährt ist.

- Als G gegen den Gesellschafter S am 1.8. Klage erhebt, beruft sich dieser auf die Verjährung der Gesellschaftsschuld. Zu Recht?
- ▸ Die Antwort ergibt sich aus § 129 I HGB: Danach kann S sich zu Recht auf die Einrede der Verjährung berufen.

192 - Was könnten typische »Einwendungen« der Gesellschaft sein, auf die sich ein Gesellschafter gegebenenfalls berufen kann?
- ▸ Die Anfechtung (§§ 119 ff. BGB) oder die Aufrechnung (§§ 387 ff. BGB)[220], s. § 129 II, III HGB.

Aus der bereits öfter angesprochenen und in § 124 I HGB normierten rechtlichen Selbstständigkeit der OHG folgt die Regelung des § 129 IV HGB: Ein gegen die *Gesellschaft* gerichteter vollstreckbarer Titel wirkt *nicht* automatisch gegen den Gesellschafter.

---

218 S. *Bitter/Heim* GesR § 6 Rn. 12.

219 Unter den Begriff »Einwendungen«, der im Privatrecht nicht immer einheitlich verwendet wird (vgl. *Wörlen/Metzler-Müller* BGB AT Rn. 414 ff.), fallen (wie bei den §§ 334 und 404 BGB) in diesem Kontext auch »**Einreden**«, insbesondere die Einrede der Verjährung gem. § 214 I BGB, s. Baumbach/Hopt/*Roth* § 129 Rn. 1.

220 S. bei Interesse zur Anfechtung und Aufrechnung näher *Wörlen/Metzler-Müller* BGB AT Rn. 214 ff.; *Wörlen/Metzler-Müller* SchuldR AT Rn. 176 f.

- Wo ist die Haftung des neu eintretenden Gesellschafters in eine OHG geregelt? (Dies könnten Sie noch aufgrund der Ausführungen zur GbR wissen!)
- ▶ Dies ist in § 130 HGB geregelt. Der in eine bestehende Gesellschaft neu **eingetretene Gesellschafter** haftet auch für die *vor* seinem Eintritt entstandenen Verbindlichkeiten (Altverbindlichkeiten) der Gesellschaft (§ 130 I HGB lesen!).

Aus § 160 HGB ergibt sich, dass auch **ausgeschiedene Gesellschafter** für Altverbindlichkeiten der Gesellschaft haften (§ 160 I HGB lesen!).

f) Beendigung

Die Beendigung der OHG vollzieht sich in zwei Phasen, der *Auflösung* der Gesell- **193** schaft nach den §§ 131–144 HGB sowie der *Liquidation* bzw. Auseinandersetzung der Gesellschaft nach den §§ 145–158 HGB.

Einen erschöpfend geregelten Katalog von Auflösungsgründen enthält § 131 HGB.

In § 131 I und II HGB sind die *Auflösungsgründe* enthalten. Mit Eintritt eines Auflösungsgrundes wird die OHG zur Abwicklungsgesellschaft. Erst der Abschluss des Auseinandersetzungsverfahrens führt zur endgültigen *Beendigung* der Gesellschaft.[221]

Ausscheidungsgründe sind hingegen in § 131 III HGB normiert. Der Tod eines Gesellschafters und die Eröffnung des Insolvenzverfahrens über das Vermögen eines Gesellschafters sind beispielsweise nach § 131 III Nr. 1 und Nr. 2 HGB Ausscheidungsgründe. Hierdurch sollen Gesellschaften auch dann erhalten bleiben, wenn entgegen der üblichen Praxis keine entsprechenden Fortsetzungs- und Nachfolgeklauseln gesellschaftsvertraglich vereinbart wurden.

3. Kommanditgesellschaft (KG)

a) Gemeinsamkeiten und Abgrenzung zur OHG

Die KG (§§ 161–177a HGB) ist ebenfalls eine Personenhandelsgesellschaft, die sich **194** von der OHG durch die Ausgestaltung der Haftung unterscheidet. Im Übrigen müssen die Voraussetzungen einer OHG bzw. GbR erfüllt sein.

> **Hinweis:** Für die KG sind aufgrund der Verweisregelung in § 161 II HGB auch die Vorschriften über die OHG (§§ 105 ff. HGB) und über § 105 III HGB auch die der BGB-Gesellschaft (§§ 705 ff. BGB) anwendbar, sofern die §§ 162 ff. HGB keine Sonderregelungen enthalten.
> Sie sollten in der Klausur darauf achten, gegebenenfalls die Verweisvorschriften genau zu benennen! Diese könnten Sie sich auch in Ihrem Gesetzestext an den entsprechenden Stellen notieren.

Prüfungsschema KG (§ 161 I HGB)

(1) **Gesellschaftsvertrag**
(2) **Gesellschaftszweck:** Grundsätzlich Betrieb eines **Handelsgewerbes**
(3) **Beschränkte Haftung** mindestens eines Gesellschafters

---

221 S. *Bitter/Heim* GesR § 6 Rn. 74 f.

Zu (1) **Gesellschaftsvertrag:**

Auch bei der KG muss gem. §§ 161 II, 105 III HGB, 705 BGB ein wirksamer Gesellschaftsvertrag vorliegen.

Zu (2) **Gesellschaftszweck:**

Grundsatz: Die KG ist wie auch die OHG gem. § 161 I HGB auf den Zweck des *Betriebs eines Handelsgewerbes* (§ 1 II HGB) unter einer gemeinsamen Firma gerichtet.

Ausnahmen: Eine Gesellschaft, die nur ein Kleingewerbe betreibt, wird mit der Eintragung ins Handelsregister zur KG (§§ 161 II, 105 II 1. Alt. HGB). Auch eine Gesellschaft, die »nur eigenes Vermögen verwaltet« und somit kein Gewerbe betreibt, wird mit der Handelsregistereintragung zur KG (§§ 161 II, 105 II 2. Alt. HGB).

Zu (3) **Beschränkte Haftung** mindestens eines Gesellschafters.

Bei der KG gibt es zwei Arten von Gesellschaftern, § 161 I HGB (lesen!).

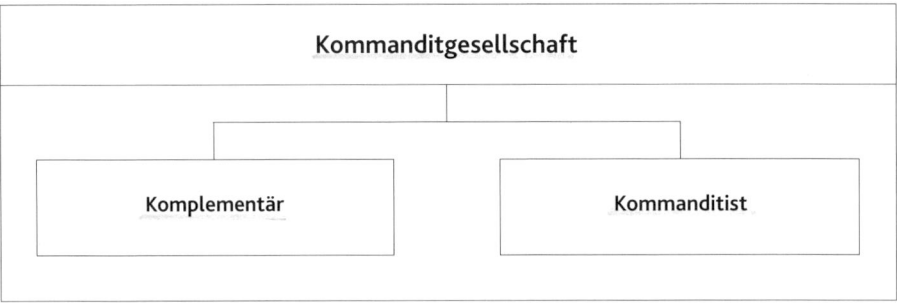

Das Charakteristische bei der KG ist die bei mindestens einem Gesellschafter gegenüber den Gesellschaftsgläubigern auf einen bestimmten Betrag (»Einlage«) beschränkte Haftung. Diese Gesellschafter nennt man **Kommanditisten**.

Die unbeschränkt bzw. persönlich haftenden Gesellschafter heißen **Komplementäre**. Sie haften wie die Gesellschafter einer OHG mit ihrem gesamten Privatvermögen.

Wie erwähnt, existieren bei der KG zwei Arten von Gesellschaftern, also mindestens ein Kommanditist und mindestens ein Komplementär (§ 161 I HGB lesen!).

195 Soweit sich aus der Unterscheidung zwischen Komplementären und Kommanditisten nichts Besonderes ergibt, gelten – wie bereits erwähnt – die Ausführungen zur OHG und zT auch zur GbR gleichermaßen für die KG. Gemäß § 161 II HGB (lesen!) finden auf die KG die Vorschriften des HGB über die OHG Anwendung, soweit in den §§ 162–177a HGB nichts anderes vorgeschrieben ist.

Diese Sondervorschriften tragen namentlich der Tatsache Rechnung, dass die Kommanditisten nur eingeschränkt haften und dementsprechend auch nur eingeschränkte Rechte haben können (zB keine Geschäftsführungsbefugnis – § 164 HGB – und keine Vertretungsmacht – § 170 HGB –). § 177 HGB enthält eine gesetzliche Nachfolgeregelung für den Tod eines Kommanditisten.

Auch bei der KG kann im Firmenkern eine Personenfirma, Sachfirma, Phantasiefirma oder Mischfirma gewählt werden. Sie muss gem. § 19 I Nr. 3 HGB den Rechtsformzusatz »Kommanditgesellschaft« oder eine allgemeinverständliche Abkürzung dafür (zB »KG«) enthalten.[222]

> **Beispiel:** »Dr. August Oetker KG«

b) Geschäftsführung und Vertretung

Gemäß § 164 HGB sind die Kommanditisten von der *Geschäftsführung* ausgeschlossen. Insofern erfolgt die Geschäftsführung durch die Komplementäre, §§ 161 II, 114 ff. HGB. **195a**

Kommanditisten haben nach § 170 HGB keine organschaftliche *Vertretungsmacht*. Die Vertretung der KG erfolgt gem. §§ 161 II, 125 ff. HGB durch die Komplementäre.

c) Haftung

Auch bei der Haftung ist strikt zwischen Komplementären und Kommanditisten zu differenzieren. **195b**

- Wie haften die **Komplementäre?**
- ▷ Komplementäre haften gem. §§ 161 II, 128 HGB wie OHG-Gesellschafter, also unbeschränkt mit dem Privatvermögen (→ Rn. 177).

Kommanditisten haften ab Eintragung ins Handelsregister gem. § 171 I Hs. 1 HGB.

Prüfungsschema § 171 I Hs. 1 HGB

(1) Gesellschaftsverbindlichkeit
(2) Kommanditist
(3) Haftungsumfang, §§ 171 I Hs. 1, 172 I HGB
(4) Erlöschen der Haftung, § 171 I Hs. 2 HGB
(5) Wiederaufleben der Haftung, § 172 IV 1 HGB
(6) Keine Einwendungen, §§ 161 II, 129 HGB

Kommanditisten haften bis zur Höhe ihrer Einlage, insofern ist deren Haftung also beschränkt. Der Umfang der Haftung ist gem. § 172 I HGB durch den im Handelsregister angegebenen Betrag bestimmt.

Die Haftung des Kommanditisten ist gem. § 171 I Hs. 2 HGB ausgeschlossen, soweit die Einlage geleistet ist. Die Haftung des Kommanditisten kann also ganz oder teilweise erloschen sein.

Nach § 172 IV 1 HGB gilt die Einlage den Gläubigern gegenüber als nicht geleistet, soweit die Einlage eines Kommanditisten zurückbezahlt wird. Die erloschene Haftung kann also ganz oder teilweise wieder aufleben.

Sonderkonstellationen der Haftung sind:

- Eintritt als Kommanditist in eine bestehende OHG oder KG (§ 173 HGB),
- Haftung vor Eintragung ins Handelsregister (§ 176 I, II HGB),
- Haftung des ausgeschiedenen Kommanditisten (§§ 161 II, 160 HGB).

---

222   → Rn. 33.

Die wichtigsten Unterschiede der OHG und der KG gegenüber der BGB-Gesellschaft sind zusammengefasst auf der nachfolgenden

Übersicht 26

196

Unterschiede OHG und KG im Vergleich zur BGB-Gesellschaft		
BGB-Gesellschaft		**OHG, KG**
§§ 705–740 BGB	**Gesetzliche Regelungen**	§§ 105–160 und §§ 161–177a HGB
Erreichung eines *beliebigen* Zwecks ideeller oder wirtschaftlicher Art (§ 705 BGB) Nicht: Betrieb eines Handelsgewerbes	**Zweck der Gesellschaft**	Grundsätzlich nur auf den Zweck des *Betriebs eines Handelsgewerbes* gerichtet = §§ 105 I; 161 I HGB
Keine Handelsgesellschaft, daher keine Kaufmannseigenschaft und keine Firma	**Name und Kaufmannseigenschaft**	*Firma* mit Rechtsformzusatz nach § 19 I Nr. 2, 3 HGB. Formkaufleute nach § 6 I HGB. Ebenso sind die Gesellschafter der OHG und der/die persönlich haftende/n Gesellschafter der KG Kaufleute
Keine juristische Person; *Teilrechtsfähigkeit* anerkannt Haftung der Gesellschafter analog § 128 HGB (Akzessorietätstheorie)	**Rechtsfähigkeit, Haftung**	Ebenfalls keine juristische Person, *Teilrechtsfähigkeit* gem. *§ 124 I* (KG: § 161 II iVm § 124 I) *HGB* Haftung: OHG-Gesellschafter und Komplementäre der KG gem. § 128 HGB bzw. §§ 161 II, 128 HGB Kommanditisten gem. § 171 I Hs. 1 HGB

Übersicht 26 (Fortsetzung)

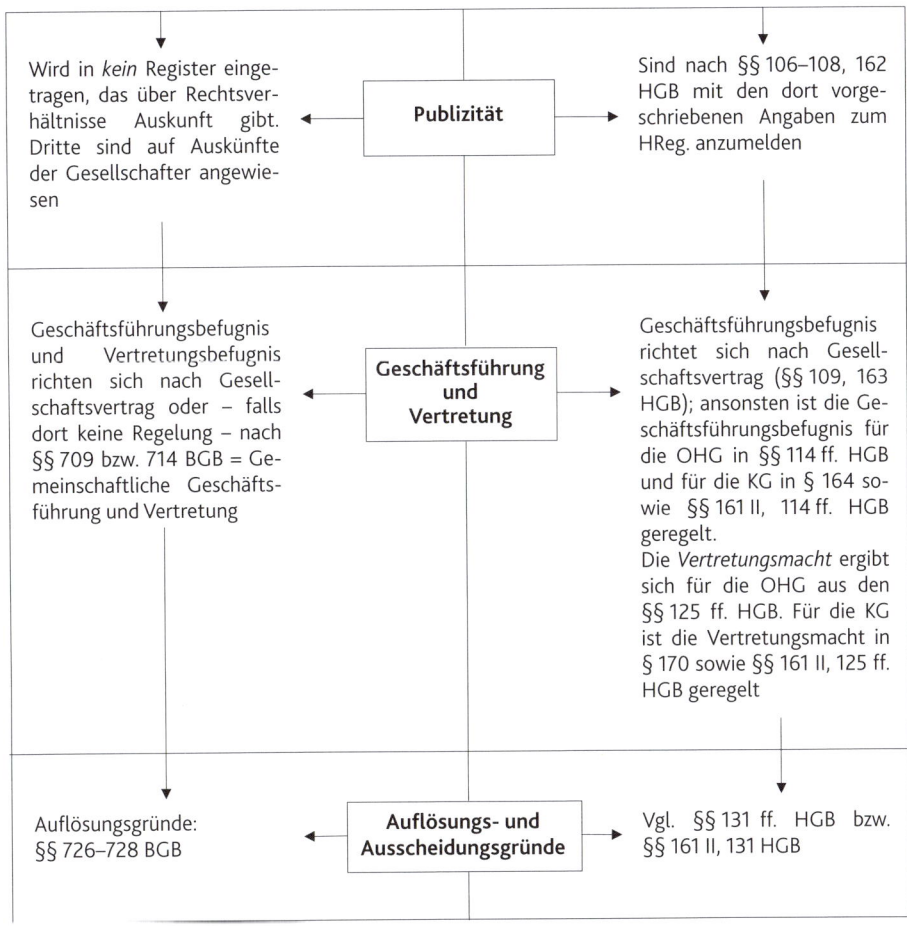

Wird in *kein* Register eingetragen, das über Rechtsverhältnisse Auskunft gibt. Dritte sind auf Auskünfte der Gesellschafter angewiesen

Publizität

Sind nach §§ 106–108, 162 HGB mit den dort vorgeschriebenen Angaben zum HReg. anzumelden

Geschäftsführungsbefugnis und Vertretungsbefugnis richten sich nach Gesellschaftsvertrag oder – falls dort keine Regelung – nach §§ 709 bzw. 714 BGB = Gemeinschaftliche Geschäftsführung und Vertretung

Geschäftsführung und Vertretung

Geschäftsführungsbefugnis richtet sich nach Gesellschaftsvertrag (§§ 109, 163 HGB); ansonsten ist die Geschäftsführungsbefugnis für die OHG in §§ 114 ff. HGB und für die KG in § 164 sowie §§ 161 II, 114 ff. HGB geregelt.
Die *Vertretungsmacht* ergibt sich für die OHG aus den §§ 125 ff. HGB. Für die KG ist die Vertretungsmacht in § 170 sowie §§ 161 II, 125 ff. HGB geregelt

Auflösungsgründe: §§ 726–728 BGB

Auflösungs- und Ausscheidungsgründe

Vgl. §§ 131 ff. HGB bzw. §§ 161 II, 131 HGB

4. Stille Gesellschaft

Begriff und Wesen der stillen Gesellschaft ergeben sich aus *§§ 230–236 HGB*. Der **197**
stille Gesellschafter ist nicht »Kaufmann«, da er kein – nach außen gerichtetes – Gewerbe betreibt.[223] Bei der stillen Gesellschaft handelt es sich gem. § 230 I HGB (lesen!) um eine Gesellschaft, bei der sich ein »stiller Teilhaber« an dem Handelsgewerbe eines anderen (Einzelkaufmann oder Handelsgesellschaft) mit einer in das Vermögen dieses anderen übergehenden Einlage gegen Gewinn- und Verlustanteil beteiligt (§§ 231 f. HGB).

Im Gegensatz zu den anderen Gesellschaften wird kein gemeinsames Gesellschafts- **198**
vermögen gebildet. Bei der stillen Gesellschaft handelt es sich um eine reine »*Innengesellschaft*«: Der Inhaber des Handelsgewerbes tritt nach außen weiterhin als Einzelkaufmann auf und firmiert wie ein Einzelkaufmann.[224]

---

223 → **Rn. 10 f.**
224 Ausf. zum Ganzen zB *Schäfer* GesR §§ 27–30.

Beispiel: »Ochs e.K.«, »Ochs eingetragener Kaufmann«

Gemäß § 230 II HGB wird aus den geschlossenen Geschäften allein der Inhaber berechtigt und verpflichtet.

Literatur zur Vertiefung (→ Rn. 172–198): *Bialluch*, Die selbstkühlenden Bierfässer des Dr. L (Schwerpunktbereichsklausur: Handels- und Personengesellschaftsrecht), JuS 2020, 955; *Bitter/Heim* GesR §§ 6–7; *Eisenhardt/Wackerbarth* GesR I §§ 16 ff., 23, 24 ff. (OHG, PartG, KG); *Gellings*, Inanspruchnahme eines Gesellschafters: Innenregress und Gesamtschuldnerausgleich, JuS 2012, 589; *Grunewald* GesR §§ 2–4; *Haag/Erdl* Fälle HandelsR/GesR Fälle 9–13; *Hahn*, Die Rechtsnachfolge in der Personengesellschaft beim Tod eines Gesellschafters, JuS 2017, 720; *Hecht*, Personengesellschaftsrecht in der notariellen Gestaltungspraxis, JA 2012, 372; *Hellgardt/Schwarzfischer*, Das Catering-Chaos (Fortgeschrittenenklausur – Handels- und Gesellschaftsrecht), JuS 2020, 334; *Hippeli*, Das Widerspruchsrecht der Mitgeschäftsführer im Personengesellschaftsrecht, JURA 2017, 1192; *Hucke/Holfter*, Streitigkeiten unter Geschäftsleuten (Examensklausur Handels- und Gesellschaftsrecht), JuS 2011, 534; *Hübner*, Examinatorium Gesellschaftsrecht (Teil 1 und 2), JURA 2017, 130, 257; *Kindler*, Grundfragen der Kommandithaftung, JuS 2006, 865; *Klein-Blenkers* Rechtsformen Teil C II; *Lange*, Von fehlerhaften und von Scheingesellschaften, JURA 2017, 751; *Lange*, Sonderformen der KG, JURA 2016, 225; *Mittwoch*, Die richtige Technik (Referendarexamensklausur Handels- und Gesellschaftsrecht), JuS 2017, 591; *Müller/Großmann*, Ein unbürokratischer Kommanditist (Fortgeschrittenenklausur), JuS 2020, 535; *Petersen*, Der Dritte im Handels- und Gesellschaftsrecht, JURA 2017, 294; *Preisner*, Examenstypische Klausurkonstellationen des Handels- und Gesellschaftsrechts, Teil I: Eintritt, Fortführung und Nachfolge, JA 2011, 826, Teil II: Geschäftsführung und Vertretung, JA 2012, 21, Teil III: Haftung und Rechtsscheinhaftung, JA 2012, 163; *Saenger* GesR §§ 4–7; *Sanders/Berisha/Klasfauseweh*, Die persönliche Haftung im Personengesellschaftsrecht, JURA 2020, 542; *Schäfer* GesR §§ 4–17, 27–30; *Scheuch*, Vertretung und Haftung in der KG (Semesterabschlussklausur Gesellschaftsrecht), JuS 2019, 875; *K. Schmidt* GesR § 65; *Steinbeck*, Grundfälle zum Personengesellschaftsrecht, JuS 2012, 10 (105), 199; *Weber*, Totgesagte leben nicht immer länger – das (endgültige) Ende des personengesellschaftsrechtlichen Bestimmtheitsgrundsatzes, JA 2015, 147; *Wedemann/Schanze*, Schicksal eines KG-Gläubigers, Ad Legendum 2013, 265; *Windbichler* GesR §§ 1–18.

IV. Körperschaften, insbesondere Kapitalgesellschaften

1. Begriff und Wesen

199 Die zweite Gruppe der Gesellschaften bilden die bereits erwähnten *Körperschaften*, also insbesondere GmbH, AG, KGaA und eG. AG, GmbH und KGaA werden auch als *Kapitalgesellschaften* bezeichnet (Überschrift Zweiter Abschnitt vor §§ 264 ff. HGB).

Für Körperschaften gelten folgende **Grundsätze:**[225]

(1) Körperschaften sind grundsätzlich juristische Personen und **rechtsfähig** (s. zB § 13 I GmbHG).
(2) **Unabhängigkeit vom Bestand ihrer Gesellschafter** bzw. Mitglieder.
Durch freien Austritt und Übertragung der Mitgliedschaft ist also ein Gesellschafterwechsel möglich (s. zB § 15 GmbHG).
(3) **Beschränkte Haftung:**
Haftungsbeschränkung auf das Gesellschaftsvermögen (s. zB § 13 II GmbHG).
(4) Grundsatz der **Fremdorganschaft:** Geschäftsführung und Vertretung werden von verselbstständigten *Organen* (Geschäftsführer oder Vorstand) wahrgenommen. Deren Mitglieder müssen nicht Gesellschafter sein (s. zB § 6 III S. 1 GmbHG).

---

225 *Bitter/Heim* GesR § 1 Rn. 15 ff.

Im Folgenden sollen die Grundlagen zu den wichtigsten Körperschaften vermittelt 200
werden. Ausführlichere Darstellungen können Sie bei Bedarf der Literatur zur Vertiefung entnehmen.

2. Rechtsfähiger Verein

So wie die BGB-Gesellschaft den organisatorischen Grundtyp der Personengesell- 201
schaften darstellt, verkörpert der rechtsfähige Verein den organisatorischen *Grundtyp*
der Körperschaften und hier insbesondere der Kapitalgesellschaften (§§ 21 ff. BGB).

▨ Welche Beispiele für (bekannte) Vereine fallen Ihnen ein?
▶ Beispiele: ADAC eV, Deutsches Rotes Kreuz eV sowie Sportvereine.

Der rechtsfähige Verein ist eine juristische Person, deren Entstehung, Handlungs-
fähigkeit und Haftung bei *Wörlen/Metzler-Müller* BGB AT Rn. 85–92 relativ ausführlich dargestellt ist. Lesen Sie bei Interesse die dortigen Ausführungen.

3. Aktiengesellschaft (AG)

Wenn wir den rechtsfähigen Verein soeben als organisatorischen Grundtyp aller Kör- 202
perschaften bzw. Kapitalgesellschaften bezeichnet haben, lässt sich die Aktiengesellschaft als die typische Kapitalgesellschaft schlechthin bezeichnen. (Zum Begriff Kapitalgesellschaft s. nochmals die zweite Abschnittsüberschrift vor den §§ 264 ff. HGB).

Das Recht der Aktiengesellschaften ist primär im ersten Buch des AktG (§§ 1–277
AktG) zu finden.[226]

Für börsennotierte Aktiengesellschaften, § 3 II AktG, hat auch der **Deutsche Corporate Governance Kodex** insbesondere über die sog. Entsprechungserklärung des
§ 161 AktG große praktische Relevanz. Vorstand und Aufsichtsrat müssen jährlich
erklären, ob den Empfehlungen der »Regierungskommission Deutscher Corporate
Governance Kodex« entsprochen wurde oder gegebenenfalls, warum diese nicht angewendet wurden (§ 161 I AktG – lesen!). Die Entsprechenserklärung ist auf der Internetseite der Gesellschaft dauerhaft öffentlich zugänglich zu machen (§ 161 II AktG
– ebenfalls lesen!). Unter www.dcgk.de finden Sie nähere Informationen zu diesem
Kodex.

a) Wesen

Das Wesen der AG beschreibt insbesondere § 1 AktG: Die AG hat nach § 1 I S. 1 203
AktG eine eigene Rechtspersönlichkeit, ist also juristische Person und *rechtsfähig*.
Für die Verbindlichkeiten der AG *haftet* gem. § 1 I S. 2 AktG nur das *Gesellschafts-
vermögen*. Das sog. Grundkapital der AG ist in *Aktien* zerlegt (§ 1 II AktG). Das
Mindestgrundkapital beträgt gem. § 7 AktG 50.000 EUR. Gemäß § 2 AktG kann die
AG von einer oder mehreren Personen gegründet werden. Es existieren börsennotierte
und nicht börsennotierte Aktiengesellschaften (zum Begriff »börsennotiert« s. § 3 II
AktG).

---

226 Das Recht der Aktiengesellschaften war ursprünglich im HGB von 1897 mitgeregelt. Ein eigenes Aktiengesetz gibt es in Deutschland seit 1937.

Für die *Firma* der AG gilt § 4 AktG, der die Bezeichnung »Aktiengesellschaft« oder eine allgemein verständliche Abkürzung dieser Bezeichnung verlangt (zB »AG«).

> **Beispiel:** »Siemens AG«, »N-ERGIE Aktiengesellschaft«

Die AG ist *Formkaufmann* iSv § 6 HGB iVm § 3 I AktG, dh unabhängig vom Gesellschaftszweck gilt sie als Handelsgesellschaft (§ 3 I AktG lesen!).

b) Gründung

204 Für die Gründung einer AG sind nach der Gründungsentscheidung insbesondere folgende Gründungsschritte erforderlich (§§ 23 ff. AktG):[227]

- Feststellung der Satzung (§ 23 AktG),
- Bestellung der Organe (§ 30 AktG),
- Aufbringung des Mindestkapitals (§ 36 II, 36a AktG),
- Gründungsbericht und Gründungsprüfung (§§ 33–35 AktG),
- Anmeldung beim Registergericht (§§ 36 I, 37 AktG),
- Eintragung ins Handelsregister (§§ 38 und 39 AktG).

(1) Zunächst erfolgt die **Feststellung der Satzung** (= Gesellschaftsvertrag). Die Satzung muss gem. § 23 I AktG notariell beurkundet werden. Einzelheiten zur Satzung ergeben sich aus § 23 II–V AktG. Mit der Übernahme aller Aktien durch die Gesellschafter ist die AG errichtet (§ 29 AktG).

(2) Weiter ist gem. § 30 AktG die **Bestellung der Organe** erforderlich, dh des Aufsichtsrats, des Vorstands und des Abschlussprüfers für das erste Geschäftsjahr.

(3) Vor der Anmeldung muss die **Aufbringung des Mindestkapitals** erfolgen. Dabei ist zu differenzieren zwischen Geld- und Sacheinlagen, §§ 36 II, 36a AktG.

(4) Nach § 32 AktG sind die Gründer zur Erstellung eines **Gründungsberichts** verpflichtet, dem sich eine **Gründungsprüfung** anschließt (§§ 33–35 AktG).

(5) Anschließend ist die **Anmeldung** der Gesellschaft beim Registergericht vorzunehmen (§§ 36 I, 37 AktG).

(6) Der letzte Gründungsschritt ist die **Eintragung** der Gesellschaft ins Handelsregister (§§ 38 und 39 AktG). Mit ihrer *konstitutiven* Eintragung ins Handelsregister ist sie entstanden. Für den Rechtszustand vor der Eintragung gilt § 41 I S. 1 AktG. Danach besteht die AG als solche vor der Eintragung nicht.

Es werden verschiedene Phasen bzw. Stadien der Gründung unterschieden:[228]

- Vorgründungsgesellschaft
- Vor-AG
- AG.

---

227 Ausf. zum Gründungsverfahren, den Gründungsphasen und der Haftung iRd Gründung *Bitter/Heim* GesR § 3 Rn. 13 f. sowie § 4 Rn. 24 ff.
228 S. näher *Bitter/Heim* GesR § 3 Rn. 13 f. sowie § 4 Rn. 24 ff.

c) Organe

Als juristische Person nimmt die AG am Rechtsverkehr durch Handlungen ihrer Or- **205**
gane teil.

▪ Welche drei Organe sind bei einer AG vorgeschrieben? (Denken Sie nach!)
▶ Bei der AG gibt es obligatorisch folgende Organe:
  • Vorstand
  • Aufsichtsrat
  • Hauptversammlung.

Diese drei Organe wollen wir uns im Folgenden etwas genauer ansehen.

aa) Vorstand

Das Tätigkeitsfeld und die Kompetenzen des Vorstandes sind primär in den §§ 76–94 **206**
AktG geregelt. Gemäß § 76 I AktG hat der Vorstand die AG unter *eigener Verant-*
wortung zu leiten. Nach § 76 II S. 1 AktG kann er aus einer oder mehreren Personen
bestehen. Ist Letzteres der Fall, besteht grundsätzlich Gesamtgeschäftsführung (§ 77
AktG) und Gesamtvertretung (§ 78 AktG). Der Vorstand vertritt gem. § 78 I AktG
die AG gerichtlich und außergerichtlich.

▪ Können Sie sich vorstellen, welche Aufgaben der Vorstand einer AG weiterhin
  hat?
▶ Der Vorstand hat insbesondere folgende Aufgaben:
  • Ausführung der beschlossenen Maßnahmen (§ 83 II AktG),
  • Berichterstattung an den Aufsichtsrat (§ 90 AktG),
  • Buchführung und Risikoüberwachungssystem (§ 91 AktG),
  • Einberufung Hauptversammlung (§§ 92 I, 121 II AktG),
  • Vorlage des Jahresabschlusses mit Lagebericht an den Aufsichtsrat (§ 170 I AktG),
  • Insolvenzantragspflicht (§ 15a I InsO[229]).

Gemäß § 84 I AktG wird der Vorstand vom Aufsichtsrat für höchstens fünf Jahre bestellt. Aus § 76 III AktG lässt sich mittelbar entnehmen, dass zu Vorständen Aktionäre oder andere Personen (Nichtgesellschafter) bestellt werden können. § 76 III AktG
regelt, wer Vorstandsmitglied sein kann und die Ausschlusstatbestände.

▪ Welcher für Körperschaften geltende Grundsatz bildet den Hintergrund dieser
  Option? (Das sollten Sie noch wissen!)
▶ Hintergrund ist der Grundsatz der *Fremdorganschaft* (falls nicht mehr gewusst:
  lesen Sie → Rn. 199!).

Wenn es mehrere Vorstandsmitglieder gibt, kann gemäß § 84 II AktG ein *Vorstands-*
vorsitzender ernannt werden.

Abberufen wird der Vorstand gem. § 84 III AktG ebenfalls vom Aufsichtsrat, was allerdings nur aus wichtigem Grund möglich ist. Wichtige Gründe sind insbesondere die grobe Pflichtverletzung, Unfähigkeit zur ordnungsgemäßen Geschäftsführung oder der Ver-
trauensentzug (§ 84 III S. 2 AktG – lesen!).

---

229 In diesem Zusammenhang ist aufgrund der **COVID-19-Pandemie** auch das **COVInsAG** zu
     beachten, also das Gesetz zur vorübergehenden Aussetzung der Insolvenzantragspflicht und zur
     Begrenzung der Organhaftung bei einer durch die COVID-19-Pandemie bedingten Insolvenz
     (COVID-19-Insolvenzaussetzungsgesetz).

In § 87 AktG sind die Grundsätze für die Bezüge der Vorstandsmitglieder geregelt (Vorschrift lesen!). Gemäß § 87 I S. 1 AktG ist der Aufsichtsrat zuständig für die Festsetzung der Gesamtbezüge der einzelnen Vorstandsmitglieder. Er hat dafür zu sorgen, dass diese in einem angemessenen Verhältnis zu den Aufgaben und Leistungen des Vorstandsmitglieds sowie zur Lage der Gesellschaft stehen und die übliche Vergütung nicht ohne besondere Gründe übersteigen.

In § 87a AktG finden sich Regelungen zum Vergütungssystem börsennotierter Aktiengesellschaften. § 162 AktG sieht bei börsennotierten Aktiengesellschaften einen Vergütungsbericht vor.

bb) Aufsichtsrat

207 Regelungen über den Aufsichtsrat finden sich primär in den §§ 95–116 AktG.

Der Aufsichtsrat besteht aus mindestens drei und – je nach Höhe des Grundkapitals – maximal 21 Mitgliedern. Die Anzahl muss durch drei teilbar sein, wenn dies zur Erfüllung mitbestimmungsrechtlicher Vorgaben notwendig ist (§ 95 AktG – lesen!).

Für die Zusammensetzung des Aufsichtsrats gelten § 96 AktG sowie gegebenenfalls die Mitbestimmungsgesetze (§§ 1 I Nr. 1, 4 DrittelbG; §§ 1 und 7 MitbestG, §§ 1 und 4 MontanMitbestG).[230]

Die Bestellung und Abberufung der Aufsichtsratsmitglieder ergibt sich aus §§ 101 ff. AktG sowie aus den Mitbestimmungsregelungen. Der Aufsichtsrat hat einen Vorsitzenden und mindestens einen Stellvertreter zu wählen (§ 107 I S. 1 AktG).

◼ Haben Sie eine Vorstellung, welche Aufgaben dem Aufsichtsrat obliegen?
▶ Der Aufsichtsrat hat folgende Aufgaben:
  • Bestellung und Abberufung des Vorstands (§ 84 AktG),
  • Überwachung des Vorstands (§ 111 AktG),
  • Vertretung der AG gegenüber den Vorstandsmitgliedern (§ 112 AktG),
  • Prüfung des Jahresabschlusses (§§ 170 f. AktG).

Persönliche Voraussetzungen und Ausschlussgründe für Aufsichtsratsmitglieder sind den §§ 100 und 105 AktG zu entnehmen. Die Vergütung der Aufsichtsratsmitglieder regelt § 113 AktG.

cc) Hauptversammlung

208 Vorschriften zur Hauptversammlung finden sich schwerpunktmäßig in den §§ 118–149 AktG. Die Hauptversammlung ist die Versammlung der Aktionäre (= Gesellschafter), die dort ihre Rechte wahrnehmen können (§ 118 I AktG).

Ihre wichtigste Aufgabe besteht in der Beschlussfassung. Die Hauptversammlung beschließt insbesondere über die in § 119 AktG genannten Punkte.

---

230 S. dtv-Gesetzessammlung *ArbG* (Beck-Texte im dtv, Nr. 5006), Nr. 86, 87 und 89 sowie (kurz) dazu *Wörlen/Kokemoor* ArbR Rn. 352. Zur **Frauen- bzw. Geschlechterquote** im Aufsichtsrat sowie im Vorstand von **grds. 30%** s. §§ 96 II, III, 111 V AktG. Strengere Vorschriften für den Vorstand vorgesehen sind in §§ 76 IIIa, 111 V AktG-E des Entwurfs für ein **Zweites Führungspositionengesetz** vom 22.1.2021, BR-Drs. 49/21.

Beispiele:
- Bestellung von Aufsichtsratmitgliedern (§ 119 I Nr. 1 AktG),
- Verwendung des Bilanzgewinns (§§ 119 I Nr. 2, 174 AktG),
- Vergütungssystem und Vergütungsbericht bei börsennotierten AG (§ 119 I Nr. 3 AktG),
- Bestellung des Abschlussprüfers (§ 119 I Nr. 5 AktG),
- Satzungsänderungen (§§ 119 I Nr. 6, 179 AktG).

Einzelheiten zum Verfahrensablauf einer Hauptversammlung regeln die §§ 121 ff. AktG. Regelungen zu nichtigen und anfechtbaren Hauptversammlungsbeschlüssen sind in den §§ 241 ff. AktG zu finden.[231]

d) Haftungsfragen

Für Verbindlichkeiten der AG haftet den Gläubigern *nur* das *Gesellschaftsvermögen* (§ 1 I 2 AktG). Eine Haftung einzelner Aktionäre mit ihrem Privatvermögen ist also grundsätzlich ausgeschlossen.   **209**

Vorstandsmitglieder haben gem. § 93 I S. 1 AktG bei ihrer Geschäftsführung die Sorgfalt eines ordentlichen und gewissenhaften Geschäftsleiters anzuwenden. Bei der Verletzung von Sorgfaltspflichten haften Vorstandsmitglieder der Gesellschaft insbesondere gem. § 93 II AktG. Weitere Haftungstatbestände sind insbesondere §§ 93 III, 9a I, 41 I S. 2, 48 AktG. [232]

Aufsichtsratmitglieder haften unter anderem gem. den §§ 116, 93, 48 AktG und § 823 II BGB iVm einem Schutzgesetz.

Die Verschuldenszurechnung im Rahmen von Schadensersatzansprüchen erfolgt auch bei der AG mangels separater Regelung im AktG wie beim rechtsfähigen Verein, also analog § 31 BGB.[233]

e) Auflösung

Die Auflösung richtet sich nach den §§ 262 ff. AktG, dh dort sind die Auflösungsgründe, das Abwicklungsverfahren und die Löschung geregelt. Auflösungsgründe können § 262 AktG entnommen werden. Ist das Abwicklungsverfahren nach diesen Vorschriften beendet, ist die Gesellschaft im Handelsregister zu löschen (§ 273 I S. 2 AktG).   **210**

4. Kommanditgesellschaft auf Aktien (KGaA)

Die KGaA ist keine reine Kapitalgesellschaft, sondern eine *Mischform*, die Elemente der AG mit denen der KG verbindet.[234] Wegen ihrer Einbindung in das Aktiengesetz (Zweites Buch: §§ 278–290 AktG) bietet es sich an, diese Gesellschaftsform im An-   **211**

---

231 Im Zusammenhang mit der Hauptversammlung ist aufgrund der **COVID-19-Pandemie** auch das **COVMG**, also das Gesetz über Maßnahmen im Gesellschafts-, Genossenschafts-, Vereins-, Stiftungs- und Wohnungseigentumsrecht zur Bekämpfung der Auswirkungen der COVID-19-Pandemie, zu beachten.

232 Eine **persönliche Haftung** von Vorstandsmitgliedern kann ferner insbes. gem. §§ 34, 69 AO gegenüber den **Steuerbehörden** relevant werden. Vorstands- wie auch Aufsichtsratmitglieder können ferner aus § 823 II BGB iVm mit einem Schutzgesetz schadensersatzpflichtig werden.

233 S. Palandt/*Ellenberger* § 31 Rn. 3.

234 *Windbichler* GesR § 34 Rn. 1.

schluss an die AG vorzustellen. Sofern sich aus dem Mischformcharakter der KGaA nichts anderes ergibt, gelten die Vorschriften des ersten Buchs des AktG (§§ 1–277 AktG) für die KGaA gem. § 278 III AktG sinngemäß.[235]

Auch die KGaA ist eine rechtsfähige Kapitalgesellschaft. Im Unterschied zur AG haftet jedoch mindestens ein Gesellschafter den Gläubigern persönlich und unbeschränkt (**Komplementär; persönlich haftender Gesellschafter**), während die übrigen Gesellschafter ohne persönliche Haftung an dem in Aktien zerlegten Grundkapital beteiligt sind (**Kommanditaktionäre**) – § 278 I AktG (lesen!).

Für das Rechtsverhältnis der persönlich haftenden Gesellschafter der KGaA gelten gem. § 278 II AktG die Vorschriften für die KG (§§ 161–177a HGB), welche in § 161 II HGB wiederum auf das Recht der OHG verweisen.

Für die *Firma* der KGaA gilt § 279 I AktG, der den Rechtsformzusatz »Kommanditgesellschaft auf Aktien« oder eine allgemein verständliche Abkürzung dieser Bezeichnung verlangt.

> **Beispiele:** »Merck KGaA«, »Henkel AG & Co. KGaA«

5. Gesellschaft mit beschränkter Haftung (GmbH)

212 Die GmbH ist eine Kapitalgesellschaft,[236] die ähnlich wie die Aktiengesellschaft, aber einfacher strukturiert ist. Sie unterliegt weniger Formzwängen als die AG und lässt mehr Spielraum für die Gestaltung der Satzung (s. bei der AG § 23 V AktG).

212a 2008 ist das Gesetz zur Modernisierung des GmbH-Rechts und zur Bekämpfung von Missbräuchen (MoMiG) in Kraft getreten. Damit wurde das GmbH-Gesetz (GmbHG) von 1892 einer grundlegenden Reform unterzogen.[237]

Zur *Modernisierung* des GmbH-Rechts haben vor allem folgende Änderungen beigetragen:

- § 5a GmbHG, der die Gründung einer sog. Unternehmergesellschaft (→ Rn. 224a) mit einem geringeren Stammkapital als bei der regulären GmbH zulässt.
- § 2 Ia GmbHG, welcher ein vereinfachtes Gründungsverfahren vorsieht.

Der Bekämpfung von *Missbräuchen* bei der Vertretungsmacht von »führungslosen« Gesellschaften dienen namentlich der neu eingefügte § 35 I S. 2 GmbHG (→ Rn. 215a) sowie die §§ 15 I S. 2 und 15a III InsO.

a) Wesen

213 Das Wesen der GmbH ergibt sich unter anderem aus § 1 GmbHG. Danach können Gesellschaften mit beschränkter Haftung zu jedem gesetzlich zulässigen Zweck durch eine oder mehrere Personen errichtet werden. Insofern ist hier eine Einpersonengesellschaft möglich.

---

235 Ausführlicher zur KGaA *Grunewald* GesR § 10.
236 **Zum Begriff der Kapitalgesellschaft s. – wie bei der AG – die zweite Abschnittsüberschrift vor den §§ 264 ff. HGB.**
237 Ausf. dazu *Schürnbrand* JA 2009, 81 ff.

Das *Stammkapital* der GmbH muss gem. § 5 I GmbHG mindestens 25.000 EUR betragen. Es besteht auch – wie bereits angedeutet – gem. § 5a GmbHG die Möglichkeit eine Unternehmergesellschaft zu gründen, also eine Variante der GmbH mit einem Stammkapital von unter 25.000 EUR.[238]

Der Vorteil der GmbH gegenüber Personengesellschaften liegt vor allem in der *beschränkten Haftung*, dh die Gesellschafter haften für Verbindlichkeiten der Gesellschaft grundsätzlich nicht mit ihrem persönlichen Vermögen, sondern nur mit ihrer Einlage. Gemäß § 13 II GmbHG haftet für Gesellschaftsverbindlichkeiten den Gläubigern *nur* das Gesellschaftsvermögen.

Die GmbH ist juristische Person und hat gem. § 13 I GmbHG als solche »selbstständig ihre Rechte und Pflichten«. Insofern ist auch bei der GmbH die *Rechtsfähigkeit* zu bejahen (Vorschrift lesen!).

Gemäß § 13 III GmbHG gilt die GmbH unabhängig vom Betreiben eines (Handels)Gewerbes als Handelsgesellschaft und ist insofern *Formkaufmann* iSd § 6 HGB.

b) Gründung

Für die Gründung einer GmbH sind nach der Gründungsentscheidung fünf Gründungsschritte erforderlich:[239]   **214**

(1) Abschluss eines Gesellschaftsvertrages (§§ 2, 3 GmbHG),
(2) Bestellung der Geschäftsführer (§ 6 I, III 2 GmbHG),
(3) Aufbringung des Mindestkapitals (§ 7 II und III GmbHG),
(4) Anmeldung zum Handelsregister (§§ 7 I, 8, 78 GmbHG),
(5) Eintragung ins Handelsregister (§§ 9c–11 GmbHG).

(1) Erster Schritt ist also der Abschluss eines **Gesellschaftsvertrages.** Dieser muss gem. § 2 I GmbHG *notariell beurkundet* werden. Im Einzelnen muss der Gesellschaftsvertrag nach § 3 I GmbHG enthalten (*Mindestinhalt*):

(a) die Firma und den Sitz der Gesellschaft (§§ 4, 4a GmbHG),
(b) den Gegenstand des Unternehmens,
(c) den Betrag des Stammkapitals (§ 5 I GmbHG),
(d) die Zahl und die Nennbeträge der Geschäftsanteile, die jeder Gesellschafter gegen die Einlage auf das Stammkapital (Stammeinlage) übernimmt (§ 5 II, III GmbHG).

Gemäß § 2 Ia GmbHG besteht unter den dort genannten Voraussetzungen die Möglichkeit der Verwendung von sog. *Musterprotokollen.* Diese sind in der Anlage zum GmbHG für Einpersonengesellschaften und Mehrpersonengesellschaften abgedruckt.

Die *Firma* der GmbH muss nach § 4 GmbHG die Bezeichnung »Gesellschaft mit beschränkter Haftung« oder eine allgemein verständliche Abkürzung dieser Bezeichnung (GmbH) enthalten.

░ **Beispiel:** »Robert Bosch GmbH«, »Tchibo GmbH«

---

238 Näher dazu → **Rn. 224a.**
239 Ausf. zum Gründungsverfahren und den Gründungsphasen sowie zur Haftung iRd Gründung *Bitter/Heim* GesR § 4 Rn. 7 ff. und 24 ff.

Wenn die GmbH ausschließlich und unmittelbar steuerbegünstigte Zwecke (§§ 51–68 AO) verfolgt, kann gem. § 4 S. 2 GmbHG die Abkürzung »gGmbH« lauten (»gemeinnützige GmbH«).

> **Beispiel:** »Kliniken der Stadt Köln gGmbH«

(2) Ein weiterer Gründungsschritt ist die **Bestellung der Geschäftsführer** (§ 6 I, III 2 GmbHG).

(3) Vor der Anmeldung muss die **Aufbringung des Mindestkapitals** erfolgen. Dabei ist zu differenzieren zwischen Geldeinlagen (§ 7 II GmbHG) und Sacheinlagen (§ 7 III GmbHG).

(4) Anschließend ist die **Anmeldung** der Gesellschaft beim Registergericht vorzunehmen (§§ 7 I, 8, 78 GmbHG).

(5) Der letzte Gründungsschritt ist die **Eintragung** der Gesellschaft ins Handelsregister (§§ 9c, 10 GmbHG). Mit der *konstitutiven* Eintragung in das Handelsregister ist sie entstanden. Für den Rechtszustand vor der Eintragung gilt § 11 GmbHG. Danach besteht die GmbH als solche vor der Eintragung nicht (§ 11 I GmbHG).

Wie bei der AG (→ Rn. 204) werden verschiedene Phasen bzw. Stadien der Gründung unterschieden:[240]

- Vorgründungsgesellschaft
- Vor-GmbH
- GmbH.

c) Organe

215 Die GmbH hat zwei obligatorische Organe und gegebenenfalls noch weitere Organe.

- ■ Welche Organe hat eine GmbH? (Das könnten Sie wissen!)
- ▶ Bei der GmbH gibt es zwei obligatorische Organe:
  - Geschäftsführer und
  - Gesellschafterversammlung.

  Daneben kann – oder muss im Ausnahmefall (→ Rn. 215e) – die GmbH noch einen *Aufsichtsrat* einrichten.

aa) Geschäftsführer

215a Gemäß § 6 I GmbHG muss die GmbH einen oder mehrere Geschäftsführer als leitendes Organ haben. Gemäß § 6 III S. 1 GmbHG können zu Geschäftsführern Gesellschafter oder andere Personen bestellt werden. Hintergrund ist der erwähnte (→ Rn. 199) Grundsatz der Fremdorganschaft. Die Bestellung der Geschäftsführer erfolgt gem. § 6 III S. 2 GmbHG im Gesellschaftsvertrag oder durch Beschluss der Gesellschafter, § 46 Nr. 5 GmbHG. § 6 II GmbHG regelt, wer Geschäftsführer sein kann, sowie die Ausschlustatbestände.

Grundsätzlich kann gem. §§ 38 I GmbHG die Bestellung jederzeit ohne wichtigen Grund widerrufen werden (Ausnahme: § 38 II GmbHG). Zuständig für die Abberufung ist gem. § 46 Nr. 5 GmbHG die Gesellschafterversammlung.

---

240 S. näher *Bitter/Heim* GesR § 4 Rn. 24 ff.

- Wo sind die Aufgaben des Geschäftsführers im Gesetz geregelt? Schauen Sie in das Inhaltsverzeichnis Ihres GmbHG!
▶ Im Einzelnen sind die Aufgaben und Pflichten der Geschäftsführer vor allem in den §§ 35–44 GmbHG geregelt.

Gemäß § 35 I S. 1 GmbHG wird die GmbH durch die Geschäftsführer gerichtlich und außergerichtlich **vertreten**. Der gesetzliche Regelfall ist die Gesamtvertretungs- befugnis, im Gesellschaftsvertrag kann allerdings anderes, also insbesondere Einzel- vertretungsmacht, bestimmt werden, § 35 II S. 1 GmbHG. Gemäß § 37 II GmbHG kann im Außenverhältnis, also Dritten gegenüber, der Umfang der Vertretungsmacht nicht beschränkt werden.

Nach altem GmbH-Recht gab es keine Regelung für den Fall, dass eine GmbH kei- nen Geschäftsführer hatte (s. § 35 GmbHG aF). Dies wird als *Führungslosigkeit* be- zeichnet. Bei dieser führungslosen Gesellschaft bestand Unsicherheit darüber, wem gegenüber Willenserklärungen abzugeben und wem Schriftstücke (zB eine Klage- schrift) zuzustellen waren.   **215b**

Nun enthält § 35 I S. 2 GmbHG (lesen!) die Legaldefinition des Begriffs Führungslo- sigkeit. § 35 I S. 2 GmbHG stellt klar, dass die Gesellschaft bei Führungslosigkeit durch die Gesellschafter vertreten wird.

Gemäß § 15a InsO ist der Geschäftsführer bei Vorliegen eines Insolvenzgrundes ver- pflichtet, *ohne schuldhaftes Zögern*, spätestens aber innerhalb von drei bzw. sechs Wochen einen **Insolvenzantrag** zu stellen (Vorschrift[241] lesen!).   **215c**

- Welche Insolvenzgründe sind im Rahmen von § 15a InsO relevant? (Schauen Sie in die InsO!)
▶ (1) *Zahlungsunfähigkeit* gem. § 17 InsO und
  (2) *Überschuldung* gem. § 19 InsO.[242]

Wenn der Geschäftsführer den Insolvenzantrag nicht, nicht richtig oder nicht recht- zeitig stellt, macht er sich gegebenenfalls wegen vorsätzlicher Insolvenzverschleppung (§ 15a IV InsO) oder fahrlässiger Insolvenzverschleppung (§ 15a V InsO) strafbar. Bei

---

241 § 15a InsO lautet wie folgt: (Auszug)
»(1) Wird eine juristische Person zahlungsunfähig oder überschuldet, haben die Mitglieder des Vertretungsorgans oder die Abwickler ohne schuldhaftes Zögern einen Eröffnungsantrag zu stellen. Der Antrag ist spätestens drei Wochen nach Eintritt der Zahlungsunfähigkeit und sechs Wochen nach Eintritt der Überschuldung zu stellen. […]
(3) Im Fall der Führungslosigkeit einer Gesellschaft mit beschränkter Haftung ist auch jeder Gesellschafter […] zur Stellung des Antrags verpflichtet […].
(4) Mit Freiheitsstrafe bis zu drei Jahren oder mit Geldstrafe wird bestraft, wer entgegen Absatz 1 Satz 1 und 2, auch in Verbindung mit Satz 3 oder Absatz 2 oder Absatz 3, einen Eröffnungs- antrag
1. nicht oder nicht rechtzeitig stellt oder
2. nicht richtig stellt.
(5) Handelt der Täter in den Fällen des Absatzes 4 fahrlässig, ist die Strafe Freiheitsstrafe bis zu einem Jahr oder Geldstrafe.
[…]«
242 Im Zusammenhang mit der Insolvenzantragspflicht ist in der **COVID-19-Pandemie** auch das **COVInsAG** zu beachten, also das Gesetz zur vorübergehenden Aussetzung der Insolvenzan- tragspflicht und zur Begrenzung der Organhaftung bei einer durch die COVID-19-Pandemie bedingten Insolvenz (COVID-19-Insolvenzaussetzungsgesetz).

»Führungslosigkeit« (§ 35 I S. 2 GmbHG) sind gem. § 15a III InsO die Gesellschafter verpflichtet, den Insolvenzantrag zu stellen.

Weitere Aufgaben des Geschäftsführers sind:

* **Buchführung** (§ 41 GmbHG),
* **Vorlage von Jahresabschluss und Lagebericht** (§ 42a GmbHG),
* **Einberufung der Gesellschafterversammlung** (§§ 49, 5a IV GmbHG).

bb) Gesellschafterversammlung

215d Daneben ist die Gesellschafterversammlung ein zwingendes Organ. Darunter versteht man die Gesamtheit der Gesellschafter. Die Gesellschafterbeschlüsse werden grundsätzlich in Versammlungen gefasst (§ 48 I, II GmbHG). Die Gesellschafterversammlung ist das oberste Organ der GmbH, da deren Beschlüsse für die Geschäftsführer bindend sind (§ 37 I GmbHG).

Die Rechte der Gesellschafter bestimmen sich gem. § 45 GmbHG primär aus dem Gesellschaftsvertrag, subsidiär aus den §§ 46–51 GmbHG. § 46 GmbHG hat den Aufgabenkreis der Gesellschafter zum Inhalt.

> **Beispiele:**
> * Feststellung des Jahresabschlusses und Beschluss über die Ergebnisverwendung (§ 46 Nr. 1 GmbHG),
> * Bestellung und Abberufung sowie Entlastung der Geschäftsführer (§ 46 Nr. 5 GmbHG),
> * Bestellung von Prokuristen und Handlungsbevollmächtigten (§ 46 Nr. 7 GmbHG).

cc) Aufsichtsrat

215e Grundsätzlich handelt es sich beim Aufsichtsrat einer GmbH um ein freiwilliges Organ, welches im Gesellschaftsvertrag vorgesehen werden kann (§ 52 I GmbHG).

Ausnahmsweise ist, abhängig von der Mitarbeiteranzahl aufgrund der gesetzlichen Unternehmensmitbestimmung, die Bestellung eines Aufsichtsrates zwingend (s. MitbestG, MontanMitbestG und DrittelbG).[243] Hintergrund ist die Beteiligung der Arbeitnehmer durch Vertreter im Aufsichtsrat.

Der Aufsichtsrat ist primär für die Überwachung der Geschäftsführung zuständig (§ 52 GmbHG, § 111 AktG entsprechend).

d) Haftungsfragen

216 Gemäß § 13 II GmbHG haftet den Gläubigern für Verbindlichkeiten der GmbH *nur* das *Gesellschaftsvermögen*. Grundsätzlich haften also die *Gesellschafter* einer GmbH nicht unbeschränkt mit ihrem Privatvermögen.[244] Dies ist – wie bereits erwähnt – einer der Vorzüge der GmbH gegenüber Personengesellschaften.

Laut § 43 I GmbHG haben die Geschäftsführer in den Angelegenheiten der Gesellschaft die Sorgfalt eines ordentlichen Geschäftsmannes anzuwenden.

---

243 S. dtv-Gesetzessammlung *ArbG* (Beck-Texte im dtv, Nr. 5006), Nr. 86, 87 und 89, sowie dazu kurz *Wörlen/Kokemoor* ArbR Rn. 352. Zu den Vorgaben für einen **Frauenanteil** im Aufsichtsrat sowie unter den Geschäftsführern s. § 52 II, I GmbHG iVm § 111 V AktG. Strengere Vorschriften sind in § 52 II 3–5 GmbHG-E des Entwurfs für ein **Zweites Führungspositionengesetz** vom 22.1.2021 vorgesehen, BR-Drs. 49/21.

244 Zur Ausnahme der sog. **Durchgriffshaftung** s. zB *Bitter/Heim* GesR § 4 Rn. 2 mwN.

Gemäß § 43 II GmbHG haften Geschäftsführer bei der Verletzung von Pflichten der Gesellschaft (Innenhaftung) solidarisch für den entstandenen Schaden. Weitere Haftungstatbestände sind insbesondere §§ 43 III, 9a I, 11 II GmbHG.[245]

Die Haftung der Gesellschaft für das Handeln ihrer Geschäftsführer ergibt sich gegebenenfalls wiederum aus § 31 BGB analog.[246]

e) Auflösung

Für die Beendigung der GmbH gilt im Wesentlichen dasselbe wie für die AG. Die Auflösungsgründe sind in § 60 I Nr. 1–7 GmbHG geregelt. Im Gegensatz zu den für die AG geltenden Auflösungsvorschriften enthält § 60 GmbHG keine abschließende Regelung der Auflösungsgründe, sondern gem. § 60 II GmbHG können im Gesellschaftsvertrag gesetzlich nicht vorgesehene Auflösungsgründe vereinbart werden.

217

6. Eingetragene Genossenschaft (eG)

Die Genossenschaft ist eine juristische Person und *rechtsfähig*, § 17 I GenG. Sie ist eine Gesellschaft mit offener Mitgliederzahl, deren *Zweck* darauf gerichtet ist, den Erwerb oder die Wirtschaft der Mitglieder oder deren soziale oder kulturelle Belange mittels eines gemeinschaftlichen Geschäftsbetriebs zu fördern (vgl. Legaldefinition § 1 I GenG).

218

Der Begriff der Genossenschaft klingt nicht nur etwas altmodisch, er ist auch sehr alt: Das Genossenschaftsgesetz wurde bereits 1889 verabschiedet. Ihren Ursprung hatten die Genossenschaften im Bereich der Landwirtschaft: Um gegenüber Großgrundbesitzern konkurrenzfähig bleiben zu können, schlossen sich bäuerliche Kleinbetriebe zusammen. Im Vordergrund des Wirkens der Genossenschaft steht nicht die Gewinnerzielung als solche, sondern das Wohl ihrer Mitglieder.[247]

Die Genossenschaft gilt gem. § 17 II GenG als Kaufmann (Formkaufmann) iSd § 6 HGB. Die *Haftung* der Mitglieder (früher: »Genossen«) ist wie bei der AG und GmbH auf die Einlagen beschränkt, dh für die Verbindlichkeiten der Genossenschaft haftet den Gläubigern gem. § 2 GenG *nur* das Genossenschaftsvermögen. Die Genossenschaft entsteht gem. §§ 10 und 13 GenG mit Eintragung in das Genossenschaftsregister.

219

Organe der Genossenschaft sind:

- Vorstand (§§ 24 ff. GenG),
- Aufsichtsrat (§§ 36 ff. GenG) und
- Generalversammlung (§ 43 GenG) bzw. Vertreterversammlung (§ 43a GenG).

▪ Was für Beispiele für (bekannte) Genossenschaften fallen Ihnen ein?

---

245 Weniger von gesellschaftsrechtlicher Bedeutung, aber von großer **praktischer Relevanz** ist insbesondere die **persönliche Haftung** von GmbH-Geschäftsführern gegenüber den **Steuerbehörden** gem. §§ 34, 69 AO sowie die Haftung gegenüber den **Sozialversicherungsträgern** für nicht abgeführte Arbeitnehmeranteile zur Sozialversicherung gem. § 823 II BGB iVm § 266a StGB als Schutzgesetz.

246 S. Palandt/*Ellenberger* § 31 Rn. 3.

247 Ausf. zur Genossenschaft *Saenger* GesR § 13.

▶ Typische Genossenschaften sind zB
  • Kreditgenossenschaften (Volks- und Raiffeisenbanken),
  • Winzergenossenschaften (die ganz besonders um das »Wohl« ihrer Mitglieder bemüht sein werden)
  • Einkaufsgenossenschaften und
  • Wohnungsbaugenossenschaften.

Die *Firma* der eingetragenen Genossenschaft muss gem. § 3 GenG die Bezeichnung »eingetragene Genossenschaft« oder die Abkürzung »eG« enthalten.

Beispiele: »Deutsche Apotheker- und Ärztebank eG«, »Raiffeisenbank München-Nord eG«

V. Besondere Gesellschaftsformen

220 Neben diesen genannten Gesellschaftsformen aus den beiden großen Gruppen der Personengesellschaften und der Körperschaften einschließlich der Kapitalgesellschaften gibt es noch Mischtypen und besondere Gesellschaftsformen, von denen wir uns die Wichtigsten ansehen wollen. Dabei werden wir uns nur mit den Grundlagen beschäftigen, während wir Sie wegen der Details auf die angegebene Literatur zur Vertiefung verweisen müssen.

1. GmbH & Co. KG

221 ■ Können Sie sich vorstellen, welcher der beiden großen Gesellschaftsgruppen die GmbH & Co. KG zuzuordnen ist und worin ihre Besonderheit liegt? (Überlegen Sie!)

▶ Die GmbH & Co. KG ist eine Sonderform der *Kommanditgesellschaft* und damit eine *Personengesellschaft*. Gesellschafter sind eine juristische Person, die GmbH, und ein oder mehrere Kommanditisten. Es sind primär die Vorschriften aus dem Recht der KG anwendbar, für die GmbH gilt das GmbHG.

222 Die juristische Person »GmbH« bildet dabei den **Komplementär** (Komplementär-GmbH), also den persönlich haftenden Gesellschafter. Die persönliche Haftung beschränkt sich auf das Gesellschaftsvermögen der juristischen Person »GmbH« (§§ 161 II, 128 S. 1 HGB, § 13 II GmbHG), sodass das private Vermögen der einzelnen Gesellschafter dieser GmbH für Gesellschaftsschulden nicht mithaftet. Daneben haften die **Kommanditisten**, wie bei jeder anderen KG auch, beschränkt mit ihren Einlagen (§ 171 I, 172 I HGB). Die GmbH & Co. KG ist letztlich eine Personengesellschaft mit beschränkter Haftung.[248]

223 Die Haftungsbeschränkung ist somit ein Vorteil gegenüber der »normalen« KG. Bei einer »normalen« KG sind die Komplementäre natürliche Personen, welche unbeschränkt mit ihrem Privatvermögen haften. Bei der GmbH & Co. KG hingegen haftet keine natürliche Person unbegrenzt mit Ihrem Privatvermögen.

---

248 S. ausf. *Schäfer* GesR §§ 45–51.

2. Versicherungsverein auf Gegenseitigkeit (VVaG)

Rechtsgrundlage für den VVaG ist das »Gesetz über die Beaufsichtigung der Ver- **224**
sicherungsunternehmen«, kurz »Versicherungsaufsichtsgesetz« bzw. VAG genannt.
Die Regelungen zum VVaG finden sich insbesondere in den §§ 171 ff. VAG.

Dabei handelt es sich um eine Vereinigung von Personen, deren Beteiligung im Verein
mit einem Versicherungsverhältnis verbunden ist. Das Versicherungsverhältnis begründet zugleich die Mitgliedschaft in diesem Verein (§ 176 VAG). Der VVaG ist eine
juristische Person, die ein privates Versicherungsunternehmen betreibt und wird dadurch rechtsfähig, dass ihm die Aufsichtsbehörde erlaubt, als VVaG Geschäfte zu
betreiben (§ 171 VAG).

Organe des VVaG sind Vorstand (§ 188 VAG), Aufsichtsrat (§ 189 VAG) und als
»Oberste Vertretung« gegebenenfalls die Mitgliederversammlung (§ 191 VAG). Ge-
mäß §§ 188–191 VAG finden zum Teil Vorschriften des Aktiengesetzes entsprechende
Anwendung.[249]

3. Unternehmergesellschaft (UG)

Wie bereits erwähnt, erlaubt **§ 5a GmbHG** seit 2008 auch die Gründung einer Unter- **224a**
nehmergesellschaft, einer Sonderform der GmbH, die das Mindeststammkapital von
25.000 EUR unterschreitet. Ein Euro pro Geschäftsanteil ist ausreichend (§ 5a I, § 5 II
S. 1 GmbHG).

Grundsätzlich gelten auch für die Unternehmergesellschaft die Vorschriften aus dem
GmbHG.

■ Versuchen Sie anhand des Gesetzestextes herauszufinden, was neben dem Mindeststammkapital die weiteren Unterschiede zur »klassischen« GmbH sind!

▶ Es ergeben sich folgende Unterschiede:

- Zum Schutz des Rechtsverkehrs muss eine solche Gesellschaft gem. § 5a I GmbHG
  in der Firma abweichend von § 4 GmbHG die Bezeichnung »Unternehmergesell-
  schaft (haftungsbeschränkt)« oder »UG (haftungsbeschränkt)« führen.
- Gemäß § 5a II S. 1 GmbHG darf im Unterschied zur »klassischen« GmbH die
  Anmeldung erst erfolgen, wenn das Stammkapital vollständig eingezahlt ist.
- Weitere Besonderheit der Unternehmergesellschaft ist, dass gem. § 5a II S. 2 GmbHG
  Sacheinlagen ausgeschlossen, dh nur Bareinlagen zulässig sind.
- Zudem muss bei der Unternehmergesellschaft im Unterschied zur GmbH aus dem
  Jahresüberschuss eine gesetzliche Rücklage gebildet werden (§ 5a III GmbHG).
- Schließlich ist die Gesellschafterversammlung in Abweichung von § 49 III GmbHG
  gem. § 5a IV GmbHG bei drohender Zahlungsunfähigkeit unverzüglich einzube-
  rufen.

---

249 Ausführlicher zum VVaG *Grunewald* GesR § 15.

4. Europäische Aktiengesellschaft (SE)

224b Im **Gebiet der EU** kann aufgrund der EG-Verordnung Nr. 2157/2001 vom 8.10.2001 über das Statut der Europäischen Gesellschaft (SE-VO)[250] eine Europäische Aktiengesellschaft gegründet werden. Diese Gesellschaft wird auch als *Societas Europaea* und abgekürzt als SE bezeichnet.

Die Regelungen zur SE finden sich primär in der SE-VO. Da die SE eine europäische Gesellschaftsform darstellt, ist die sog. **Mehrstaatlichkeit** Voraussetzung. Wie sich Art. 2 SE-VO entnehmen lässt, müssen die Gründungsgesellschaften mindestens zwei verschiedenen Mitgliedstaaten der Europäischen Union entstammen.[251]

▨ Kennen Sie zufällig bekannte Unternehmen, welche die SE als Rechtsform gewählt haben?

▶ Dies sind zum Beispiel die »Allianz SE« und die »PUMA SE«.

Die SE ist wie die deutsche AG eine Kapitalgesellschaft mit eigener Rechtspersönlichkeit und auch im Übrigen der deutschen AG recht ähnlich (Art. 1 und 3 I SE-VO). Die Haftung erfolgt grundsätzlich nur mit dem Gesellschaftsvermögen. Jeder Aktionär haftet nur bis zur Höhe des von ihm gezeichneten Kapitals (Art. 1 II 2 SE-VO).

Ihr Mindestkapital beträgt 120.000 EUR (Art. 4 II SE-VO). Das Kapital ist in Aktien zerlegt (Art. 1 II 1 SE-VO).

Die **Gründungsmöglichkeiten** einer SE sind in Art. 2 SE-VO geregelt:

* Verschmelzung,
* Gründung einer Holding-SE oder Tochter-SE,
* Umwandlung.

Hinsichtlich des **Aufbaus** sehen die Art. 38–60 SE-VO zwei Möglichkeiten vor: das sog. dualistische und das monistische System (Art. 38 SE-VO).

Dualistisches System:
Die SE verfügt über eine Hauptversammlung sowie ein Aufsichtsorgan und ein Leitungsorgan.

Monistisches System:
Die SE verfügt über eine Hauptversammlung und ein Verwaltungsorgan.

Prägen Sie sich die dargestellten besonderen Unternehmensformen mit Hilfe der folgenden Übersicht (27) ein und verschaffen Sie sich dann nochmals einen Überblick über die wichtigsten Gesellschaften auf Übersicht 28.

Literatur zur Vertiefung (→ Rn. 199–224b): *Bitter/Heim* GesR §§ 3–4; *Bornemann*, Der unberufene Geschäftsführer – Fortgeschrittenenklausur – Zivilrecht, JuS 2016, 244; *Braun*, Die europäische Aktiengesellschaft nach »Inspire Art« bereits ein Auslaufmodell?, JURA 2005, 150; *v. Bressensdorf*, Das Sacheinlageverbot bei der Unternehmergesellschaft (haftungsbeschränkt), JURA 2016, 777; *Eisenhardt/Wackerbarth* GesR I §§ 29 ff.; *Frenz*, Supranationale Gesellschaftsformen, JURA 2012, 120; *Grunewald* GesR §§ 10–14, 16; *Haag/Erdl* Fälle HandelsR/GesR Fälle 14 und 15; *Hangebrauck*, Die Reform des GmbH-Rechts, JA 2008, 125; *Hennrichs/Klavina*, Die Unternehmergesellschaft (haftungsbeschränkt), JA 2012,

---

250 ABl. 2001 L 294, 1.
251 Ausf. zum Ganzen *Windbichler* GesR §§ 35 f.

169; *Klein-Blenkers* Rechtsformen Teil D; *Kraft*, Examensklausur zur Societas Europaea (SE) (Wirtschaftsrecht), JURA 2020, 1223; *Lange*, Grundzüge des Rechts der GmbH, JURA 2016, 117; *Lange*, Sonderformen der KG, JURA 2016, 225; *Lange*, Grundzüge des Rechts der Aktiengesellschaft, JURA 2016, 333; *Lettl* Fälle GesR Fälle 1, 2, 5, 6, 8–13; *Neuefeind*, Der privatrechtliche Verein: Begriff und Status – ein Überblick (Teil I und II), JA 2019, 337, 415; *Piper*, Die Haftung für Organe nach § 31 BGB, JuS 2011, 490; *Saenger* GesR §§ 10, 13–17, 19; *K. Schmidt* GesR § 42; *Schäfer* GesR §§ 45–51; *Schürnbrand*, Die große GmbH-Reform 2008: Gesetz zur Modernisierung des GmbH-Rechts und zur Begrenzung von Missbräuchen (MoMiG), JA 2009, 81; *Seel*, Rechtsstellung des GmbH-Geschäftsführers – Worauf ist zu achten?, JA 2009, 451; *Stöber,* Die Aktienrechtsreform 2016, DStR 2016, 611; *Weller/Grifo*, Die »Zivilrecht auf Sardinien GmbH i.G.« – Examensvorbereitung auf italienisch (Examensklausur), JURA 2020, 502; *Windbichler* GesR §§ 20 ff.

Übersicht 27

Besondere Gesellschaftsformen	225

GmbH & Co. KG
Sonderform der KG, also *Personengesellschaft*, deren Gesellschafter: - eine juristische Person (GmbH = Komplementär) und   - eine oder mehrere beschränkt haftende Personen (Kommanditisten) sind.   GmbH haftet voll mit ihrem ganzen Gesellschaftsvermögen;   Kommanditisten haften beschränkt mit ihrer Einlage   = Personengesellschaft mit beschränkter Haftung   = Vorteil gegenüber normaler KG   (Komplementäre haften dort unbeschränkt mit dem Privatvermögen).

Versicherungsverein auf Gegenseitigkeit (VVaG)
Gesetzliche Regelung: »Gesetz über die Beaufsichtigung der Versicherungsunternehmen« (Versicherungsaufsichtsgesetz – VAG)   VVaG ist Vereinigung von Personen, deren Beteiligung im Verein mit Versicherungsverhältnis verbunden ist   = juristische Person, die privates Versicherungsunternehmen betreibt.   Mitglieder sind am Gewinn und Verlust beteiligt.   Gemäß §§ 188–191 VAG finden zT Vorschriften des AktG auf den VVaG entsprechende Anwendung.

Unternehmergesellschaft (UG)
Sonderform der klassischen GmbH mit geringerem Mindestkapital als 25.000 EUR (§ 5a GmbHG)

Europäische Aktiengesellschaft (SE)
= Societas Europaea (SE), ähnliche Struktur wie deutsche AG, Mindestkapital 120.000 EUR (s. insbesondere SE-VO).

226 Übersicht 28

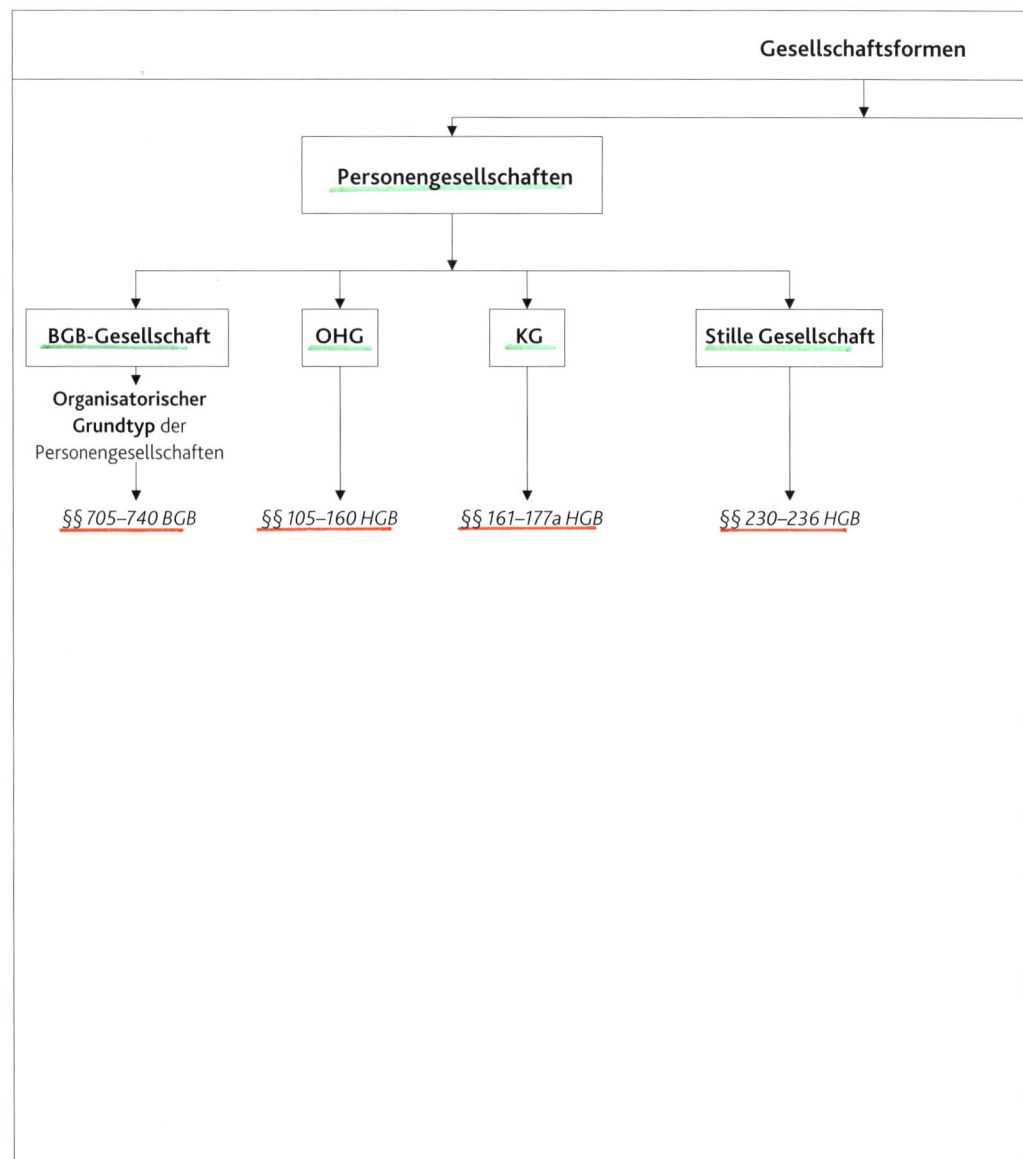

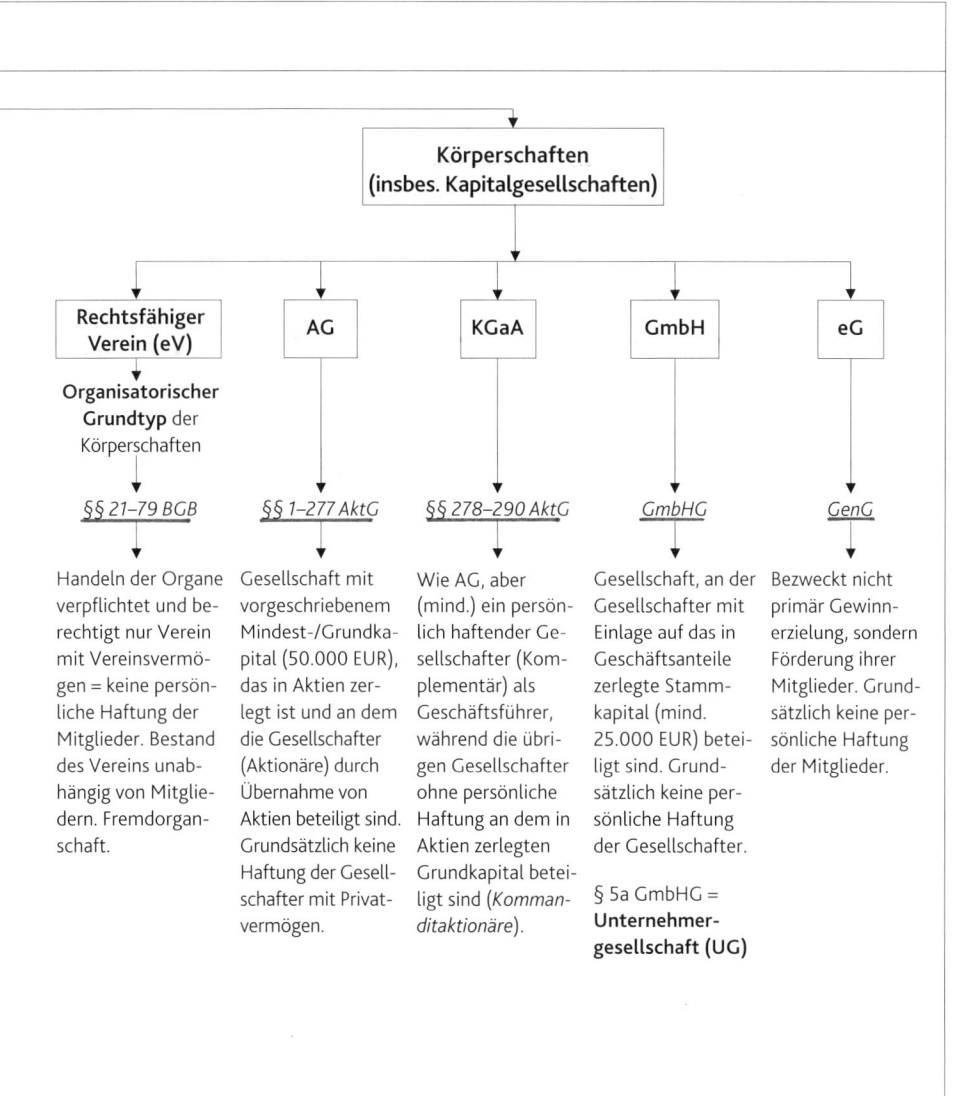

Körperschaften
(insbes. Kapitalgesellschaften)

Rechtsfähiger Verein (eV)	AG	KGaA	GmbH	eG
Organisatorischer **Grundtyp** der Körperschaften				
§§ 21–79 BGB	§§ 1–277 AktG	§§ 278–290 AktG	GmbHG	GenG
Handeln der Organe verpflichtet und berechtigt nur Verein mit Vereinsvermögen = keine persönliche Haftung der Mitglieder. Bestand des Vereins unabhängig von Mitgliedern. Fremdorganschaft.	Gesellschaft mit vorgeschriebenem Mindest-/Grundkapital (50.000 EUR), das in Aktien zerlegt ist und an dem die Gesellschafter (Aktionäre) durch Übernahme von Aktien beteiligt sind. Grundsätzlich keine Haftung der Gesellschafter mit Privatvermögen.	Wie AG, aber (mind.) ein persönlich haftender Gesellschafter (Komplementär) als Geschäftsführer, während die übrigen Gesellschafter ohne persönliche Haftung an dem in Aktien zerlegten Grundkapital beteiligt sind (*Komman-ditaktion*äre).	Gesellschaft, an der Gesellschafter mit Einlage auf das in Geschäftsanteile zerlegte Stammkapital (mind. 25.000 EUR) beteiligt sind. Grundsätzlich keine persönliche Haftung der Gesellschafter. § 5a GmbHG = **Unternehmergesellschaft (UG)**	Bezweckt nicht primär Gewinnerzielung, sondern Förderung ihrer Mitglieder. Grundsätzlich keine persönliche Haftung der Mitglieder.

7. Kapitel. Grundzüge der handelsrechtlichen Rechnungslegung

Wenn Sie nun wieder einmal das Inhaltsverzeichnis Ihres Gesetzestextes aufschlagen, werden Sie feststellen, dass wir bisher nur das 1. und 2. Buch des HGB sowie einige Paragrafen des 4. Buchs behandelt haben. Das 3. Buch (§§ 238–342e) ist mit der Überschrift »Handelsbücher« versehen. Es befasst sich unter anderem mit der Buchführungs-, Inventarisierungs- und der Bilanzierungspflicht von Kaufleuten. Die Vorschriften enthalten, wie man angesichts der Überschrift zum Dritten Buch annehmen könnte, aber nicht nur Regelungen für die Handelsbücher im engeren Sinn, sondern betreffen die handelsrechtliche Rechnungslegung und das gesamte kaufmännische Rechnungswesen.[252] **227**

I. Bedeutung und rechtliche Grundlagen

■ Warum gibt es wohl gesetzliche Vorgaben zur Rechnungslegung? Überlegen Sie! **228**

▶ Die Vorschriften des Dritten Buchs dienen einerseits der Selbstinformation des Kaufmanns. Andererseits sollen sie die Interessen der Allgemeinheit und seiner Gläubiger schützen.[253]

Durch die Offenlegung der Bücher wird ermöglicht, dass man sich einen Überblick über die Zahlungsfähigkeit und Bonität eines kaufmännischen Unternehmens machen kann. Dies ist namentlich bei Kapitalgesellschaften von Bedeutung, für deren Verbindlichkeiten bekanntlich kein Gesellschafter persönlich haftet, sondern das »anonyme« Gesellschaftsvermögen.

Das Dritte Buch des HGB ist nach der übersichtlichen sog. »Klammer-Methode«, die wir schon vom (gesamten) BGB und Buch 2 des BGB kennen,[254] aufgebaut. **229**

---

252 Für Wirtschaftsjuristinnen und -juristen gehört dieses für die Unternehmenspraxis sehr bedeutsame Gebiet zum Pflichtstoff. Allgemeine Grundkenntnisse sollten sich aber auch Juristinnen und Juristen verschaffen, für die dies kein Pflichtfach ist – viele Urteile und Rechtsprobleme mit ganz anderen Themenschwerpunkten – und selbst Wirtschaftsmeldungen in den Nachrichten – sind ohne die hier angesprochenen Grundbegriffe kaum zu verstehen.
253 *Brox/Henssler* HandelsR Rn. 163a; *Lettl* HandelsR § 8 Rn. 11.
254 *Wörlen/Metzler-Müller* BGB AT Rn. 62 ff.

Übersicht 29

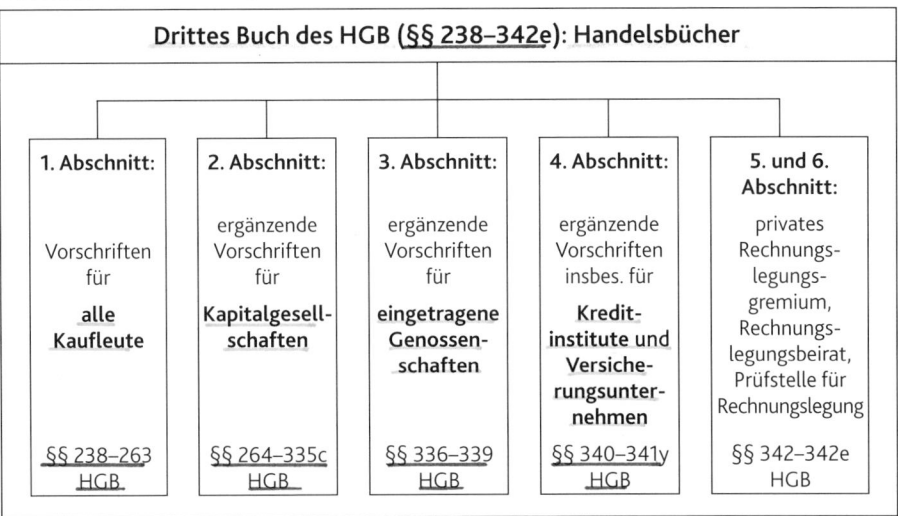

So finden sich zunächst im ersten Abschnitt, sozusagen im »Allgemeinen Teil« dieses Buchs, Vorschriften (§§ 238–263 HGB), die für »*alle* Kaufleute« gelten. Der zweite Abschnitt enthält Vorschriften für Kapitalgesellschaften (§§ 264–289 HGB) und Konzerne (§§ 290–335c HGB), während der dritte Abschnitt ergänzende Sonderregelungen (§§ 336–339 HGB) für eingetragene Genossenschaften enthält. Im vierten Abschnitt folgen schließlich ergänzende Vorschriften für Unternehmen bestimmter Geschäftszweige (§§ 340–341y HGB), insbes. für Kreditinstitute und Versicherungsunternehmen. Der fünfte Abschnitt enthält Regelungen über das private Rechnungslegungsgremium (§ 342 HGB) sowie den Rechnungslegungsbeirat (§ 342a HGB) und der sechste Abschnitt regelt die Aufgaben der »Prüfstelle für Rechnungslegung« (§ 342b–342e HGB).

II. Buchführungspflicht

1. Inhalt

230 Die Buchführungspflicht ergibt sich unmittelbar aus § 238 I S. 1 HGB (lesen Sie § 238 I ganz!). Nur kleinere Einzelkaufleute dürfen wählen, ob sie handelsrechtliche Bücher oder einfachere Aufzeichnungen führen, § 241a HGB (neben § 238 I S. 1 HGB notieren!). Gegenstand der Buchführungspflicht sind Handelsbücher im engeren Sinn, womit die fortlaufenden Aufzeichnungen der Handelsgeschäfte des Kaufmanns und seiner Vermögenslage gemeint sind. Zu diesen Handelsbüchern gehören insbesondere das *Grund*buch[255] (Journal) und *Neben*bücher, wie zB Einkaufs- und Verkaufsbuch. Von den Handelsbüchern im weiteren Sinn werden, wie oben angedeutet, das gesamte kaufmännische Rechnungswesen einschließlich der Inventare, der Bilanzen, der Unterlagen über die Geschäftskorrespondenz sowie Buchungsbelege (vgl. § 257 I HGB) umfasst. Wenn § 238 I HGB die Buchführungspflicht auf die »Handelsgeschäfte« des

---

255 Nicht zu verwechseln mit dem Grundbuch iSd Grundbuchordnung und des Sachenrechts des BGB (dazu *Wörlen/Kokemoor* SachenR Rn. 196 ff.).

Kaufmanns bezieht, so sind damit nicht nur einzelne Geschäftsabschlüsse, sondern *alle* Geschäftsvorfälle angesprochen.[256]

Die Buchführungspflicht ist gem. § 238 I S. 1 HGB die Pflicht zur *ordnungsmäßigen* **231** Buchführung!

▨ Was unter dem – subjektiv sicherlich vieldeutigen – Begriff der »*Grundsätze ordnungsmäßiger Buchführung*« (»GoB«) objektiv und nach der Absicht des Gesetzgebers zu verstehen ist, sollten Sie selbst beantworten können, wenn Sie dieses Kapitel bisher aufmerksam gelesen bzw. »studiert« haben! Denken Sie nach, bevor Sie weiterlesen!

▶ Sie wurden »einige Zeilen zuvor« aufgefordert, § 238 I HGB »ganz« zu lesen! Lesen Sie nun nochmals Abs. 1 S. 2: Danach muss also die ordnungsmäßige Buchführung »so beschaffen sein, daß sie einem sachverständigen Dritten innerhalb angemessener Zeit einen Überblick über die Geschäftsvorfälle und über die Lage des Unternehmens vermitteln kann.«

Diese Konkretisierung der Generalklausel des § 238 I S. 1 HGB wird in § 238 I S. 3 durch die Bestimmung verstärkt, dass die Geschäftsvorfälle sich in ihrer Entstehung und Abwicklung verfolgen lassen müssen. Das bedeutet, dass alle Zu- und Abgänge an Geld, Waren und sonstigen Vermögensgegenständen (zB Wertpapiere, Grundstücke) in einer bestimmten, planmäßigen Ordnung aufgezeichnet werden müssen.

Die wichtigsten GoB, die insbesondere bei der Aufstellung des *Jahresabschlusses* beachtet werden müssen (§ 243 I), sind gesetzlich normiert (s. Übersicht 30 → Rn. 238). Es gibt aber auch ungeschriebene Grundsätze (Gewohnheitsrecht und Handelsbräuche[257]), die gleichermaßen verbindlich sind.[258]

2. Arten der Buchführung

Auf welche Art und Weise die Buchführung vorzunehmen ist, ist im Gesetz nicht explizit vorgeschrieben. Man unterscheidet zwischen einfacher und doppelter Buchführung. **232**

a) Einfache Buchführung

Bei der einfachen Buchführung gibt es ein Kassabuch (Grundbuch), in dem Ein- und **233** Ausgänge von Geld erfasst werden und Personenkonten, dh für jeden Abnehmer oder Lieferanten besteht ein Konto. Während bei Lieferantenkonten die Warenlieferungen des Lieferanten im Haben und die Bezahlung im Soll verbucht wird, werden bei Kundenkonten der Warenabnehmer links die Warenlieferungen und rechts die Zahlungseingänge »gut geschrieben«.[259]

---

256 S. zum Ganzen *Brox/Henssler* HandelsR Rn. 165a ff.
257 Zum Handelsbrauch → **Rn. 249 ff.**
258 Vgl. *Brox/Henssler* HandelsR Rn. 186.
259 S. *Lettl* HandelsR § 8 Rn. 16.

Beispiel (Abbildung 3):[260]

Einfache Buchführung				
Konto: Karla Knete (Abnehmerin)				
Soll	EUR	Haben		EUR
12.1.2021 Warenlieferung gem. Rechnung Nr. 0007/21	2.000			
		30.1.2021 Banküberweisung für Rechnung Nr. 0007/21		2.000

b) Doppelte Buchführung

234   Die einfache Buchführung kann gestiegenen und permanent steigenden Anforderungen des kaufmännischen Geschäftsverkehrs nicht genügen und ist nur für Kleinbetriebe (des Einzelhandels) oder für Handwerksbetriebe geeignet.

Handelsrechtliche Bedeutung hat daher weit überwiegend die doppelte Buchführung. Dabei wird jeder Geschäftsgang mindestens auf zwei verschiedenen Konten (doppelt) sowohl im Soll als auch im Haben verbucht. Ihren Sinn erhält die doppelte Buchführung aus der Bilanz.[261]

■ Den Begriff haben Sie mit Sicherheit schon einmal gehört. Aber was ist eine »Bilanz«? (Lesen Sie §§ 242 I, 247 I HGB und denken Sie nach!)

▶ Eine Bilanz ist eine auf einen bestimmten Zeitpunkt (Bilanzstichtag) bezogene Gegenüberstellung des Vermögens (Aktiva) und der Schulden (Fremdkapital; Teil der Passiva) eines Unternehmens (s. § 242 I S. 1 HGB), wobei die sich ebenfalls auf der Passivseite ergebende Differenz (der Saldo) das Eigenkapital des Unternehmens ausmacht (vgl. §§ 247 I, 266 HGB). Die Aktiva müssen den Passiva betragsmäßig entsprechen (Vermögenswerte – Schulden + Eigenkapital), sie müssen »ausbalanciert« sein (sprachliche Herkunft: »bi-lanx«[262] = »zwei Waagschalen habend«[263]).[264]

Ergeben sich zum Bilanzstichtag Veränderungen bei den Vermögensgegenständen oder Schulden gegenüber der letzten Bilanz, führt dies im Ergebnis zu einer Veränderung beim Eigenkapital, die als Jahresüberschuss oder Jahresfehlbetrag bzw. (unter Berücksichtigung der Gewinnverwendung, vgl. § 268 I HGB) als Bilanzgewinn oder Bilanzverlust bezeichnet und ausgewiesen wird. Während die Bilanz *stichtagsbezogen* erstellt wird, gibt die *Gewinn- und Verlustrechnung* (§ 242 II HGB; »GuV«) *zeitraumbezogen* an, aus welchen Aufwendungen und Erträgen das Jahresergebnis (Gewinn oder Verlust) im Lauf des letzten Geschäftsjahres entstanden ist. Die GuV soll es ermöglichen, die Ursachen für Erfolg oder Misserfolg auszumachen.[265]

---

260   Ähnlich *Hübner*, Handelsrecht, 5. Aufl. 2004, Rn. 62; weitere Beispiele zB bei *Jung* HandelsR Kap. 8 Rn. 10; *Lettl* HandelsR § 8 Rn. 16.

261   Vgl. *Jung* HandelsR Kap. 8 Rn. 11.

262   Lat.

263   Vgl. *Duden*, »Bilanz« (= frz. *balance*; it. *bilancia*).

264   *Brox/Henssler* HandelsR Rn. 181.

265   *Lettl* HandelsR § 8 Rn. 46.

Einzelheiten zur Gliederung der Bilanz einer Kapitalgesellschaft (AG, GmbH, **235** KGaA) regelt § 266 HGB, den Sie nur bei Interesse lesen müssen. Vereinfachend lässt sich sagen, dass die *Aktivseite* einer Bilanz die *Verwendung* der Mittel bezeichnet, wobei nach der Länge der Bindung zwischen Anlage- und Umlaufvermögen unterschieden wird. Die *Passivseite* nennt demgegenüber die *Herkunft* der Mittel und gliedert sich grob in das Eigenkapital und das Fremdkapital (= Verbindlichkeiten = Schulden).[266]

Aus § 266 HGB ergibt sich folgendes Grundschema:[267]

Abbildung 4

Bilanzaufbau (Grundschema)	
Aktiva	Passiva
A. Anlagevermögen I. Immaterielle Vermögensgegenstände (Rechte und Werte) II. Sachanlagen (Grundstücke, Maschinen) III. Finanzanlagen (Beteiligungen) B. Umlaufvermögen I. Vorräte II. Forderungen und sonstige Vermögensgegenstände III. Wertpapiere IV. Flüssige Mittel (Kasse, Bankguthaben) C. ...	A. Eigenkapital I. Gezeichnetes Kapital II. Kapitalrücklage III. Gewinnrücklage IV. Jahresüberschuss/Jahresfehlbetrag* B. ... C. Fremdkapital (Verbindlichkeiten) D. ...
* alternativ: Bilanzgewinn/Bilanzverlust (§ 268 I HGB)	

c) Führung der Handelsbücher

Hier ist § 239 HGB einschlägig, der unter anderem verlangt, dass bei der Buchführung eine lebende Sprache verwendet wird und die Eintragungen vollständig, richtig, zeitgerecht und geordnet vorgenommen werden. Lesen Sie § 239 HGB hierzu einmal ganz durch! **236**

III. Inventarisierungspflicht

Gemäß § 240 HGB wird die Buchführungspflicht durch die Pflicht zur Inventarerrichtung ergänzt. Inventar im handelsrechtlichen Sinn ist ein genaues Verzeichnis aller Vermögensgegenstände (Aktiva) und Schulden (Teil der Passiva) eines Kaufmanns und bildet die Grundlage für Eröffnungsbilanz und Jahresabschluss (lesen Sie dazu § 240 I, II HGB genau!). Das Inventar ist zu Beginn des Handelsgewerbes und zum Schluss eines jeden Geschäftsjahres aufzustellen (*Inventur*) und erfolgt grundsätzlich durch *körperliche Bestandsaufnahme* (vgl. § 240 III S. 2 HGB).[268] Vereinfachte Inven- **237**

---

266 S. dazu *Lettl* HandelsR § 8 Rn. 20 ff. und 29 ff.
267 Ausführlichere Beispiele bei *Brox/Henssler* HandelsR Rn. 182; *Jung* HandelsR Kap. 8 Rn. 15.
268 Dazu *Jung* HandelsR Kap. 8 Rn. 12.

turverfahren gestattet das Gesetz in § 240 III, IV und § 241 HGB; kleinere Einzelkaufleute dürfen gem. § 241a HGB ganz von einer Inventarerstellung absehen (die zuletzt genannten Vorschriften müssen Sie nicht unbedingt lesen).

IV. Weitere Pflichten

1. Erstellung des Jahresabschlusses

238 Aus § 242 I HGB ergibt sich für den Kaufmann die Pflicht, eine *Eröffnungsbilanz* und einen *Jahresabschluss* zu erstellen. Dieser besteht nach § 242 III HGB aus der *Bilanz* und der *Gewinn- und Verlustrechnung* (§ 242 ganz durchlesen!). Nur kleinere Einzelkaufleute dürfen wählen, ob sie einen Jahresabschluss erstellen oder ob sie es bei einer einfachen *Einnahme-Überschuss-Rechnung* (= Methode zur Gewinnermittlung durch einfache Buchführung, bei der Einnahmen und Ausgaben einander gegenüber gestellt werden) bewenden lassen, § 242 IV HGB (neben § 241a HGB notieren!).

Im Einzelnen sind die Grundsätze für die Aufstellung des Jahresabschlusses allgemein in den §§ 243–245 HGB und im Besonderen in den §§ 246–256a HGB geregelt. Einen Überblick über die wichtigsten hier zu beachtenden *Grundsätze ordnungsmäßiger Buchführung* (→ Rn. 231) gibt Übersicht 30:

Übersicht 30

Grundsätze ordnungsmäßiger Buchführung[269]
(1) Grundsatz der **Klarheit:** Der Jahresabschluss muss klar und übersichtlich sein (§ 243 II HGB).
(2) Grundsatz der **Vollständigkeit:** Nach § 246 I HGB sind sämtliche Vermögensgegenstände und Schulden sowie Aufwendungen und Erträge zu erfassen.
(3) Grundsatz der **Wahrheit:** Der Jahresabschluss ist nur dann vollständig, wenn er auch richtig ist (§ 246 I HGB).
(4) Grundsatz der **Kontinuität:** Die Wertansätze der Bilanz müssen mit denen der vorhergehenden übereinstimmen (vgl. § 252 I Nr. 1 HGB), wobei auch die Bewertungsmethoden grundsätzlich beizubehalten sind (§ 246 III; vgl. § 252 I Nr. 6 HGB).
(5) **Vorsichtsprinzip:** § 252 I Nr. 4 HGB – danach sind insbesondere Risiken und Verluste schon bei ihrem Bekanntwerden (also sehr früh), Gewinne hingegen erst bei ihrer Realisierung (also relativ spät) zu berücksichtigen.

Kapitalgesellschaften (AG, GmbH, KGaA → Rn. 144, 199 ff.) müssen den Jahresabschluss um einen *Anhang* sowie einen *Lagebericht* erweitern (§ 264 I S. 1 HGB). Während sich für Klein- und Kleinstkapitalgesellschaften (§§ 267a I, 267 I HGB) sowie für mittelgroße Kapitalgesellschaften (§ 267 II HGB) verschiedene größenabhängige Erleichterungen ergeben,[270] gelten für bestimmte andere Unternehmen – wie zB kapitalmarktorientierte, insbesondere börsennotierte Kapitalgesellschaften iSv § 264d HGB und große Unternehmen von öffentlichem Interesse iSv § 289b I HGB – zusätzliche, dh strengere Regeln. Einen Überblick über die Größenklassen vermittelt Übersicht 31.[271]

---

269 S. *Brox/Henssler* HandelsR Rn. 187.
270 Größenabhängige Erleichterungen finden sich insbesondere in den §§ 274a, 276, 288 I, II HGB, s. dazu zB Baumbach/Hopt/*Merkt* § 267 Rn. 3 und 6.
271 S. dazu sowie zu weiteren Details der Änderungen durch das **BilRUG** v. 17.7.2015 (BGBl. 2015 I 1245) *Zwirner* DStR 2015, 375.

Übersicht 31

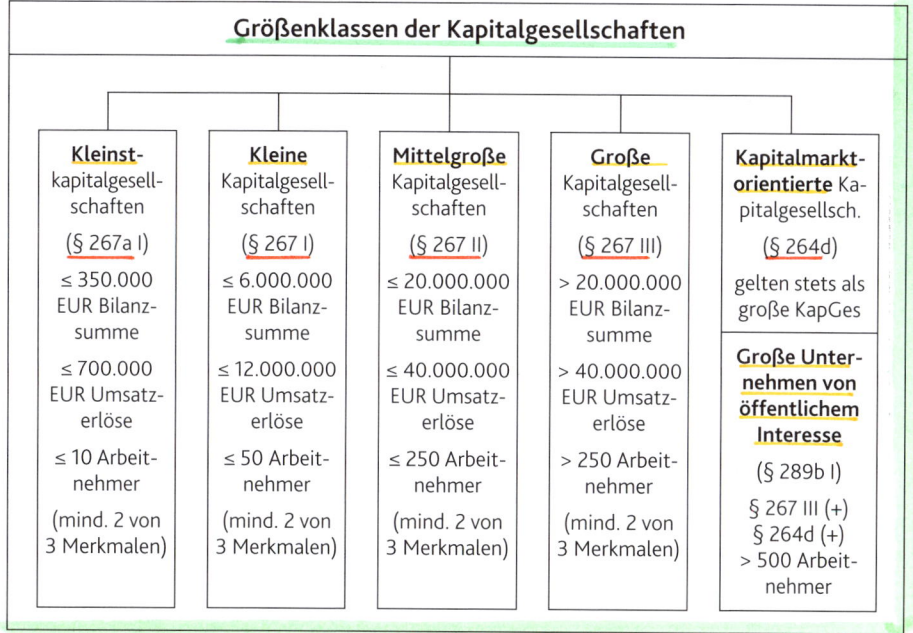

Größenklassen der Kapitalgesellschaften				
Kleinst-kapitalgesellschaften (§ 267a I) ≤ 350.000 EUR Bilanzsumme ≤ 700.000 EUR Umsatzerlöse ≤ 10 Arbeitnehmer (mind. 2 von 3 Merkmalen)	**Kleine** Kapitalgesellschaften (§ 267 I) ≤ 6.000.000 EUR Bilanzsumme ≤ 12.000.000 EUR Umsatzerlöse ≤ 50 Arbeitnehmer (mind. 2 von 3 Merkmalen)	**Mittelgroße** Kapitalgesellschaften (§ 267 II) ≤ 20.000.000 EUR Bilanzsumme ≤ 40.000.000 EUR Umsatzerlöse ≤ 250 Arbeitnehmer (mind. 2 von 3 Merkmalen)	**Große** Kapitalgesellschaften (§ 267 III) > 20.000.000 EUR Bilanzsumme > 40.000.000 EUR Umsatzerlöse > 250 Arbeitnehmer (mind. 2 von 3 Merkmalen)	**Kapitalmarktorientierte** Kapitalgesellsch. (§ 264d) gelten stets als große KapGes **Große Unternehmen von öffentlichem Interesse** (§ 289b I) § 267 III (+) § 264d (+) > 500 Arbeitnehmer

Hinweis: CSR-Berichtspflicht /Nachhaltigkeitsberichterstattung   238a

Nach der Corporate Social Responsibility-Richtlinie der EU (CSR-Richtlinie),[272] die in Deutschland in den §§ 289b ff. HGB umgesetzt wurde, sind große Unternehmen von öffentlichem Interesse mit mehr als 500 Mitarbeitern seit 2017 grundsätzlich verpflichtet, in eine Lagebericht eine »nichtfinanzielle Erklärung« aufzunehmen, die die Auswirkungen der Unternehmenstätigkeit auf Umwelt-, Sozial- und Arbeitnehmerbelange beschreibt und auf die Achtung der Menschenrechte und auf die Bekämpfung von Korruption und Bestechung eingehen muss (lesen Sie § 289b I, IV und überfliegen Sie § 289c HGB!). Verfolgt das Unternehmen in Bezug auf einen dieser Belange kein Konzept, muss es begründen, warum dies der Fall ist (§ 289c IV HGB; sog. »comply-or-explain«-Ansatz[273]).

Hinweis: Internationale Rechnungslegungsstandards   238b

Durch das »Bilanzrechtsreformgesetz« (BilReG) v. 9.12.2004 (BGBl. 2004 I 3166 ff.) sowie das »Bilanzrechtsmodernisierungsgesetz« (BilMoG) v. 26.5.2009 (BGBl. 2009 I 1102 ff.) hat das Bilanzrecht des HGB grundlegende Reformen erfahren. Es wurde insgesamt modernisiert und an die internationalen Rechnungslegungsstandards angenähert. Zu diesen internationalen Rechnungslegungsstandards zählen insbesondere die International Financial Reporting Standards (IFRS) sowie die Vorläufer-

---

272 Richtlinie 2014/95/EU zur Änderung der Richtlinie 2013/34/EU im Hinblick auf die Angabe nichtfinanzieller und die Diversität betreffender Informationen durch bestimmte große Unternehmen und Gruppen v. 22.10.2014, ABl. L 330/1, ABl. L 369/79. Näher dazu *Schrader* ZUR 2013, 451; *Velte* NZG 2014,1046 sowie zur Umsetzung in Deutschland *Meeh-Bunse/Hermeling/Schomaker* DStR 2017, 1127.

273 So im Hinblick auf **Diversitätskonzepte** bei börsennotierten Aktiengesellschaften auch § 289f II Nr. 6, V HGB. Die ähnlichen Ansätze im Hinblick auf Zielgrößen für den **Frauenanteil** (auch bei anderen Kapitalgesellschaften) in § 289f V, II Nr. 4, 5 HGB sollen nach dem Entwurf für ein Zweites Führungspositionengesetz vom 22.1.2021, BR-Drs. 49/21, verschärft werden, (s. § 289f II Nr. 4, 5, 5a, IV HGB-E).

regelungen der International Accounting Standards (IAS) sowie die US-Generally Accepted Accounting Principles (US-GAAP). Deutsche Kapitalgesellschaften können auf dieser Grundlage seit 2005 für die Offenlegung ihres Jahresabschlusses auch die IFRS verwenden (§§ 325 IIa, 315e III HGB), kapitalmarktorientierte Unternehmen müssen ihren Konzernabschluss zwingend danach erstellen (§ 315e I, II HGB)![274]

2. Aufbewahrungs- und Vorlagepflicht

239 Gemäß § 257 HGB sind Kaufleute verpflichtet, bestimmte Unterlagen (zB Handelsbücher, Inventare, Bilanzen und Buchungsbelege) zehn Jahre bzw. (zB Handelsbriefe) sechs Jahre aufzubewahren. Bei einem Rechtsstreit sind sie dem Gericht vorzulegen (vgl. § 258 HGB).

3. Offenlegungspflicht

240 Gemäß §§ 325 ff. HGB (nicht lesen = es reicht, wenn Sie wissen, »wo es steht«...) sind *Kapitalgesellschaften* verpflichtet, *Unterlagen offenzulegen*. Dies gilt gem. § 264a I HGB auch für bestimmte offene Handelsgesellschaften und Kommanditgesellschaften.

Aus Gründen der Rechtssicherheit sind diese Unterlagen (insbesondere *Jahresabschluss* und *Lagebericht*) beim Betreiber des Bundesanzeigers[275] elektronisch einzureichen (§ 325 I HGB).[276] Die Pflicht zur Offenlegung ist in § 339 HGB ähnlich für eingetragene Genossenschaften normiert.

- ■ Was lässt sich aus der Tatsache bzw. der Formulierung des Gesetzes, dass einige der hier genannten Pflichten für »den Kaufmann« (also für *alle* Kaufleute) bestehen, während die Offenlegungspflicht nur gesondert für Kapitalgesellschaften und Genossenschaften geregelt ist, schließen? Denken Sie nach!
- ▶ Einzelkaufleute und Personengesellschaften sind grundsätzlich nicht verpflichtet, den Jahresabschluss und den Lagebericht offenzulegen.[277]

Größenabhängige Erleichterungen für Kleinst-, kleine sowie mittlere Kapitalgesellschaften regeln die §§ 326, 327 HGB.

V. Pflichtverletzungen und ihre Folgen

241 »Die« Verpflichtung zur *handelsrechtlichen Rechnungslegung* – mit der sich im HGB (fast) ein ganzes »Buch« (3. Buch: Handelsbücher) befasst –, umfasst also eine *Vielzahl von Einzelpflichten der Kaufleute*. Zum Teil haben Einzelkaufmann, Personengesellschaften und Kapitalgesellschaften gleiche, zum Teil unterschiedliche Pflichten, wie Sie gelesen (und hoffentlich behalten) haben:

---

274 S. *Brox/Henssler* HandelsR Rn. 164.
275 Seit 2012 wird der Bundesanzeiger ausschließlich im Internet angeboten (www.bundesanzeiger. de); zu den Einzelheiten s. Gesetz v. 22.12.2011, BGBl. 2011 I 3044.
276 → **Rn. 54 Fn. 59.** Zur Anwendung der IFRS → Rn. 238b.
277 *Brox/Henssler* HandelsR Rn. 185.

Jeder Kaufmann ist grundsätzlich zur *Buchführung, Inventarisierung* und zur Aufstellung des *Jahresabschlusses* verpflichtet (vgl. §§ 238, 240, 242 HGB[278]), sofern er nicht Scheinkaufmann ist.[279]

Darüber hinausgehende Pflichten (Offenlegung) haben *Kapitalgesellschaften* (und Konzerne) sowie Genossenschaften (§§ 325 ff. – nur bei Interesse).

■ Was aber gilt, wenn ein Kaufmann eine dieser Pflichten verletzt?   **242**
▶ Es »passiert« zunächst relativ wenig: Weder das HGB noch das BGB sehen unmittelbare *zivilrechtliche* Sanktionen bei der Verletzung von »Rechnungslegungspflichten« vor.

Rechtssystematisch sind die §§ 238 ff. HGB allerdings nicht zum Privatrecht, sondern vielmehr zum öffentlichen Recht zu zählen, weil sie nicht in erster Linie das Verhältnis von Privatrechtssubjekten untereinander regeln. Auch die Sanktionen sind daher primär hoheitlicher Natur.[280]

Es finden sich *Straf-, Buß- und Zwangsgeldbestimmungen* für Kapitalgesellschaften in den §§ 331 ff. HGB sowie für Kreditinstitute und Versicherungsunternehmen in den §§ 340m ff., 341m ff. HGB (nur bei Interesse lesen!).

Da die Handelsbilanz die Grundlage der *Steuerbilanz* bildet, kann die fehlerhafte oder fehlende Buchführung ferner den Tatbestand der Steuerhinterziehung nach § 370 I Nr. 1 AO erfüllen oder zumindest eine Ordnungswidrigkeit iSv § 379 I Nr. 3 AO darstellen.

Auch die §§ 283–283d StGB (»Insolvenzstraftaten«) können zu einer Bestrafung bei einer Verletzung der Buchführungspflichten führen, wenn dadurch auch nur fahrlässig einer der dort erfassten Insolvenztatbestände erfüllt wird. Lesen Sie hierzu zB den in Fußnote[281] wiedergegebenen § 283b StGB.

Prägen Sie sich die wichtigsten Vorschriften zur handelsrechtlichen Rechnungslegung anhand der folgenden Übersicht 32 nochmals schlagwortartig ein.

---

278 Mit Ausnahmen für kleinere Einzelkaufleute gem. §§ 242 IV, 241a HGB.
279 *Brox/Henssler* HandelsR Rn. 189; *Lettl* HandelsR § 8 Rn. 5.
280 *Lettl* HandelsR § 8 Rn. 13; *Jung* HandelsR Kap. 8 Rn. 6. Die §§ 331 f., 340m, 341m HGB sowie die §§ 283 ff. StGB sind aber **Schutzgesetze iSd § 823 II BGB**, s. *Lettl* HandelsR § 8 Rn. 12.
281 **§ 283b StGB – Verletzung der Buchführungspflicht**
   »(1) Mit Freiheitsstrafe bis zu zwei Jahren oder mit Geldstrafe wird bestraft, wer
      1. Handelsbücher, zu deren Führung er gesetzlich verpflichtet ist, zu führen unterläßt oder so führt oder verändert, daß die Übersicht über seinen Vermögensstand erschwert wird,
      2. Handelsbücher oder sonstige Unterlagen, zu deren Aufbewahrung er nach Handelsrecht verpflichtet ist, vor Ablauf der gesetzlichen Aufbewahrungsfristen beiseite schafft, verheimlicht, zerstört oder beschädigt und dadurch die Übersicht über seinen Vermögensstand erschwert,
      3. entgegen dem Handelsrecht
         a) Bilanzen so aufstellt, daß die Übersicht über seinen Vermögensstand erschwert wird, oder
         b) es unterläßt, die Bilanz seines Vermögens oder das Inventar in der vorgeschriebenen Zeit aufzustellen.
   (2) Wer in den Fällen des Absatzes 1 Nr. 1 oder 3 fahrlässig handelt, wird mit Freiheitsstrafe bis zu einem Jahr oder mit Geldstrafe bestraft.
   (3) § 283 VI gilt entsprechend.«

Übersicht 32

Handelsrechtliche Rechnungslegung*
Gesetzliche Regelung: Drittes Buch HGB → §§ 238–342e
Zweck: • Selbstinformation des Kaufmanns • Schutz von Interessen der Allgemeinheit und der Gläubiger des Kaufmanns

Buchführungspflicht: § 238 I (§ 239)
• **Arten:**
   → einfache **Buchführung**
   → doppelte **Buchführung** (vgl. Bilanz → §§ 242 I S. 1, 247)

Inventarisierungspflicht: § 240
Weitere Pflichten: • Eröffnungsbilanz und Jahresabschluss erstellen (§§ 242–256a) • Aufbewahrungs- und Vorlagepflicht (§§ 257 ff.) • Offenlegungspflicht → Kapitalgesellschaften: §§ 325 ff.
Pflichtverletzungen: Evtl. §§ 331 ff. HGB, §§ 370, 379 AO oder §§ 283–283d StGB

* Paragrafen ohne Bezeichnung sind solche des HGB.

Literatur zur Vertiefung (→ Rn. 227–242): *Albrecht/Maciejewski*, Steuer- und Bilanzrecht – Der wechselhafte Vagabund (Semesterabschlussklausur – Öffentliches Recht), JuS 2011, 713; *Brox/Henssler* HandelsR § 9; *Canaris* HandelsR §§ 12, 13; *Dettmeier/Pöschke*, Einführung in das internationale Bilanzrecht – IAS/IFRS: Ein Fall für Juristen?, JuS 2007, 313; *Fink/Woring*, Buchführung für Juristen, JuS 2001, 1067; *Jung* HandelsR Kap. 8; *Lange/Pyschny*, Einführung in das Recht der Bilanzierung, JURA 2005, 768; *Meeh-Bunse/Hermeling/Schomaker*, Aktuelle Aspekte zum Inkrafttreten der CSR-Richtlinie in Deutschland, DStR 2017, 1127; *Prütting/Weller* HandelsR §§ 20, 21; *Schrader*, Nachhaltigkeit in Unternehmen – Verrechtlichung von Corporate Social Responsibility (CSR), ZUR 2013, 451; *Velte*, (Un)geprüfte Nachhaltigkeitsinformationen im (Konzern-)Lagebericht nach der modifizierten EU-Rechnungslegungsrichtlinie?, NZG 2014, 1046; *Walden*, Corporate Social Responsibility: Rechte, Pflichten und Haftung von Vorstand und Aufsichtsrat, NZG 2020, 50; *Wolf*, Grundlagen der Buchführung für Juristen, JuS 2012, 486; *Zwirner*, Reform des HGB durch das BilRUG – mehr als nur eine Rechnungslegungsreform, DStR 2015, 375.

8. Kapitel. Handelsgeschäfte

Den Handelsgeschäften der Kaufleute ist das Vierte Buch des HGB (§§ 343–475h)   **243**
gewidmet. Auch dieses Vierte Buch ist in sich systematisch aufgebaut wie das BGB[282].
Der Erste Abschnitt (§§ 343–372 HGB) ist sozusagen der »Allgemeine Teil« des
Buchs »Handelsgeschäfte«, bevor im »Besonderen Teil« des Zweiten bis Sechsten Ab-
schnitts »besondere« Handelsgeschäfte wie der Handelskauf uam geregelt werden.
Entsprechend dieser Ausklammerungsmethode werden auch in diesem Kapitel die
»Allgemeinen Vorschriften« im ersten Abschnitt (A) behandelt und die besonderen
Handelsgeschäfte im zweiten Abschnitt (B) zusammengefasst.

Übersicht 33

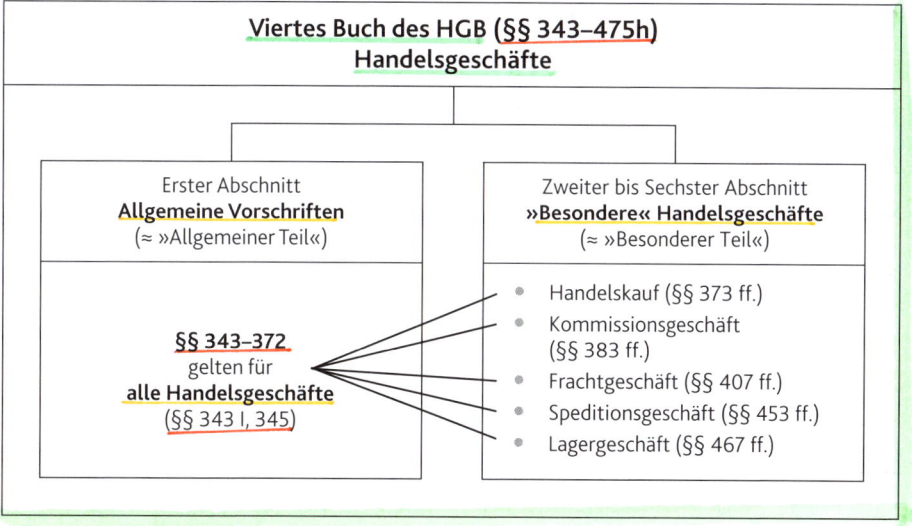

---

282   → Rn. 229.

A. Allgemeine Vorschriften

I. Begriff und Arten des Handelsgeschäfts

1. Begriff

244 »Handelsgeschäfte« sind gem. § 343 I HGB alle Geschäfte eines Kaufmanns, die zum Betrieb seines Handelsgewerbes gehören.

> ### Prüfungsschema Handelsgeschäft iSv § 343 I HGB:
>
> (1) Vorliegen eines **Rechtsgeschäfts** unter Beteiligung eines **Kaufmanns**
> (2) **»Betriebszugehörigkeit«:** Zugehörigkeit des Rechtsgeschäfts zum Betrieb des Handelsgewerbes (§ 344 I HGB)

Wie bereits angedeutet,[283] wird der Begriff des Handelsgeschäfts im HGB (vgl. dort §§ 22 f.) darüber hinaus auch zur Bezeichnung des Betriebs bzw. Unternehmens eines Kaufmanns verwendet.

Hier sind nun die Rechtsgeschäfte eines Kaufmanns gemeint, für die das HGB im Vierten Buch einige Sonderregelungen aufstellt, die neben den Vorschriften des BGB gelten bzw. gegebenenfalls Vorrang vor diesen haben.

> **Hinweis:** In § 343 I HGB sollten Sie unbedingt die Worte »eines Kaufmanns« einerseits und andererseits »zum Betrieb seines Handelsgewerbes« unterstreichen!

■ Was folgt daraus? (Überlegen Sie!)
▶ Für *Privat*geschäfte eines Kaufmanns gelten die HGB-Vorschriften nicht!

Wenn zB der Lebensmittelhändler X für seine private Wohnung eine Hausratsversicherung abschließt, ist das für ihn kein Handelsgeschäft, wohl aber für den Versicherer (= einseitiges Handelsgeschäft). Sofern Zweifel daran bestehen, ob ein bestimmtes Rechtsgeschäft eines Kaufmanns privater Natur ist oder zu einem Handelsgewerbe gehört, wird in § 344 I HGB allerdings eine gesetzliche (widerlegbare) Vermutung für letzteres ausgesprochen (§ 344 I HGB lesen!).

245 Um festzustellen, ob ein Handelsgeschäft iSv § 343 I HGB vorliegt, prüft man also – wie oben erwähnt – systematisch folgende Voraussetzungen:

(1) Vorliegen eines **Rechtsgeschäfts** unter Beteiligung eines **Kaufmanns**
(2) Zugehörigkeit des Rechtsgeschäfts zum Betrieb des Handelsgewerbes (**»Betriebszugehörigkeit«**)

zu (1):   Der Begriff des Rechtsgeschäfts ist weit auszulegen: Dazu gehören nicht nur einseitig verpflichtende Rechtsgeschäfte und Verträge, sondern auch *geschäftsähnliche* Handlungen (wie Mahnungen und Fristsetzungen) und *Realakte*[284] (wie zB Verbindung, Vermischung, Verarbeitung).[285]

---

283 → Rn. 41.
284 Vgl. zu diesen Begriffen *Wörlen/Metzler-Müller* BGB AT Rn. 152 ff.
285 *Brox/Henssler* HandelsR Rn. 281.

zu (2):   Keine *Privatgeschäfte*; für die Betriebszugehörigkeit stellt § 344 I HGB, wie Sie oben bereits gelesen haben, aber eine gesetzliche Vermutung auf, die der Kaufmann im Streitfall widerlegen muss!

2. Arten

Das Gesetz unterscheidet zwischen einseitigen und beiderseitigen Handelsgeschäften.

a) Einseitiges Handelsgeschäft

Von einem einseitigen Handelsgeschäft spricht man, wenn *nur einer der Vertragspart-* **246** *ner Kaufmann* ist und dieses Geschäft zu seinem Handelsgewerbe gehört, oder wenn zwar beide Vertragsparteien Kaufleute sind, aber für einen von ihnen ein Privatgeschäft vorliegt.

> **Beispiel:** Verkauft die Teppichhändlerin T dem Kaufmann K für dessen Privatwohnung einen Orientteppich, hat T ein (einseitiges) Handelsgeschäft getätigt.

Grundsätzlich kommen gem. § 345 HGB bei einem einseitigen Handelsgeschäft die Vorschriften über die Handelsgeschäfte für *beide* Vertragsteile zur Anwendung, auch wenn der andere nicht Kaufmann ist.

In manchen Vorschriften setzt das HGB voraus, dass eine bestimmte Person Kaufmann ist, zB muss gem. § 350 HGB der *Bürge*, für den die Bürgschaft ein Handelsgeschäft ist, *Kaufmann* sein.

b) Beiderseitiges Handelsgeschäft

Ein beiderseitiges Handelsgeschäft liegt vor, wenn beide Vertragsparteien Kaufleute **247** sind und das Geschäft jeweils zum Betrieb ihres Handelsgewerbes gehört.

Im Einzelnen gelten einige besondere Vorschriften des HGB nur für beiderseitige Handelsgeschäfte, während andere auch für einseitige Handelsgeschäfte gelten, und zwar

nur für beiderseitige Handelsgeschäfte:	*auch* für einseitige Handelsgeschäfte:
§ 346 HGB – Handelsbrauch	§ 347 HGB – Sorgfaltspflicht des Kaufmanns
§ 352 I HGB – gesetzlicher Zinssatz	§ 348 HGB – Vertragsstrafe
§ 353 HGB – Fälligkeitszinsen	§ 349 HGB – Keine Einrede der Vorausklage
§ 354a I HGB – Abtretung trotz Abtretungsverbot (Ausnahme: Bankkredit gem. § 354a II HGB)	§ 350 HGB – Formfreiheit bei Bürgschaftserklärung, Schuldversprechen und Schuldanerkenntnis
§§ 369 ff. HGB – Kaufmännisches Zurückbehaltungsrecht	§ 354 HGB – Provision etc
§ 377 HGB – Untersuchungs- und Rügeobliegenheit beim Handelskauf	§ 366 HGB – Erweiterter Gutglaubensschutz
	§§ 373–376 HGB – Allgemeine Handelskaufvorschriften
	§§ 383–406 HGB – Kommissionsgeschäft
	§§ 407–452d HGB – Frachtgeschäft
	§§ 453–466 HGB – Speditionsgeschäft
	§§ 467–475h HGB – Lagergeschäft

248

Abbildung 5

Wir gehen auf einige dieser Vorschriften später an verschiedenen Stellen nochmals ein!

II. Handelsbräuche

249

> **Prüfungsschema Entstehung eines Handelsbrauchs iSv § 346 HGB:**
>
> (1) **Tatsächliche Übung** der beteiligten Verkehrskreise
> (2) Über idR **langjährigen** Zeitraum
> (3) Freiwillige **Befolgung** in der Branche/Region.

Gemäß § 346 HGB (lesen!) haben Kaufleute auf Handelsbräuche, dh »auf die im Handelsverkehr geltenden Gewohnheiten und Gebräuche«, Rücksicht zu nehmen. Handelsbräuche (auch: -usancen, -gewohnheiten, -sitten) sind also *kaufmännische Verkehrssitten*. Sie unterscheiden sich dadurch vom Gewohnheitsrecht[286], dass sie zwar auch langjährige Übung, aber keinen allgemeinen Rechtsgeltungswillen der Gemeinschaft voraussetzen, also keinen Gesetzescharakter wie das Gewohnheitsrecht haben. Sie sind allerdings in den jeweiligen Branchen oder Regionen für Kaufleute verbindlich, auch wenn sie ihnen unbekannt waren, und werden von der Rechtsprechung als Auslegungsregeln berücksichtigt.[287] Will ein Kaufmann sich Handelsbräuchen nicht unterwerfen, muss er sich gegebenenfalls bei den örtlichen (in- oder ausländischen) Industrie- und Handelskammern nach ihrem Bestehen erkundigen und ausdrücklich ihren Ausschluss vereinbaren (§ 346 HGB ist dispositiv!).[288]

250 Wo sie gelten, spielen Handelsbräuche in der Praxis eine wichtige Rolle und sind (auch unter Berücksichtigung von §§ 157, 242 BGB – lesen, falls nicht (mehr) bekannt!) bei der Auslegung und Ergänzung eines Handelsgeschäfts gem. § 346 HGB zu berücksichtigen. Handelsbräuche haben unter anderem zur Anerkennung der Grundsätze über das *kaufmännische Bestätigungsschreiben* (unter den Voraussetzungen von § 362 HGB[289] »analog«) geführt, und aus ihnen haben sich insbesondere nationale und internationale *Handelsklauseln* entwickelt.

251 Angesichts der ständig wachsenden grenzüberschreitenden Wirtschaftsbeziehungen haben Handelsklauseln (wie auch internationale Kaufverträge) für die Praxis zunehmend an Bedeutung gewonnen. Dem tragen viele Hochschulen Rechnung, indem sie internationale bzw. europäisch ausgerichtete Studiengänge (»Internationale Betriebswirtschaftslehre«, »European Business«, »Internationales und Europäisches Wirtschaftsrecht«, »Deutsches und Europäisches Wirtschaftsrecht« usw) eingeführt haben. Es kann also angehenden (Wirtschafts-) Juristinnen und Juristen wie auch Studierenden der Wirtschaftswissenschaften, die vielleicht einmal in einem exportorientierten Unternehmen tätig sein werden, nicht schaden, ein wenig über die rechtliche (und wirtschaftliche) Bedeutung der Handelsklauseln zu erfahren.

---

286 Dazu *Wörlen/Metzler-Müller* BGB AT Rn. 5, 8 ff.
287 *Brox/Henssler* HandelsR Rn. 16 f.
288 S. zum Ganzen *Lettl* HandelsR § 10 Rn. 2 ff.
289 Was auf Übersicht 2 (→ **Rn. 6**) bereits angedeutet und unter → **Rn. 284 ff.** noch erläutert wird.

Exkurs: Handelsklauseln im nationalen und internationalen Warenverkehr, UN-Kaufrecht

1. Nationaler und internationaler Warenhandel, UN-Kaufrecht

Der nationale und internationale Warenhandel bringen es mit sich, dass Güter vom Verkäufer zum Käufer zu transportieren sind. Es handelt sich also vornehmlich um sog. »Distanzgeschäfte«. Nach deutschem Recht steht dabei der Kaufvertrag (§ 433 BGB) im Mittelpunkt. Für den sog. Handelskauf enthält das HGB Sondervorschriften (in den §§ 373–381), auf die unten[290] näher eingegangen wird.

Bei grenzüberschreitendem Handel wollen die Vertragspartner vielfach nicht, dass das Recht des jeweils anderen Vertragspartners Anwendung findet. Leichter fällt es ihnen, sich auf internationale Regeln oder Gepflogenheiten wie das UN-Kaufrecht (United Nations **C**onvention on Contracts for the **I**nternational **S**ale of **G**oods – CISG) oder die **In**ternational **Co**mmercial **Terms** (Incoterms) der in Paris ansässigen Internationalen Handelskammer (International Chamber of Commerce – ICC) zu einigen.[291]

Beim UN-Kaufrecht/CISG handelt es sich um einen völkerrechtlichen Vertrag der wichtigsten (inzwischen mehr als 90) Wirtschaftsnationen. Er enthält kaufrechtliche Sonderregelungen für den grenzüberschreitenden Handelskauf von *Waren* und geht in seinem Anwendungsbereich den nationalen BGB- und HGB-Regelungen grundsätzlich vor (vgl. Art. 3 Nr. 2 EGBGB). Der Ausschluss des (dispositiven) UN-Kaufrechts kann aber vereinbart werden (Art. 6 CISG). Die Wahl des Rechts eines Vertragsstaats des UN-Kaufrechts hat allerdings nach hM zur Folge, dass die Geltung des UN-Kaufrechts als Bestandteil des nationalen Rechts eben dieses Staates mit vereinbart wird!

> **Beispiel:**[292] Mit der Klausel »Dieser Vertrag unterliegt dem Recht der Bundesrepublik Deutschland« wird das UN-Kaufrecht also nicht ausgeschlossen, sondern seine Anwendung gerade vereinbart!

Der Vertragsschluss nach den Art. 14–24 CISG entspricht weitgehend der deutschen Rechtsgeschäftslehre. Auch das materielle Kaufrecht der Art. 25–88 CISG ist dem deutschen Recht nicht unähnlich, was daran liegt, dass mit der Schuldrechtsmodernisierung von 2002 das Leistungsstörungsrecht des BGB stärker an diesen Regelungen ausgerichtet wurde.[293]

252

---

290   → **Rn. 308 ff.**
291   S. *Bitter/Schumacher* HandelsR § 10 Rn. 1 f.
292   *Bitter/Schumacher* HandelsR § 10 Rn. 25 mwN.
293   S. zum Ganzen *Brox/Henssler* HandelsR Rn. 422 f.; *Kindler* GK HandelsR § 8 Rn. 7 ff.

2. Handelsklauseln – Begriff und Anwendungsbereich

253 Um Konflikte und Besonderheiten fremder Rechtsordnungen und auch des UN-Kaufrechts möglichst gar nicht erst entstehen zu lassen, wird üblicherweise im Kaufvertrag selbst vereinbart, nach welchen Modalitäten der Warentransport abzuwickeln ist. Die Lieferungs- und andere Vertragsbedingungen können dabei individuell vereinbart werden, je nachdem, ob die Waren per Lkw, Bahn, Schiff oder Flugzeug transportiert werden. Viel häufiger jedoch werden die Details mit Hilfe von marktüblichen, standardisierten Vertragsbedingungen geregelt. Sie teilen die Pflichten und Rechte von Verkäufer und Käufer nach festgelegten Kriterien auf, die sich in einer Vielzahl von Handelsklauseln manifestiert haben.

Da der (nationale wie internationale) Handelsverkehr lange Sprüche scheut, verwendet er gern Abkürzungen.[294] Handelsklauseln sind häufig durch Abkürzungen ausgedrückte Formeln und Begriffe, die im Handelsverkehr für bestimmte vertragliche Vereinbarungen verwendet werden. Ihre Verwendung dient der Rechtsklarheit und der Vereinfachung des Handelsverkehrs. Dies allerdings nur, wenn beide Vertragsparteien die wirtschaftliche Bedeutung und die Rechtsfolgen der Klauseln kennen.

3. Arten der Handelsklauseln

254 Je nach Vertragspflicht lassen sich die Handelsklauseln grob in drei Gruppen einteilen:

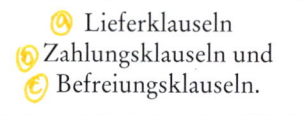

ⓐ Lieferklauseln
ⓑ Zahlungsklauseln und
ⓒ Befreiungsklauseln.

a) Lieferklauseln

aa) Regelungsinhalte

255 Bei der Anwendung von Lieferklauseln bei Distanzkäufen geht es vor allem um zwei Fragen, die für Verkäufer und Käufer gleichermaßen von Bedeutung sind, nämlich,

(1) wer trägt die Transport- (bzw. Beförderungs)kosten

und

(2) wer trägt die Gefahr des zufälligen (also von keiner Partei verschuldeten) Untergangs oder der zufälligen Verschlechterung der Ware?

> Typisches **Beispiel** für den zufälligen Untergang (dies im wahrsten Sinne des Wortes) der Ware, zB beim Seetransport, ist der Container, der bei Sturm über Bord gespült wird. Beispiel für die Verschlechterung ist das Einwirken von Seewasser auf die Ware.

---

294 Baumbach/Hopt/*Leyens* § 346 Rn. 39.

bb) Bedeutung im nationalen Warenhandel

(1) Kosten- und Gefahrtragung nach dem BGB

Um die Bedeutung der Lieferklauseln für die Kosten- und Gefahrtragung verstehen zu können, muss man grob die nationalen gesetzlichen Regelungen kennen, die mangels Sonderregelungen durch das HGB dem BGB zu entnehmen sind.

256

Zur Kostentragung enthält das BGB in § 448 eine klare Regelung. Danach trägt der Verkäufer die Kosten der Übergabe, während dem Käufer die Kosten der Abnahme und des Versands zur Last fallen. Die Gefahrtragung ist in den §§ 446 und 447 BGB (lesen!) geregelt. Mit Gefahr ist in diesen Vorschriften die sog. »Preisgefahr« gemeint. Preisgefahr bedeutet für den Käufer das Risiko, den vollen Kaufpreis zahlen zu müssen, obwohl er die Ware nicht oder nur in mangelhaftem Zustand erhält.

Beim alltäglichen Ladenkauf, der für dieses Thema nicht von Bedeutung ist, geht diese Gefahr gem. § 446 BGB sinnvollerweise mit der Übergabe der Sache auf den Käufer über.

Anders beim Versendungskauf! Ein solcher liegt gem. § 447 BGB vor, wenn der Verkäufer auf Verlangen des Käufers die verkaufte Ware an einen anderen Ort als den Erfüllungsort versendet. Gemäß § 269 BGB ist dies der Wohnsitz des Schuldners bzw. der Ort der Niederlassung des Verkäufers der geschuldeten Ware. Der Käufer müsste sich die Ware normalerweise beim Verkäufer holen; es handelt sich also um eine Holschuld. Der Verkäufer übernimmt beim Versendungskauf mehr, als er normalerweise tun müsste: Eben die Verpflichtung, für die Versendung der Ware an den vom Käufer gewünschten Ablieferungsort zu sorgen! Daher muss der Käufer, auf dessen Verlangen die Ware versandt wird, das dadurch erhöhte Risiko ordnungsgemäßer Erfüllung tragen, insbesondere bei Transportschäden oder Verlust der Ware. Die Gefahr geht gem. § 447 BGB deshalb auf den Käufer über, wenn der Verkäufer die Ware an einen Beförderer übergeben hat.

257

(2) Abdingbarkeit der gesetzlichen Regelungen durch Handelsklauseln

§ 447 wie auch § 448 BGB sind abdingbar, dh, von ihrer Regelung kann durch vertragliche Einzelvereinbarung, durch Allgemeine Geschäftsbedingungen oder durch Handelsbrauch und insbesondere durch Handelsklauseln abgewichen werden.

258

Im nationalen Binnenhandel wird der Warenverkehr zumeist nach sog. »National Trade Terms« abgewickelt. Dies sind Lieferungsbedingungen des jeweiligen Landes, die auf nationalem Recht basieren. Die nationalen Trade Terms wurden von der internationalen Handelskammer Paris sozusagen als »Weltsprache des Warenhandels«[295] erstmals 1923 und nochmals 1953 aufgezeichnet[296] und nach Ländern und Ländergruppen geordnet.

---

295 *K. Schmidt* HandelsR § 30 I S. 3 b.
296 Abgedr. bei *Koller* in Staub, Großkommentar HGB, 4. Bd: §§ 343–382, 4. Aufl. 2004, Vor § 373 Rn. 763 ff.

(3) Einzelne nationale Lieferklauseln (National Trade Terms)

259 Die gebräuchlichsten Lieferklauseln sind zB »ab Werk/Lager«, »ab Bahnhof«, »frei Waggon«, »frei Haus«. Diese Klauseln sehen zwar bezüglich der *Gefahrtragung* grundsätzlich keine Abweichung vom Versendungskauf vor, enthalten aber eine jeweils unterschiedliche Regelung der Kostentragung für Verpackung und Transport zu Lasten des Verkäufers. Die folgende **Abbildung (6)**[297] wird dies verdeutlichen:

260

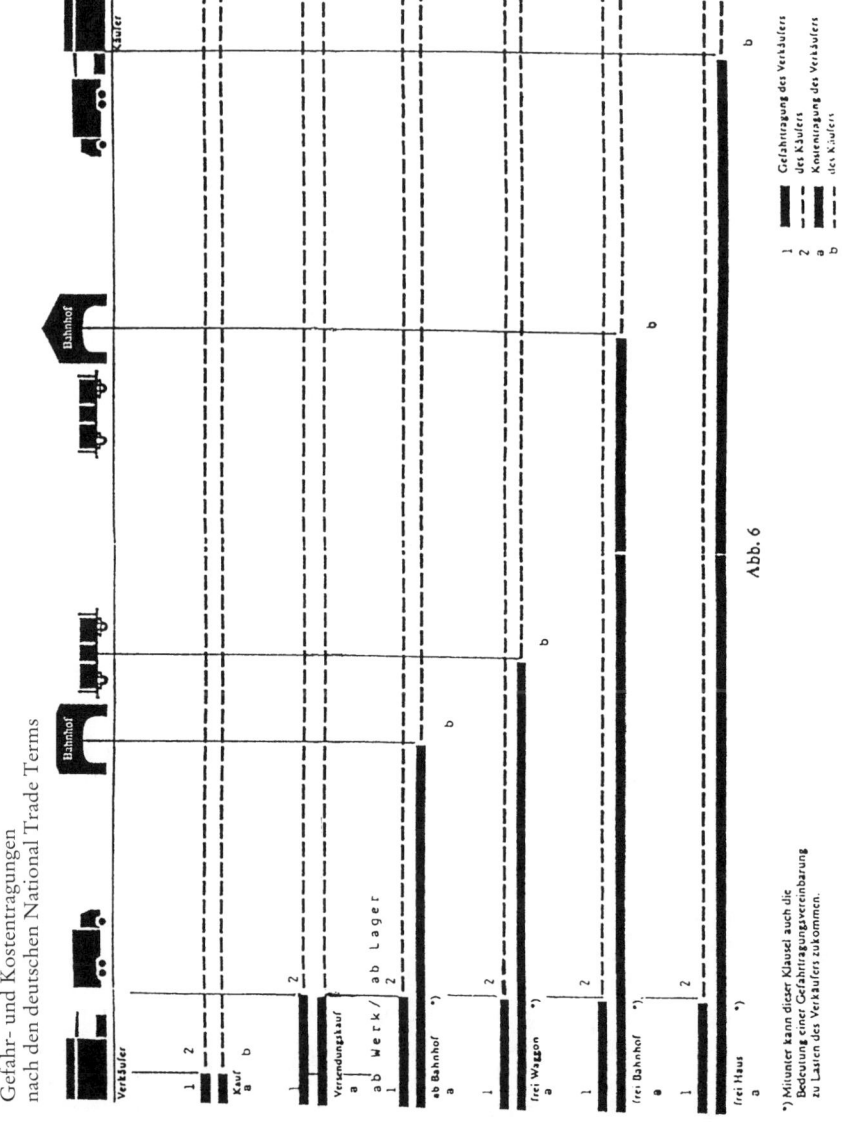

---

297 S. *Wörlen/Metzler-Müller*, Handelsklauseln im nationalen und internationalen Warenverkehr, 1996, 37 mit Ergänzungsblatt.

Erläuterungen zu Abbildung 6:   **261**

* Einfacher Kauf:
  Gefahr- und Kostentragung ab Übergabe am Wohnsitz des Verkäufers beim Käufer (vgl. § 446 BGB).

* Versendungskauf:
  Gefahr- und Kostentragung ab Übergabe an den Beförderer beim Käufer (vgl. § 447 I BGB).

* »Ab Werk/ab Lager«
  vermindert die Verpflichtung des Verkäufers gegenüber dem Versendungskauf noch: seine Verpflichtung besteht nur darin, die Ware auf seinem Grundstück zur Abholung zur Verfügung zu stellen.

* »Ab Bahnhof«
  bedeutet, dass der Verkäufer Transportkosten bis zum Verladebahnhof übernimmt.

* »Frei Waggon«:
  Hier kommen die Kosten für die Verladung hinzu.

* »Frei Bahnhof«
  heißt: Kostenübernahme des Verkäufers bis zur Ankunft der Ware am Bestimmungsbahnhof.

* »Frei Haus«
  schließlich bedeutet die Kostenübernahme des Verkäufers bis zur Übergabe im Haus bzw. in der Niederlassung des Käufers.

cc) Bedeutung im internationalen Warenhandel

(1) Nachteile der National Trade Terms

Wenngleich die National Terms der verschiedenen Länder zwar formal angeglichen sind und als »Weltsprache des Warenhandels« verstanden werden, erfahren sie indessen eine unterschiedliche Auslegung. Das kann zu Missverständnissen zwischen den Handelspartnern verschiedener Nationalität führen.[298]   **262**

Darüber hinaus kann bei internationalen Geschäften zweifelhaft sein, welche National Trade Terms im Einzelfall anzuwenden sind. Im Sinne der für den Handelsverkehr notwendigen Rechtsklarheit und Rechtsvereinheitlichung sind die National Trade Terms im internationalen Warenverkehr letztlich nur wenig hilfreich.

(2) International Rules for the Interpretation[299]

Die Internationale Handelskammer in Paris (»ICC«; → Rn. 252) hat erstmals 1936 sog. »International Rules for the Interpretation of Trade Terms« bzw. »International Commercial Terms« – kurz: *Incoterms* – zusammengestellt, die (wie zB auch AGB) nur aufgrund ausdrücklicher Bezugnahme der Parteien Vertragsbestandteil werden.   **263**

(a) Incoterms als Auslegungsregeln

Traditionell enthalten die Incoterms internationale Regeln zur Auslegung der gebräuchlichsten Lieferklauseln in Außenhandelsverträgen. Inzwischen können sie explizit aber auch in nationalen Verträgen verwendet werden. Die neueste   **264**

---

298 Vgl. Baumbach/Hopt/*Hopt* Handelsrechtliche Nebengesetze (6) Incoterms ua, Einleitung, Rn. 3.
299 *Internationale Auslegungsregelungen.*

Fassung der Incoterms aus dem Jahr 2020[300] enthält Auslegungsregeln für 11 Klauseln, die aus der folgenden Tabelle zu ersehen sind.

Abbildung 7

Incoterms® 2020 im Überblick	
Incoterms® 2020: Transportart und geeignete Lieferklausel	
Alle Transportarten	
EXW | Ex Works	**EXW** (insert named place of delivery) *Incoterms® 2020*
EXW | Ab Werk	**EXW** (fügen Sie den benannten Lieferort ein) *Incoterms® 2020*
FCA | Free Carrier	**FCA** (insert named place of delivery) *Incoterms® 2020*
FCA | Frei Frachtführer	**FCA** (fügen Sie den benannten Lieferort ein) *Incoterms® 2020*
CPT | Carriage Paid To	**CPT** (insert named place of destination) *Incoterms® 2020*
CPT | Frachtfrei	**CPT** (fügen Sie den benannten Bestimmungsort ein) *Incoterms® 2020*
CIP | Carriage and Insurance Paid to	**CIP** (insert named place of destination) *Incoterms® 2020*
CIP | Frachtfrei versichert	**CIP** (fügen Sie den benannten Bestimmungsort ein) *Incoterms® 2020*
DAP | Delivered At Place	**DAP** (insert named place of destination) *Incoterms® 2020*
DAP | Geliefert benannter Ort	**DAP** (fügen Sie den benannten Bestimmungsort ein) *Incoterms® 2020*
DPU | Delivered at Place Unloaded	**DPU** (insert named place of destination) *Incoterms® 2020*
DPU | Geliefert benannter Ort entladen	**DPU** (fügen Sie den benannten Bestimmungsort ein) *Incoterms® 2020*
DDP | Delivered Duty Paid	**DDP** (insert named place of destination) *Incoterms® 2020*
DDP | Geliefert verzollt	**DDP** (fügen Sie den benannten Bestimmungsort ein) *Incoterms® 2020*
See- und Binnenschiffstransporte[301]	
FAS | Free Alongside Ship	**FAS** (insert named port of shipment) *Incoterms® 2020*
FAS | Frei Längsseite Schiff	**FAS** (fügen Sie den benannten Verschiffungshafen ein) *Incoterms® 2020*
FOB | Free On Board	**FOB** (insert named port of shipment) *Incoterms® 2020*
FOB | Frei an Bord	**FOB** (fügen Sie den benannten Verschiffungshafen ein) *Incoterms® 2020*
CFR | Cost and Freight	**CFR** (insert named port of destination) *Incoterms® 2020*
CFR | Kosten und Fracht	**CFR** (fügen Sie den benannten Bestimmungshafen ein) *Incoterms® 2020*
CIF | Cost, Insurance and Freight	**CIF** (insert named port of destination) *Incoterms® 2020*
CIF | Kosten, Versicherung und Fracht	**CIF** (fügen Sie den benannten Bestimmungshafen ein) *Incoterms® 2020*

---

300 Abgedruckt bei Baumbach/Hopt/*Hopt* Handelsrechtliche Nebengesetze (6a) B sowie als Anhang bei *v. Bernstorff*, Incoterms 2020 by the International Chamber of Commerce (ICC), 2020.

301 Bei containerisierter Ware sind anstelle von FOB oder CFR/CIF die Klauseln FCA bzw. CPT/CIP vorzuziehen. Zur Auslegung der Klausel **FCA** s. OLG Nürnberg TranspR 2017, 382 m. Anm. *Piltz* sowie *Vyvers* jurisPR-VersR 2/2018 Anm. 7.

Beispiele für die Vereinbarung im Vertragstext:
»CIF Rotterdam, The Netherlands, Incoterms® 2020«
»FOB Hamburg, Germany, Incoterms® 2020«

(b) Bedeutung der Incoterms

In diesem Rahmen soll die rechtliche und wirtschaftliche Bedeutung, insbesondere bezüglich des Transportrisikos und der Kostenregelung, anhand einer der beiden wichtigsten Klauseln, die beim Überseekauf (Seeschiffstransport) verwendet werden, exemplarisch dargestellt werden. Dies sind die Klauseln FOB und CIF, von denen FOB im Folgenden erläutert wird. **265**

FOB bedeutet zunächst, dass zur Lieferpflicht des Verkäufers auch die Verladung gehört, allerdings ist es Sache des Käufers, für den erforderlichen Frachtraum zu sorgen.

Im Einzelnen lassen sich die Pflichten und Rechte von Verkäufer und Käufer anhand eines Auszugs[302] aus den »Incoterms« wie folgt (Abbildung 8) beschreiben:

---

302 Vollständiger offizieller Text der Incoterms® 2020 mit Graphiken abgedruckt bei Baumbach/ Hopt/*Hopt* Handelsrechtliche Nebengesetze (6a) B.

266 **Abbildung 8: Auslegung der FOB-Klausel nach Incoterms® 2020 (Auszug)[303]**

FOB | Frei an Bord
FOB (fügen Sie den benannten Verschiffungshafen ein) Incoterms® 2020

Erläuternde Kommentare für Nutzer

1. Lieferung und Gefahrübergang – Bei Nutzung der Klausel „Frei an Bord" liefert der Verkäufer die Ware an den Käufer
▶ an Bord des Schiffs,
▶ wie vom Käufer benannt
▶ im benannten Verschiffungshafen,
▶ oder der Verkäufer beschafft die bereits so gelieferte Ware.
Die Gefahr des Verlusts oder der Beschädigung der Ware geht auf den Käufer über, wenn die Ware an Bord des Schiffs ist. Ab diesem Zeitpunkt trägt der Käufer alle Kosten.

2. Transportart – Diese Klausel ist ausschließlich für den See- und Binnenschiffstransport geeignet, bei dem es der Absicht der Parteien entspricht, dass die Ware geliefert wird, indem sie an Bord eines Schiffs gebracht wird. Die Klausel FOB ist somit ungeeignet, wenn die Ware dem Frachtführer übergeben wird, bevor sie sich an Bord des Schiffs befindet, z.B wenn Ware an einem Containerterminal übergeben wird. Wenn dies der Fall ist, sollten die Parteien in Betracht ziehen, anstelle der Klausel FOB die Klausel FCA zu verwenden.

3. „oder beschafft die so gelieferte Ware" – Der Verkäufer ist verpflichtet, die Ware entweder an Bord des Schiffs zu liefern oder bereits so für die Verschiffung gelieferte Ware zu beschaffen.
Der Begriff „beschafft" bezieht sich hier auf mehrere, hintereinander geschaltete Verkäufe in einer Verkaufskette („string sales"), die insbesondere im Rohstoffhandel vorkommen.

4. Ausfuhr-/Einfuhrabfertigung – FOB verpflichtet den Verkäufer, die Ware ggf. zur Ausfuhr freizumachen. Jedoch hat der Verkäufer keine Verpflichtung, die Ware zur Einfuhr oder Durchfuhr durch Drittländer freizumachen, Einfuhrzölle zu zahlen oder Einfuhrzollformalitäten zu erledigen.

A VERPFLICHTUNGEN DES VERKÄUFERS

A1. Allgemeine Verpflichtungen
Der Verkäufer hat die Ware und die Handelsrechnung in Übereinstimmung mit dem Kaufvertrag bereitzustellen und jeden sonstigen vertraglich vereinbarten Konformitätsnachweis zu erbringen.
Jedes vom Verkäufer bereitzustellende Dokument kann in Papierform oder in elektronischer Form vorliegen, je nachdem, wie dies zwischen den Parteien vereinbart wird oder handelsüblich ist.

A2. Lieferung
Der Verkäufer muss die Ware liefern, indem er sie an Bord des vom Käufer benannten Schiffs an der gegebenenfalls vom Käufer bestimmten Ladestelle im benannten Verschiffungshafen verbringt oder- die bereits so gelieferte Ware beschafft.
[...]

A3. Gefahrenübergang
Der Verkäufer trägt bis zur Lieferung gemäß **A2** alle Gefahren des Verlustes oder der Beschädigung der Ware, mit Ausnahme von Verlust oder Beschädigung unter den in **B3** beschriebenen Umständen.

B VERPFLICHTUNGEN DES KÄUFERS

B1. Allgemeine Verpflichtungen
Der Käufer hat den im Kaufvertrag genannten Preis der Ware zu zahlen.
Jedes vom Käufer bereitzustellende Dokument kann in Papierform oder in elektronischer Form vorliegen, je nachdem, wie dies zwischen den Parteien vereinbart wird oder handelsüblich ist.

B2. Übernahme
Der Käufer muss die Ware übernehmen, wenn sie gemäß A2 geliefert wurde.

B3. Gefahrenübergang
Der Käufer trägt ab dem Zeitpunkt der Lieferung gemäß A2 alle Gefahren des Verlustes oder der Beschädigung der Ware. ...

---

303 Auszug der FOB-Klausel aus dem bei Baumbach/Hopt/*Hopt* Handelsrechtliche Nebengesetze (6a) B, abgedruckten offiziellen Text der Incoterms® 2020.

Zur Gefahr- und Kostentragung bei FOB folgender *Fall*: **267**

> Käuferin Bibi Bayer (B) aus Hamburg bestellt bei Peter Sellers (S) in London drei Kisten jeweils gleichen Inhalts mit hochwertigen elektronischen Geräten. Als Lieferklausel im Kaufvertrag wurde »FOB London, United Kingdom, Incoterms® 2020« vereinbart. Die Verladung der drei schweren Kisten erfolgt mit einem Kran-Greifer, der die erste Kiste ordnungsgemäß an Bord des Versandschiffs »Good Hope« in London absetzt. Die zweite Kiste rutscht aus dem Greifer heraus und fällt auf die an Bord der »Good Hope« stehende erste Kiste. Beide Kisten samt Inhalt werden zerstört. Die dritte Kiste rutscht ebenfalls aus dem Greifer, stürzt zwischen Kai und Reling ins Wasser und versinkt für ewig.
> *Frage:* Welche Kisten muss B bezahlen bzw. welche Kisten muss S evtl. nachliefern?

▨ Versuchen Sie, die Frage selbst zu beantworten!

▷ Kiste eins befand sich bereits an Bord, als sie zerstört wurde. Sie wurde »free on board« geliefert und muss von B bezahlt werden, ohne dass sie (von S!) dafür Ersatz bekommt. Kiste drei wurde noch nicht »free on board« geliefert: S hat eine neue Kiste zu liefern, bevor B bezahlen muss!

Bei Kiste zwei fällt die Antwort nicht ganz so leicht.

▨ Worauf kommt es nach dem Regelwerk genau an? Überlegen Sie!

▷ Darauf, ob diese Kiste bereits von S geliefert (A3), also auf das Schiff »verbracht« (A2) wurde oder ob dies noch nicht vollständig der Fall war.

Hier war die Kiste bereits in den »Luftraum« über dem Schiff gelangt, aber noch nicht im Ladevorgang auf die Planken des Schiffes gesetzt oder auf seinem Ladedeck abgesetzt worden. Die Kiste war also noch nicht vollständig auf das Schiff verladen[304] und damit auf dieses »verbracht«. Das bloße Überschreiten der Schiffsreeling, auf das früher die Incoterms in der Fassung aus dem Jahr 2000 abstellten, ist dafür nicht (mehr) ausreichend. S muss also zwei neue Kisten liefern, bevor B bezahlen muss!

ⓑ Zahlungsklauseln

aa) Bedeutung im nationalen Warenhandel

Die Lieferpflicht des Verkäufers und die Zahlungspflicht des Käufers sind eng **268** aufeinander bezogen: Jeder Vertragsteil leistet nur, um die Gegenleistung des anderen Teils zu erhalten. Beide Parteien haben daher ein Interesse daran, ihre Leistung nicht vorzeitig ganz aus der Hand zu geben. Ihre Interessen sind ausgeglichen, wenn der Leistungsaustausch *gleichzeitig* erfolgt. Diesem Gedanken trägt grundsätzlich § 320 I S. 1 BGB Rechnung (lesen!), denn im Ergebnis soll die dort verankerte Einrede des nicht erfüllten Vertrags die Funktion haben, den gleichzeitigen Leistungsaustausch zu bewirken. Dieser Gedanke wird der Praxis indessen nur dann gerecht, wenn es sich um einen alltäglichen Ladenkauf handelt. Bei Distanzgeschäften kann diese Vorschrift ihre Funktion *nicht* erfüllen! Denn in der Praxis ist die Lieferung des Verkäufers ein Prozess, der von der Produktion über die Aussonderung, die Verpackung und den Transport bis zur Übereignung verläuft, und jeder einzelne dieser Leistungsschritte ist mit Risiken und Kosten verbunden.

---

304 S. *v. Bernstorff*, Incoterms 2020 by the International Chamber of Commerce (ICC), 2020, Rn. 913 f.

Es muss sich deshalb eine der Vertragsparteien *zur Vorleistung* entschließen, wenn die Vertragsdurchführung überhaupt in Gang kommen soll.

269   Daraus entstand das Bedürfnis, Zahlungsklauseln zu entwickeln, die möglichst dem Verkäufer die Sicherheit geben, dass er den Kaufpreis bekommt, und dem Käufer die größtmögliche Sicherheit, dass er die Ware tatsächlich erhält oder den Kaufpreis nicht vergeblich vorgeleistet hat.

Von den hier üblichen Handelsklauseln können nur einige wenige abrissartig dargestellt werden:[305]

* »Barzahlung« bedeutet in der Regel nur »Zahlung sofort«, schließt also bargeldlose Zahlung nicht aus.
* »Netto« oder »Rein netto« = ohne Skonto.
* »2% Skonto« = 2% Preisnachlass bei Zahlung innerhalb vereinbarter (kurzen) Zeitspanne, zB bei Zahlung innerhalb von zwei Wochen.
* »Zusendung per Nachnahme« oder »*cash on delivery*« (»COD«) = Käufer muss beim Warenempfang zahlen, ohne die Ware zuvor untersuchen zu können.

Wichtig ist schließlich die Klausel

* »Kasse gegen Dokumente« (»*cash against documents*«; »CAD«). Im Rahmen von Handelsgeschäften werden als Dokumente alle Papiere bezeichnet, die den Versand oder die Lagerung von Handelsgütern und deren Versicherung, die vertragsgemäße Lieferung und die Beachtung vereinbarter (inkl. Handels-)Klauseln oder behördlich vorgeschriebener Einzelheiten belegen. Unter wirtschaftlichen Gesichtspunkten können die Dokumente unterteilt werden in: *Warenpapiere, Versicherungspapiere und Begleitpapiere.*
    Unterstellt, dass alle Dokumente ordnungsgemäß sind, ist im Normalfall davon auszugehen, dass der Käufer die Ware auch ordnungsgemäß erhält. Ist daher die Klausel »Kasse gegen Dokumente« vereinbart, ist der Käufer verpflichtet, gegen Übernahme der Dokumente den Kaufpreis zu zahlen. Die Klausel begründet für beide Seiten eine teilweise Vorleistungspflicht. Während der Käufer schon vor Erhalt der Ware zahlen muss, muss der Verkäufer die Ware schon zum Versand gebracht haben, da er andernfalls die Dokumente nicht bekommen hätte, die er dem Käufer vorlegt.

bb) Bedeutung im internationalen Warenhandel
(1) »Kasse gegen Dokumente«
270   Von den international verwendeten Zahlungsklauseln ist die Klausel »cash against documents« (CAD) die gebräuchlichste, da die Benutzung von Dokumenten den internationalen Handelsverkehr wesentlich beschleunigt. Der Käufer kann mit den erhaltenen Dokumenten bereits den Weiterverkauf der Ware betreiben und die Ware zB »schwimmend« verkaufen. Der Verkäufer kann mit Hilfe der Klausel »Kasse gegen Dokumente« schnell das eingesetzte Kapitel wieder zu seiner Verfügung erhalten.

---

305   S. dazu sowie zu weiteren Handelsklauseln Baumbach/Hopt/*Leyens* § 346 Rn. 40.

(a) Risiken für Verkäufer und Käufer

Für beide Seiten enthält diese Klausel allerdings auch Risiken. Der Käufer weiß   **271**
nicht verlässlich, ob er die Ware überhaupt erhalten und ob diese einen mangel-
freien Zustand aufweisen wird. Der Verkäufer, der auf seine Kosten die Ware
auf den Weg gebracht hat, kann letztlich nicht sicher sein, dass der Käufer zahlt,
sei es, weil er insolvent ist, sei es, dass er nicht zahlen *will*.

(b) Sicherungsmöglichkeiten

Vor allem für den exportierenden Verkäufer entsteht hier ein Sicherungsbedürf-   **272**
nis. Die Schwierigkeiten einer Rechtsverfolgung im Ausland und die Belastung
der Ware mit oft hohen Transportkosten zwingen ihn dazu, den Zahlungsan-
spruch abzusichern: Der Verkäufer (Exporteur) liefert deshalb nur, wenn der
Käufer (Importeur) zuvor ein *Akkreditiv* gestellt hat. Was man darunter zu verstehen hat, lässt sich, sehr vereinfacht, wie folgt beschreiben: Bei der Eröffnung
eines Akkreditivs verpflichtet sich eine Bank im Auftrag und für Rechnung eines
Kunden, einem Dritten einen bestimmten Geldbetrag zur Verfügung zu stellen
und unter bestimmten Bedingungen auszuzahlen (= abstraktes Zahlungsversprechen der Bank gegenüber dem Begünstigten iSv § 780 BGB).[306]

(2) »Kasse (oder Dokumente) gegen Akkreditiv« (letter of credit)

Die Klausel »cash against documents« wird im Außenhandel regelmäßig erwei-   **273**
tert bzw. ersetzt durch »Kasse gegen Akkreditiv« (»cash against letter of credit«) oder »Dokumente gegen Akkreditiv« (»documents against letter of credit«).

Um die Abwicklung eines Außenhandelskaufs mit der Zahlungsklausel »documents against letter of credit« darzustellen, eignet sich folgendes *Fallbeispiel*:

> Die Hamburger Exporteurin Vulpius (V) hat mit dem japanischen Importeur Koyota (K) in
> Tokio einen Liefervertrag (Kaufvertrag) über zehn Spezialmaschinen geschlossen. Die Zah-
> lung soll »documents against letter of credit« im Bestimmungsland erfolgen.

Die Abwicklung dieses Geschäfts verdeutlicht die folgende Grafik (Abbildung 9):

---

306 Palandt/*Sprau* § 783 Rn. 17.

Abbildung 9

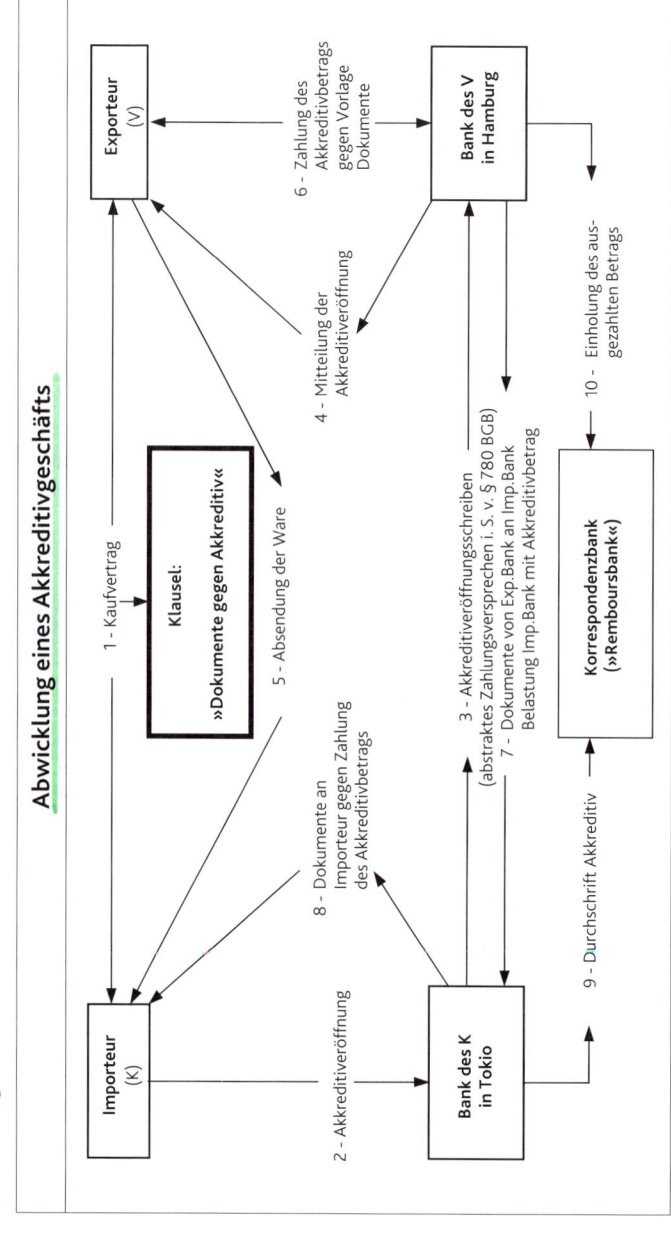

Erläuterungen zu Abbildung 9:

(1) Grundlage für das Dokumenten-Akkreditiv ist ein zwischen dem Exporteur und dem Importeur abgeschlossenes Warengeschäft (Kaufvertrag), das als Zahlungsbedingung die sog. Akkreditivklausel enthält, die meist genauer spezifiziert ist.

(2) Durch die im Kaufvertrag enthaltene Akkreditivklausel ist der Importeur verpflichtet, das zur Zahlungsabwicklung geforderte Dokumenten-Akkreditiv frist- und formgerecht durch seine Hausbank zugunsten des Exporteurs eröffnen zu lassen. Vor Erteilung des Akkreditivauftrags an seine Bank muss der Importeur in der Regel die Akkreditivsumme anschaffen, sofern sein laufendes Konto nicht das entsprechende Guthaben aufweist und keine Kreditgewährung vereinbart wurde.

(3) Die Bank des Importeurs fertigt daraufhin ein Akkreditiveröffnungsschreiben aus (= abstraktes Zahlungsversprechen iSv § 780 BGB) und sendet dieses an die Bank des Exporteurs.

(4) Die Bank des Exporteurs teilt dem Exporteur die Akkreditiveröffnung mit.

(5) Nach Fertigstellung sendet der Exporteur die Ware an den Importeur ab.

(6) Die Versanddokumente reicht der Exporteur seiner Bank ein und erhält – sofern sie »akkreditivkonform« sind und fristgerecht vorgelegt werden – den Akkreditivbetrag ausgezahlt.

(7) Die Bank des Exporteurs sendet daraufhin die Dokumente an die Bank des Importeurs und belastet diese mit dem ausgezahlten Betrag.

(8) Die Bank des Importeurs wiederum händigt dem Importeur die Dokumente aus und verfügt über den vom Importeur angeschafften Akkreditivbetrag. Dieses Abwicklungsschema bedarf einer Ergänzung, wenn die Bank des Importeurs nicht in direkter Kontoverbindung mit der Bank des Exporteurs steht. Dann muss ein Korrespondenzinstitut der Bank des Importeurs als sog. »Remboursbank« eingeschaltet werden.

(9) In diesem Fall sendet die Bank des Importeurs eine Durchschrift des Akkreditivs an die Korrespondenzbank und

(10) bittet die Bank des Exporteurs, sich für die Zahlungen »aus dem Akkreditiv zu erholen«, dh sich die ausgezahlten Beträge von der Korrespondenzbank vergüten zu lassen. Vor Auszahlung des Akkreditivbetrags werden die eingereichten Dokumente von der Bank des Exporteurs sorgfältig überprüft. Stimmen sie nicht genau mit den Akkreditivbedingungen überein, so wird der Akkreditivbetrag *nicht* oder nur »unter Vorbehalt« von der Bank des Exporteurs ausgezahlt und über die Bank des Importeurs die Entscheidung des Importeurs eingeholt, ob die Dokumente trotz der festgestellten Mängel angenommen werden sollen.

Dazu zwei *Beispiele* aus der Praxis, die ein Jurist aus der Auslandsrechtsabteilung eines bedeutenden deutschen Industrieunternehmens berichtete:

1. Die Vertragspartner hatten unter anderem vereinbart, dass die Lieferung der Ware auf dem Landweg »free on truck« (FOT) erfolgen solle, was auch in die Dokumente aufgenommen wurde. FOT bedeutet »frei Waggon«, also die Lieferung per Eisenbahn. Als die Bank des Exporteurs erfuhr, dass die Lieferung der Ware stattdessen per Lkw vorgenommen wurde (wohl, weil Lkws umgangssprachlich bisweilen ebenfalls als »Trucks« bezeichnet werden), weigerte sie sich, den Akkreditivbetrag auszuzahlen, bevor der Importeur seine Zustimmung gab.

275

276

> 2. Aus einem Akkreditiveröffnungsschreiben ging hervor, dass bestimmte Motorteile in der »Farbe: schwarz, RAL Nr. 13«[307] geliefert werden sollten. In dem vom Exporteur an seine Bank eingereichten Dokument fehlte die RAL-Nr. Die Bank zahlte den Akkreditivbetrag erst aus, nachdem die Dokumente berichtigt waren.

Zur Vereinheitlichung des internationalen Umgangs mit Akkreditiven hat die Internationale Handelskammer (»ICC«; → Rn. 252) »*Einheitliche Richtlinien und Gebräuche für Dokumenten-Akkreditive (ERA)*«[308] aufgestellt, bei denen es sich in weiten Teilen um Handelsbräuche iSv § 346 HGB handeln dürfte.[309]

c) Befreiungsklauseln

277   Im Handelsverkehr sind schließlich Klauseln gebräuchlich, die den Anbieter von Ersatzansprüchen freihalten sollen, wenn ihm die Erfüllung des Vertrags nicht oder nicht zu den ausgehandelten Bedingungen möglich ist.

aa) Bedeutung im nationalen Warenhandel

278   Hier können solche Klauseln insbesondere lauten:[310]

- »*Solange der Vorrat reicht*«; dies bedeutet, *dass* der Verkäufer nach Erschöpfung seines Vorrats keine weiteren Waren beschaffen muss. Die Besteller werden dann der Reihe nach bedient.
- Bei der Klausel »*Zwischenverkauf vorbehalten*« ist der Verkäufer an den Vertrag nur gebunden, wenn er vorher nicht anderweitig verkauft hat.
- »*Lieferungsmöglichkeit vorbehalten*« berechtigt den Verkäufer, vom Vertrag zurückzutreten, wenn er die Ware trotz aller Anstrengung nicht beschaffen kann, ohne Ersatzansprüchen des Käufers ausgesetzt zu sein.

bb) Bedeutung im internationalen Warenhandel

279   Im internationalen Warenhandel haben Freizeichnungsklauseln besondere Bedeutung, da hier die Überschaubarkeit der gesetzlichen Risikoverteilung bei unvorhergesehenen und unüberwindlichen Leistungsstörungen besonders gering ist. In Allgemeinen Geschäftsbedingungen und Standardverträgen oder durch Handelsklauseln werden die Auswirkungen »höherer Gewalt« geregelt. So wird die Haftung für »höhere Gewalt« durch sog. »force majeure-Klauseln« ausgeschlossen. »Force majeure« liegt vor, wenn die Störung des Leistungsaustauschs auf Ereignissen beruht, die auch durch äußerste, nach Lage der Dinge billigerweise zu erwartende Sorgfalt nicht verhindert werden konnte.[311] Als *Beispiel* hierfür mag die heute kaum noch bekannte Schließung des Suez-Kanals 1956 dienen. Durch die Schließung dieser Wasserstraße waren viele Lieferer in Be-

---

307 »RAL« steht heute für »Deutsches Institut für Kennzeichnung und Gütesicherung eV« als Nachfolger des 1925 gegründeten »Reichsausschuss für Lieferbedingungen.« Es betreibt über ein Tochterunternehmen einen internationalen Farbstandard über ein Nummernsystem.

308 Englisch: »Uniform customs and practice for documentary credits (**UCP**)«. Die aktuelle Fassung der Revision 2007 »**ERA 600**« mit Anhang für die Vorlage elektronischer Dokumente (**eUCP**; Version 2.0, 1.7.2019) ist abgedruckt bei Baumbach/Hopt/*Hopt* Handelsrechtliche Nebengesetze (11; 11a) Einheitliche Richtlinien.

309 Baumbach/Hopt/*Hopt* Handelsrechtliche Nebengesetze (11) Einheitliche Richtlinien …, Vor Art. 1 Rn. 5.

310 Vgl. Baumbach/Hopt/*Leyens* § 346 Rn. 40: »Liefermöglichkeit«, »Vorrat«, »Zwischenverkauf vorbehalten«.

311 Baumbach/Hopt/*Leyens* § 346 Rn. 40: »force majeure«.

drängnis geraten, da die die Ware transportierenden Schiffe den Umweg um das »Kap der guten Hoffnung« nehmen mussten, unter anderem mit der Folge, dass sich die Transportkosten erheblich verteuerten. Gegen diese und andere Verzugsschäden waren diejenigen Lieferer, die in ihren Vertrag eine »force majeure-Klausel« einbezogen hatten, abgesichert.

> Typische **Beispiele** für »force majeure«-Fälle sind also allgemein kriegerische Auseinandersetzungen, Naturkatastrophen und ähnliche Ereignisse, durch die die rechtzeitige Lieferung der Ware oder die Lieferung gänzlich unmöglich wird. Auch Epidemien einschließlich der **COVID-19-Pandemie** sind hierzu zu zählen.[312]

280

Um die Befreiung des Verkäufers von der Lieferpflicht durch eine »force majeure-Klausel« zu verhindern, versuchen manche Importeure einen – allerdings leicht durchschaubaren – »Trick« anzuwenden: Sie erklären sich mit der Geltung der »force majeure-Klausel« nur unter der Bedingung einverstanden, dass die Handelskammer des Landes, in dem das die Lieferung behindernde Ereignis eintritt, die Klassifizierung dieses Ereignisses als »höhere Gewalt« bestätigt.

Auf eine solche Bedingung wird sich indessen ein im internationalen Handel erfahrener Verkäufer nicht einlassen. Denn keine Handelskammer der Welt wird jemals eine solche Bestätigung ausstellen, da sie im Falle einer Falschauskunft Regressansprüchen ausgesetzt wäre.

4. Fazit

Die *rechtliche* Bedeutung der Handelsklauseln liegt vor allem darin, dass mit einfachen Bezeichnungen bzw. standardisierten Abkürzungen von Schlüsselbegriffen komplexe Sachverhalte, wie zB die Gefahr- und Transportkostentragung, vollständig erfasst werden, wobei die Aussagen der Handelsklauseln von beiden Vertragsparteien im gleichen Sinne verstanden werden. Dies dient der *Rechtsklarheit*, der *Rechtssicherheit* und der *Rechtsvereinfachung* und führt zugleich zum Abbau von Misstrauen bei Partnern, die sich bisher wenig oder gar nicht kannten.

281

Da beiden Vertragsparteien der Inhalt und die Auslegung von Klauseln, wie sie hier beispielhaft erläutert wurden, bekannt ist, führt das zB dazu, dass allein durch die kombinierte Verwendung der drei Klauseln »FOB«, »documents against letter of credit« und »force majeure« zahlreiche Seiten von vertraglichen Formulierungen erspart bleiben! Die damit verbundene *Zeit- und Kostenersparnis* ist zugleich eine der wirtschaftlich bedeutsamen Folgen der Verwendung von Handelsklauseln.

Die *wirtschaftliche* Bedeutung liegt aber vor allem darin, dass die Handelsklauseln es einerseits beiden Parteien ermöglichen, ihr jeweiliges wirtschaftliches Interesse an der Vertragsabwicklung abzusichern und andererseits durch die Überschaubarkeit der Gefahr- und Kostentragungsrisiken die betriebliche Kalkulation bzw. das Risk Management erleichtert wird.

282

---

312 Die ICC hat deshalb ihre empfohlenen Force-Majeure-Klauseln im März 2020 aktualisiert, vgl. *Vorpeil*, Akkreditive in der Corona-Krise – quo vadis?, RIW 2020, Heft 7, I. Die »*ICC Force Majeure and Hardship Clauses, March 2020*« sind abrufbar unter https://iccwbo.org/content/uploads/sites/3/2020/03/icc-forcemajeure-hardship-clauses-march2020.pdf (zuletzt aufgerufen am 18.3.2021).

Literatur zur Vertiefung (Exkurs): *v. Bernstorff,* Incoterms 2020 by the International Chamber of Commerce (ICC) – Kommentierung für die Praxis inklusive offiziellem Regelwerk, 2019; *Breckheimer/Karrenbrock,* Wirtschaftssanktionen und politische Krisen-Auswirkungen im grenzüberschreitenden Geschäft und Möglichkeiten der vertraglichen Risikobegrenzung, BB 2014, 3011; *Buchwitz,* Handelsklauseln und Erfüllungsort im materiellen Recht und IZVR, IHR 2013, 108; *Eckardt,* Das UN-Kaufrecht und die zur Verfügung über die Ware berechtigenden Beförderungsdokumente, TranspR 2019, 491; *Janssen/Maier,* »Kalte Dusche« [Fallprüfung], JA 2005, 597; *Kettenberger,* LugÜ und CISG – Ein deutsch-schweizerischer Vertragsschluss [Schwerpunktbereichsklausur – IPR], JuS 2012, 146; *Koch,* »Spielzeug für Down Unter« [Fallprüfung], JA 2010, 332; *Piltz,* Covid-19 bedingte Lieferstörungen, IHR 2020, 133; *Piltz,* Incoterms® 2020, IWRZ 2020, 157; *Piltz,* Zur kaufvertraglichen Nebenpflicht des Verkäufers hinsichtlich einer ordnungsgemäßen Verpackung und Verladung, TransportR 2017, 389; *Pokrant,* INCOTERMS 2020 – Regelungsbereiche, Unterschiede zu INCOTERMS 2010, RdTW 2020, 201; *Pünder/Kjellsson,* Grundzüge des Außenwirtschaftsrechts, JURA 2016, 894; *K. Schmidt* HandelsR § 30; *Vorpeil,* Akkreditive in der Corona-Krise – quo vadis?, RIW 2020, Heft 7, I; *Vorpeil,* Digitalisierung der Außenhandelsfinanzierung – Neue ICC-Richtlinien zur elektronischen Vorlage von Dokumenten bei Akkreditiven und Inkassi, WM 2019, 1469, 1521; *Wallenberg/Paulus,* Mit oder ohne Fracht?, JA 2006, 28 [Klausurfall].

III. Zustandekommen von Handelsgeschäften

283 Zunächst gelten die allgemeinen Vorschriften über das Zustandekommen von Verträgen (§§ 145 ff. BGB). Selbstverständlich setzt auch das Zustandekommen eines Handelsgeschäfts Angebot (»Antrag«) und Annahme voraus. Gleichfalls gilt hier, dass diese sich deckenden Willenserklärungen ausdrücklich oder konkludent[313] geäußert werden können. Grundsätzlich ist dabei das *Schweigen* auf eine Willenserklärung, zB auf das Angebot, rechtlich bedeutungslos, sofern nicht die Parteien ausdrücklich etwas anderes vereinbart haben oder das Gesetz (wie zB §§ 108 II S. 2, Hs. 2 und 177 II S. 2, Hs. 2 BGB) etwas anderes bestimmt.[314]

Besondere Bestimmungen gelten zum Beispiel insbesondere für das

1. Schweigen auf ein Angebot zur Geschäftsbesorgung

284 Hierzu findet sich eine gesetzliche Regelung in § 362 HGB (Abs. 1 lesen!).

§ 362 I S. 1 HGB setzt voraus, dass einem Kaufmann, dessen Gewerbebetrieb die Besorgung von Geschäften für andere mit sich bringt, ein Antrag über die Besorgung *solcher*[315] Geschäfte von jemandem zugeht, mit dem er in **Geschäftsverbindung** steht.

§ 362 I S. 2 HGB setzt voraus, dass einem Kaufmann ein Antrag über die Besorgung von Geschäften von jemandem zugeht, demgegenüber er sich zur Besorgung solcher Geschäfte **erboten** hat.

In beiden Fällen muss ein Kaufmann auf einen Antrag zu einem Geschäftsbesorgungsvertrag unverzüglich antworten; andernfalls gilt sein *Schweigen als Annahme* des Antrags.

---

313 Vgl. ggf. *Wörlen/Metzler-Müller* BGB AT Rn. 145 f.
314 *Brox/Henssler* HandelsR Rn. 289.
315 Beschränkt sich die Tätigkeit des Kaufmanns im Rahmen eines Vertragsverhältnisses – wie bei einem Miet- oder Werkvertrag – nur auf den **reinen Austausch** von **Leistungen**, ist der Anwendungsbereich des § 362 I S. 1 HGB **nicht eröffnet**, BGH NJW 2018, 296 Rn. 24.

Prüfungsschema Vertragsschluss gem. § 362 HGB:

(1) **Antrag** (§ 145 BGB) durch Kaufmann oder Nichtkaufmann
(2) Gegenüber **Kaufmann** in Bezug auf
    (a) *übliche Geschäfte* seines Gewerbebetriebs bei *bestehender Geschäftsverbindung* (§ 362 I S. 1 HGB) oder
    (b) vom Kaufmann *erbotene Geschäfte* (zB durch individuellen Werbebrief) (§ 362 I S. 2 HGB)
(3) **Schweigen:** Keine unverzügliche (s. § 121 I S. 1 BGB) Antwort (vgl. § 362 I S. 1 HGB)

2. Kaufmännisches Bestätigungsschreiben

Im Handelsverkehr ist es üblich, dass ein Vertragspartner dem anderen mündlich oder 285 fernmündlich (telefonisch) getroffene Vereinbarungen zu Beweiszwecken schriftlich (oder per E-Mail oder Telefax)[316] bestätigt. Gibt die Bestätigung die Vereinbarung richtig wieder, handelt es sich um ein **deklaratorisches Bestätigungsschreiben**. Weicht der Inhalt eines solchen kaufmännischen Bestätigungsschreibens allerdings von den vorherigen mündlichen Vereinbarungen ab, ergeben sich Besonderheiten zum allgemeinen Vertragsrecht: Der Empfänger muss hier unverzüglich widersprechen! Denn andernfalls gilt nach Handelsbrauch der (abweichende) Inhalt des kaufmännischen Bestätigungsschreibens als vereinbart, sofern der Absender nicht unredlich gehandelt hat (**konstitutives Bestätigungsschreiben**). Im Gegensatz zu anderen Handelsbräuchen[317] hat dieser *gewohnheitsrechtlichen Charakter* und ist somit eine gesetzesgleiche Regelung.[318] Das Schweigen auf ein kaufmännisches Bestätigungsschreiben gilt als *Genehmigung*[319] seines Inhalts.

Hat man einen Fall daraufhin zu überprüfen, ob die Grundsätze über das kaufmännische Bestätigungsschreiben Anwendung finden, ergibt sich für den Vertragsschluss (zB durch vollmachtslosen Vertreter) bzw. die Vertragsänderung (bei bereits erfolgtem mündlichen Vertragsschluss mit abweichendem Inhalt) folgendes Prüfungsschema:

Prüfungsschema Vertragsschluss/-änderung durch kaufmännisches Bestätigungsschreiben:

286

(1) **Vertragsschluss** zwischen Kaufleuten
(2) Zusammenfassende »**schriftliche**« **Bestätigung** des Vertragsinhalts
(3) **Schutzwürdigkeit** des Absenders
(4) **Schweigen** des Empfängers

Zu (1): Einem kaufmännischen Bestätigungsschreiben müssen Vertragsverhandlungen vorausgegangen sein, die zumindest aus der Sicht des Bestätigenden zu einem **Vertragsschluss** geführt haben. Es muss also *vermeintlich* bereits ein Vertrag geschlossen worden sein. Die Beteiligten müssen Kaufleute sein oder zumindest *ähnlich* wie

---

316 MüKoHGB/*K. Schmidt* § 346 Rn. 151; *Lettl* HandelsR § 10 Rn. 55.
317 → **Rn. 249 ff.**
318 *Lettl* HandelsR § 10 Rn. 39, 45; *Jung* HandelsR Kap. 9 Rn. 17; vgl. zum Gewohnheitsrecht auch *Wörlen/Metzler-Müller* BGB AT Rn. 5, 8 ff.
319 **Anders zB §§ 108 II S. 2 und 177 II S. 2 BGB!**

Kaufleute am Geschäftsleben teilnehmen, sodass von ihnen kaufmännisches Verhalten erwartet werden kann.[320]

Zu (2): Bei dem eigentlichen kaufmännischen Bestätigungsschreiben handelt es sich um eine zusammenfassende »**schriftliche**« **Bestätigung** (auch etwa per Brief, E-Mail oder Telefax, letztlich also in *Textform* iSv § 126b BGB[321]) des Vertragsinhalts in *nahem* zeitlichen Zusammenhang mit dem Vertragsschluss.[322]

Zu (3): Der Bestätigende muss **schutzwürdig** sein. Daran fehlt es, wenn er *nicht redlich* handelt und etwa das Vereinbarte bewusst unrichtig wiedergibt.[323] Gleiches gilt, wenn sich der Inhalt des Schreibens so *weit vom Inhalt* der vertraglichen Vereinbarung *entfernt*, dass der Absender mit dem Einverständnis des Empfängers nicht rechnen kann.[324] Auch bei *sich kreuzenden*, inhaltlich nicht übereinstimmenden Bestätigungsschreiben fehlt es an der Schutzwürdigkeit, da die abweichenden Inhalte erkennen lassen, dass die Gegenseite mit dem Bestätigungsschreiben des anderen Teils nicht übereinstimmt.[325] Liegt ein Widerspruch aber nur im Hinblick auf Nebenbestimmungen vor, wie sie regelmäßig in *AGB* enthalten sind, stellt dies den Vertragsschluss nicht insgesamt infrage. An die Stelle der sich widersprechenden AGB treten jedoch gem. § 306 II BGB die gesetzlichen Vorschriften.[326]

Zu (4) Sofern kein unverzüglicher (s. § 121 I S. 1 BGB) Widerspruch des Empfängers erfolgt, folgt aus seinem **Schweigen**, dass der Inhalt des Schreibens als verbindlich gilt (vgl. § 362 I S. 1 HGB).[327] Aus Gründen des handelsrechtlichen Vertrauensschutzes wird ein *an sich* wegen nicht vollständiger Willensübereinstimmung ursprünglich *nicht zustande* gekommene Vertrag nun als wirksam behandelt *oder* ein an sich mit einem *anderen Inhalt* geschlossener Vertrag im Sinne des kaufmännischen Bestätigungsschreibens *abgeändert*.

IV. Besonderheiten beim Erwerb vom Nichtberechtigten

1. Gutgläubiger Eigentumserwerb

287 ■ Frage zur Gedächtnisauffrischung: Welche Regelungen (vier Paragrafen sollten Ihnen einfallen!) sieht das BGB vor, wenn es um den gutgläubigen Eigentumserwerb an beweglichen Sachen geht?

► Überlegen Sie, bevor Sie Fußnote[328] lesen!

In den dort genannten Gutglaubensvorschriften des BGB ist bekanntlich der gute Glaube an das *Eigentum* des nichtberechtigt Verfügenden geschützt. Lesen Sie nun nochmals § 366 I HGB!

---

320 *Brox/Henssler* HandelsR Rn. 296a f.; *Kindler* GK HandelsR/GesR § 7 Rn. 19 f.
321 Ausreichend daher auch **WhatsApp-Textnachricht**, nicht aber WhatsApp-Sprachnachricht, *Stöber* HandelsR Rn. 255.
322 MüKoHGB/*K. Schmidt* § 346 Rn. 153; BeckOK HGB/*Lehmann-Richter* § 346 Rn. 52 (Stand: 15.10.2020).
323 *Brox/Henssler* HandelsR Rn. 300.
324 S. zB BGH NJW 1994, 1288 mwN.
325 *Kindler* GK HandelsR/GesR § 7 Rn. 24; *Jung* HandelsR Kap. 9 Rn. 19.
326 *Brox/Henssler* HandelsR Rn. 302.
327 *Kindler* GK HandelsR/GesR § 7 Rn. 23; *Brox/Henssler* HandelsR Rn. 303.
328 **§§ 932, 933, 934 (935) BGB!** Vgl. dazu *Wörlen/Kokemoor* SachenR Rn. 114–125.

▨ Worin besteht der wesentliche Unterschied dieser Vorschrift bezüglich des guten Glaubens, wenn Sie diese mit § 932 I S. 1 und II BGB vergleichen? (Erst nachdenken, dann weiterlesen!)

▶ In § 366 I HGB ist im Gegensatz zu § 932 BGB nicht der gute Glaube an das Eigentum (bzw. das Pfandrecht) des Verfügenden, sondern schon der gute Glaube an die *Verfügungsbefugnis* geschützt!

Der gutgläubige Eigentumserwerb gem. § 366 I HGB ist unter folgenden Voraussetzungen möglich: **288**

Prüfungsschema gutgläubiger Eigentumserwerb gem. § 366 I HGB:

(1) Veräußerung einer fremden **beweglichen Sache**
(2) Durch einen **Kaufmann**[329]
(3) **Im Betrieb** seines Handelsgewerbes (§§ 343 f. HGB)
(4) **Guter Glaube** des Erwerbers an *Verfügungs*befugnis (§ 932 II BGB)

Prüfen Sie, ob diese Voraussetzungen in folgendem Fall[330] erfüllt sind: **289**

Übungsfall 9

Käufer K erwirbt in der Kunsthandlung der Verkäuferin V ein wertvolles Bild, das der E gehört. Das Bild ist durch einen Aufkleber sichtbar mit dem Namen der E als Eigentümerin gekennzeichnet. E hatte das Bild ihrer Freundin F geliehen, die es, weil sie Geld benötigte, der V in Verkaufskommission[331] gegeben hatte.
E klagt gegen K auf Herausgabe des Bildes.

▨ Anspruchsgrundlage für das Verlangen der E ist § ...? (Setzen Sie die Anspruchsgrundlage selbst ein; suchen Sie im BGB!)

▶ ... bevor Sie Fußnote[332] lesen!

K ist Besitzer des Bildes. E könnte von ihm gem. § 985 BGB die Herausgabe des Bildes verlangen, wenn sie (E) noch Eigentümerin wäre! Da K wegen des Aufklebers hätte wissen müssen (= grobe Fahrlässigkeit!), dass V das Bild nicht gehörte, kommt ein gutgläubiger Erwerb allein gem. §§ 929 S. 1, 932 I S. 1 BGB wegen § 932 II nicht in Betracht. K könnte aber das Eigentum unter den Voraussetzungen von § 366 I HGB iVm § 929 S. 1 BGB erworben haben, da es ja durchaus üblich ist, dass Kunsthändler im eigenen Namen fremde Sachen (als Kommissionäre für ihre Kunden) veräußern.

Hinweis: Notieren Sie § 366 HGB neben § 932 II BGB!

V veräußerte an K das Bild der E, also eine der V nicht gehörende bewegliche Sache. Als Kunsthändlerin ist V auch Kaufmann (bzw. -frau) iSv § 1 I HGB und nahm die Veräußerung in ihrer Kunsthandlung vor, also im Betrieb ihres Handelsgewerbes.

---

329 Für den nicht eingetragenen **Scheinkaufmann** gilt dies **nicht**, da ja nicht der Eigentümer den Rechtsschein veranlasst hat, → **Rn. 27 f.**
330 Nach *Brox/Henssler* HandelsR Rn. 308.
331 → **Rn. 336 ff.**, → **Rn. 341.**
332 § 985 BGB! Falls nicht mehr gewusst, s. *Wörlen/Kokemoor* SachenR Rn. 68–71.

Fraglich erscheint allein, ob K dabei hinsichtlich der Verfügungsbefugnis der V gutgläubig war, da der Sachverhalt dazu keine Aussage trifft. Doch ist auch diese Voraussetzung gegeben, denn der gute Glaube an die *Verfügungsbefugnis*[333] wird vom Gesetz – wie bei § 932 BGB der gute Glaube an das Eigentum – *vermutet!*[334]

E hat daher ihr Eigentum an dem Bild an K verloren und kann von diesem folglich nicht die Herausgabe nach § 985 I BGB verlangen!

2. Einschränkung des gutgläubigen Eigentumserwerbs

290 Im Bürgerlichen Recht findet der gutgläubige Eigentumserwerb nach den §§ 932 ff. BGB eine Einschränkung durch § 935 I BGB für »abhanden gekommene« bewegliche Sachen. Aufgrund des Verweises auf die Vorschriften des BGB in § 366 I HGB gilt diese Einschränkung auch im Handelsrecht.

> **Hinweis:** Um diesen Zusammenhang nicht zu übersehen, sollten Sie in Ihrer Gesetzessammlung § 935 I BGB neben § 366 I HGB vermerken!

291 Besonderheiten ergeben sich für Geld, Inhaberpapiere oder in öffentlicher Versteigerung erworbene Sachen (lesen Sie § 935 II BGB!). Nach § 367 I HGB ist der gute Glaube ausgeschlossen, wenn das abhanden gekommene Inhaberpapier an einen Bankier (= ein Kreditinstitut) veräußert wird und der Verlust des Papiers im Bundesanzeiger bekannt gemacht wurde und seit dem Ablauf des Jahres, in dem die Veröffentlichung erfolgte, nicht mehr als ein Jahr verstrichen ist (§ 367 I HGB sowie die Ausnahmen in II und III lesen!).

> **Hinweis:** Notieren Sie in Ihrer Gesetzessammlung § 367 HGB neben § 935 II BGB!

292 Weitergehende Einzelheiten entnehmen Sie bei Bedarf der nachfolgenden »Literatur zur Vertiefung«. Dies gilt in gleichem Maße für die handelsrechtlichen Besonderheiten beim *Pfandrechtserwerb vom Nichtberechtigten*, auf den § 366 HGB ebenfalls (iVm §§ 1207, 932, 935 BGB) Anwendung findet.

V. Kontokorrent

293 Das Kontokorrent ist im HGB in § 355 zwar noch vor den bisher angesprochenen Vorschriften geregelt, wird aber in der Lehrbuchliteratur durchweg erst an dieser oder noch späterer Stelle behandelt. Dies mag unter anderem daran liegen, dass man die in § 355 HGB verwendeten Begriffe besser verstehen kann, wenn man sich in die »allgemeinen Vorschriften« des Ersten Abschnitts und die damit verbundenen Rechtsprobleme schon etwas eingelesen hat.

---

333 Str. ist, ob § 366 I HGB auch auf den guten Glauben an die **Vertretungsmacht** entsprechend anzuwenden ist. Dies ist zu bejahen, da es für den gutgläubigen Erwerber oft nur schwer feststellbar ist, ob sein Verhandlungspartner im eigenen oder im fremden Namen auftritt, *Brox/ Henssler* HandelsR Rn. 313; s. ferner Baumbach/Hopt/*Leyens* § 366 Rn. 5; MüKoHGB/*Welter* § 366 Rn. 42; *K. Schmidt* HandelsR § 23 III S. 2; aA zB *Canaris* HandelsR § 27 Rn. 16 f.; *Lettl* HandelsR § 13 Rn. 11 ff.

334 *Brox/Henssler* HandelsR Rn. 312.

Der Begriff »Kontokorrent« kommt, wie so vieles im Handelsrecht (zB Delkredere, **294** Bilanz, Bankrott uam)[335] aus dem Italienischen: »conto corrente« = laufendes Konto. Lesen Sie zunächst § 355 I HGB.

Brox/Henssler[336] und andere vergleichen diese Art der Kontenabrechnung mit der Abrechnung beim Skat, wenn um Geld gespielt wurde:

»Anstatt nach jedem einzelnen Spiel zu zahlen, werden die jeweils gewonnenen Beträge auf dem Konto des einzelnen Spielers gutgeschrieben; am Ende des Skatabends werden die Konten ›saldiert‹ und der sich ergebende Betrag gezahlt oder eingezogen. Dadurch wird eine Vielzahl von Geldbewegungen durch eine einzige ersetzt.«

Eine hübsche Erklärung! Begriffen? (Wenn nicht, lernen Sie Skat oder spielen Sie weiter Rommé und lesen noch etwas weiter ...)

Das Kontokorrent lässt sich auch – ohne Kartenspiel – wie folgt definieren: Es ist eine, **295** insbesondere bei Banken (Giro[337]-Konto) stark verbreitete Einrichtung, durch die eine Mehrheit von gegenseitigen Ansprüchen zwischen zwei Parteien durch Verrechnung auf eine Geldschuld zurückgeführt wird. Ein Kontokorrent iSv § 355 (– § 357) HGB setzt also eine Geschäftsverbindung zwischen zwei Personen (bzw. Parteien) voraus, von denen *mindestens eine Kaufmann* sein muss. Darüber hinaus muss vereinbart sein, dass die gegenseitigen Geldansprüche verrechnet werden und in bestimmten Perioden, mindestens einmal jährlich (§ 355 II HGB), so abgerechnet werden, dass ein Saldo festgestellt wird. (Auf Ihrem Girokonto – die Bank ist »Kaufmann« – dauert diese Periode nicht etwa bis zur nächsten Umsatzverbuchung oder von Kontoauszug zu Kontoauszug, sondern regelmäßig ein Vierteljahr bis zur Erteilung des nächsten »Rechnungsabschlusses« bzw. der nächsten »Saldenmitteilung«.[338])

Wir wollen nicht zu sehr ins Detail gehen und halten für das Kontokorrent folgende **296** rechtlichen Voraussetzungen fest:

Prüfungsschema Kontokorrent iSv § 355 I HGB:

(1) Geschäftsverbindung mit einem **Kaufmann**
(2) **Beiderseitige Ansprüche** und Leistungen nebst Zinsen
(3) Vorliegen einer **Verrechnungsabrede**

Zu (1): Ist keiner der Beteiligten Kaufmann, spricht man vom »uneigentlichen« Kon- **297** tokorrent, sofern die Voraussetzungen (2) und (3) erfüllt sind. In diesem Fall muss aus der Verrechnungsabrede (Kontokorrentabrede) entnommen werden, ob und inwieweit die §§ 355–357 HGB anwendbar sein sollen.

Eine auf Dauer angelegte Geschäftsverbindung besteht zB auch, wenn ein Kunde ständig bei demselben »Verkäufer« einkauft und »anschreiben« lässt (zB der Hausmann im »Tante-Emma-Laden« oder der Dauerkonsument in seiner »Stammkneipe« ...).

---

335 → **Rn. 119** mit Fn. 159, → **Rn. 234**.
336 *Brox/Henssler* HandelsR Rn. 336a.
337 Ital.; vgl. zB Giro d'Italia; da laufen nicht (nur!) die Konten, sondern vor allem die Räder (oder umgekehrt ...).
338 *Lettl* HandelsR § 11 Rn. 30.

Zu (2) und (3): Auch in den zuletzt genannten Fällen entstehen beiderseitige Forderungen, die die eine Partei (Tante Emma, Wirt) sofort erfüllt und für die sie von Zeit zu Zeit eine Gesamtrechnung ausstellt, in der die Einzelbeträge zu einer Gesamtsumme addiert sind. Die einzelnen Rechnungsposten bleiben in diesem Fall selbstständig bestehen und können vom Gläubiger jederzeit isoliert geltend gemacht (Gast steht beim Wirt schon erheblich »in der Kreide«, weshalb dieser weitere Getränke nur noch gegen Barzahlung abgibt) bzw. vom Schuldner jederzeit getilgt werden (vgl. §§ 366, 367 BGB). Im Unterschied zum »Kontokorrent« liegt hier eine »*offene Rechnung*« vor. Es fehlt an einer entsprechenden Kontokorrentabrede.

Rechtsfolgen: Sind die Voraussetzungen für ein Kontokorrent erfüllt, so hat das die Wirkung, dass der Gläubiger über die einzelnen Forderungen nicht mehr selbstständig verfügen kann. Die Forderungen können somit weder einzeln abgetreten oder verpfändet[339] noch getilgt werden (wohl aber der Saldo!). Sie werden »laufend« verrechnet!

VI. Kaufmännisches Zurückbehaltungsrecht

1. Regelung nach § 273 BGB

298   Das kaufmännische Zurückbehaltungsrecht, dem im Handelsrecht besondere Praxisrelevanz zukommt, baut auf der Regelung des bürgerlich-rechtlichen Zurückbehaltungsrechts des § 273 BGB[340] auf. Lesen Sie daher zunächst § 273 I BGB. Daraus folgt: Jeder Schuldner hat ein solches Zurückbehaltungsrecht wegen *Leistungen aller Art,* an allen Sachen und sonstigen Rechten, wenn sein Anspruch gegen seinen Gläubiger *fällig* ist. Es muss sich um dasselbe rechtliche Verhältnis handeln (sog. *Konnexität* der Ansprüche). Das Zurückbehaltungsrecht iSv § 273 BGB wirkt also als ein reines Leistungsverweigerungsrecht (§ 273 I BGB nochmals lesen!).

2. Regelung nach §§ 369 ff. HGB

299   Die §§ 369–372 HGB enthalten demgegenüber *Besonderheiten* (lesen Sie § 369 I S. 1 HGB und sehen Sie sich parallel dazu das nachfolgende Prüfungsschema an):

Prüfungsschema kaufmännisches Zurückbehaltungsrecht (ZBR)
§ 369 I HGB:

(1) **Fällige** (Geld-)**Forderung** (Konnexität unerheblich)
(2) Aus **beiderseitigem** Handelsgeschäft
(3) Rechtsfolge: ZBR an **beweglichen Sachen** oder Wertpapieren des Schuldners im Besitz des Gläubigers

---

- Grundsätzlich ist die *Fälligkeit* einer Forderung erforderlich.
- Sie muss aus einem *beiderseitigen Handelsgeschäft* zwischen Gläubiger und Schuldner stammen, dh die Beteiligten müssen *Kaufleute* sein.

---

339 So explizit für das Verhältnis zu Dritten BGH NJW-RR 2017, 366 Rn. 15.
340 Vgl. auch **§§ 320 und 1000 BGB**.

- *Konnexität* der Rechtsbeziehung ist *nicht erforderlich*, dh das kaufmännische Zurückbehaltungsrecht kann auch aus verschiedenen Rechtsbeziehungen, die zwischen beteiligten Kaufleuten bestehen, geltend gemacht werden.
- § 369 I HGB erstreckt das Zurückbehaltungsrecht *nur* auf *bewegliche Sachen* und Wertpapiere des Schuldners, die sich aufgrund eines Handelsgeschäfts im Besitz des Gläubigers befinden.
- Die *Wirkung* des kaufmännischen Zurückbehaltungsrechts ist *umfassend: Neben dem Leistungsverweigerungsrecht* hat der Kaufmann an dem zurückbehaltenen Gegenstand *auch ein Verwertungsrecht* bzw. »Befriedigungsrecht« gem. § 371 HGB (zur Information § 371 I S. 1 HGB lesen).

Abgesehen von der Beschränkung auf bewegliche Sachen ist das kaufmännische Zurückbehaltungsrecht iSd §§ 369 ff. HGB also großzügiger als das in § 273 BGB geregelte Zurückbehaltungsrecht[341] und dient so der Erleichterung des kaufmännischen Rechtsverkehrs.

Verdeutlichen Sie sich Voraussetzungen und Rechtsfolgen nun nochmals anhand von Übersicht 34!

Übersicht 34

Kaufmännisches Zurückbehaltungsrecht (§§ 369–372 HGB)	299a
Voraussetzungen: • Beiderseitiges Handelsgeschäft • Fälligkeit der Forderungen grundsätzlich erforderlich • Konnexität nicht erforderlich (Zurückbehaltungsrecht gilt auch für andere Rechtsbeziehungen dieser Kaufleute) • An beweglichen Sachen und Wertpapieren des Schuldners im Besitz des Gläubigers	
Rechtsfolgen: • Leistungsverweigerungs- und Verwertungsrecht • Befriedigungsrecht → § 371 HGB	

VII. Weitere »allgemeine« Sondervorschriften für Handelsgeschäfte

1. Kaufmännische Sorgfaltspflicht

Gemäß § 347 I HGB hat ein Kaufmann, der ein Handelsgeschäft iSv § 343 I HGB vornimmt, für die Sorgfalt eines »ordentlichen Kaufmanns« einzustehen. 300

§ 347 I HGB ist also eine *Haftungsvorschrift* (ähnlich: § 708 BGB).

- ▪ Überlegen Sie, mit welcher Haftungsvorschrift des BGB § 347 I HGB korrespondiert bzw. von welcher Haftungsvorschrift sein Inhalt möglicherweise abweicht!
- ▶ Für die Haftung des Kaufmanns gilt selbstverständlich auch § 276 I S. 1 BGB!

---

341 Vgl. dazu aber *Brox/Henssler* HandelsR Rn. 321, mit Hinweis auf den weiten Begriff »desselben rechtlichen Verhältnisses« iSd § 273 BGB!

Danach hat jeder Schuldner Vorsatz und Fahrlässigkeit zu vertreten, wenn eine strengere oder mildere Haftung weder bestimmt noch aus dem sonstigen Inhalt des Schuldverhältnisses zu entnehmen ist. Fahrlässig handelt, wer die im Verkehr erforderliche Sorgfalt außer Acht lässt (§ 276 II BGB). Je nachdem, in welchem Berufskreis ein Schuldner rechtsgeschäftlich tätig wird, ist die »erforderliche Sorgfalt« nach objektiven Maßstäben anders zu bewerten. Somit kommt man bei der Beurteilung, ob ein *Kaufmann* fahrlässig gehandelt hat, schon über § 276 I S. 1 BGB dazu, für sein Handeln die Beachtung der *Sorgfalt eines ordentlichen Kaufmanns* zu verlangen. Mithin hat § 347 I HGB nur eine klarstellende Funktion[342], ist also nicht eine Vorschrift iSv § 276 I S. 1 BGB, die eine strengere oder mildere Haftung bestimmt. Konsequenterweise sollen dem Kaufmann dann gem. § 347 II HGB auch die Haftungs*erleichterungen* des bürgerlichen Rechts (zB §§ 277, 300 I, 521, 690 BGB – lesen!) zugutekommen.

Hinweis: Schreiben Sie die §§ 277, 300 I, 521, 690 BGB an den Gesetzestext des § 347 II HGB!

2. Grundsatz der Entgeltlichkeit der Leistung

a) Vergütung

301 Nach bürgerlichem Recht wird eine Vergütung für eine vertragliche Leistung grundsätzlich nur aufgrund einer Vereinbarung gezahlt.

■ Überlegen Sie, in welchen Vorschriften des BGB das insbesondere bestimmt ist?
▶ Antwort: vgl. Fußnote[343].

Wird ein *Kaufmann* in Ausübung seines Handelsgewerbes für einen anderen tätig, so kann er eine *Vergütung* auch *ohne Vereinbarung* (»Verabredung«) verlangen (§ 354 I HGB – lesen!) – »weil ein Kaufmann nichts umsonst tut und das allgemein bekannt ist«.[344]

b) Zinsen

302 Gemäß § 354 II HGB kann ein Kaufmann für Darlehen, Vorschüsse, Auslagen und andere Verwendungen vom Tage der Leistung an Zinsen berechnen. Im Unterschied zu § 354 I HGB, bei dem es sich um eine bloße Auslegungsregel handelt, enthält § 354 II HGB eine echte Anspruchsgrundlage.[345]

Außerdem können Kaufleute gem. § 353 S. 1 HGB bei beiderseitigen Handelsgeschäften[346] unter der Voraussetzung, dass eine *Forderung fällig* ist, Zinsen fordern (»Fälligkeitszinsen«).

---

342 S. zB *Jung* HandelsR Kap. 9 Rn. 23.
343 **ZB §§ 611 I, 611a II, 631 I Hs. 2, 652 BGB.**
344 Diese hübsche Formulierung in Anlehnung an RGZ 122, 232 geht zurück auf *Brox* (Handelsrecht und Wertpapierrecht Rn. 369; bis zur 18. Aufl. 2005); vgl. auch *Steding* WR 1993, 248: »Altruismus ist Kaufleuten grundsätzlich fremd. Mehr als für andere gilt für sie der Grundsatz ›Pecunia non olet‹ « (lat.: »Geld stinkt nicht«)!
345 *Lettl* HandelsR § 11 Rn. 6.
346 **Nicht** aber bei Geldschulden aus **unerlaubter Handlung**, selbst wenn sie im Zusammenhang mit einem beiderseitigen Handelsgeschäft entstanden sind, BGH NJW 2018, 2197.

▧ Zur Erinnerung: Welche Vorschrift des BGB regelt grundsätzlich die Zinspflicht des Schuldners? Welcher Zinssatz ist dort vorgesehen, »sofern nicht ein anderes bestimmt ist«?

▶ Wenn Sie sofort an § 288 BGB gedacht haben, war das eine gute Idee! Wenn Sie die Vorschrift lesen (!), merken Sie, dass dort aber nur *Verzugs*zinsen angesprochen sind.

Das ist also nicht die Vorschrift, die den – allgemeinen – »gesetzlichen Zinssatz« bestimmt. Der gesetzliche Zinssatz ist in § 246 BGB geregelt. Danach sind für eine Schuld, wenn das Gesetz oder ein Rechtsgeschäft (insbesondere Vertrag) ihre Verzinsung vorsieht, 4% Zinsen zu entrichten, sofern nicht – wie in § 288 BGB – »ein anderes bestimmt ist«.

Nach § 288 I S. 2 BGB liegt der *Verzugs*zins abweichend von § 246 BGB regelmäßig *5% über dem Basiszinssatz* (vgl. § 247 BGB und dazu die Fußnote in Ihrem Gesetzestext: Der Basiszinssatz[347] kann sich halbjährlich ändern und liegt seit dem 1.7.2016 bei -0,88%), beträgt also derzeit 4,12%. Ist ein Verbraucher nicht beteiligt, liegt der Verzugszins sogar *9% über dem Basiszinssatz*, also bei 8,12%, und es fällt zusätzlich eine Pauschale in Höhe von 40 EUR gem. § 288 V BGB an. Zu § 288 BGB enthält das HGB keine Sondervorschrift!

▧ Stimmt das, wenn Sie § 352 HGB lesen?

▶ Ja: § 352 HGB erhöht für beiderseitige Handelsgeschäfte, also für Kaufleute, den »gesetzlichen Zinssatz« des § 246 BGB von 4% auf 5% »mit Ausnahme der Verzugszinsen«. Befindet sich also ein Kaufmann bei einem solchen Geschäft in Verzug, muss er gem. § 288 II BGB 9% Zinsen über dem Basiszinssatz zahlen.

Hinweis: Notieren Sie in Ihrer Gesetzessammlung § 352 HGB neben § 246 BGB!

Oben (→ Rn. 5–5b) haben Sie erfahren, dass für Kaufleute im HGB teilweise strengere oder weniger strenge Vorschriften gelten als für Nichtkaufleute im BGB. Und Sie haben auch die Gründe dafür erfahren (gegebenenfalls oben nachlesen!).

§ 352 HGB ist für den Kaufmann, der Schuldner ist, strenger (5% statt 4% Zinsen – ohne Verzug). Zugleich ist diese Vorschrift für den Kaufmann als Gläubiger, der »kassiert«, günstiger.

Kaufleute untereinander (»beiderseitiges Handelsgeschäft«) sollen Forderungen im Interesse der raschen Abwicklung des Handelsverkehrs (mit dem sie beide besser vertraut sind als die nur dem BGB unterworfenen »Normalbürger« mit dem dort geregelten Rechtsverkehr) höher verzinsen und verzinst bekommen, und zwar schon ab Fälligkeit der Forderung, nicht erst, nachdem sie in Verzug gesetzt wurden. Sie »wissen Bescheid« und müssen nicht mehr gewarnt werden.

---

347 Abrufbar im Internet zB unter »www.basiszinssatz.info« sowie unter »www.bundesbank.de/de/ bundesbank/organisation/agb-und-regelungen/basiszinssatz-607820 « (zuletzt aufgerufen am 18.3.2021).

3. Vertragsgemäße Leistung

a) Leistungszeit

303 § 271 BGB (lesen!) findet handelsrechtliche Ergänzungen in den §§ 358, 359 HGB (lesen!): Die Leistung kann im Zweifel nicht »sofort«, sondern nur während der *gewöhnlichen* Geschäftszeit bewirkt und gefordert werden (§ 358 HGB); § 359 HGB klärt (?) die handelsrechtliche Bedeutung der Begriffe »Frühjahr«, »Herbst«[348] sowie »acht Tage«.

b) Leistungsqualität

304 Nach bürgerlichem Recht unterscheiden wir Stück- und Gattungsschuld[349], wovon letztere bezogen auf Sachen mittlerer Art und Güte im Gesetz verständlich umschrieben wird (lesen Sie zur Wiederholung § 243 I BGB!).

Für *Kaufleute* gilt darüber hinaus[350] § 360 HGB: Danach ist *Handelsgut* mittlerer Art und Güte zu leisten. Das kann gegenüber § 243 I BGB einen höheren, aber auch einen geringeren Qualitätsstandard bedeuten.[351]

c) Vertragsstrafe

305 Vertragsparteien können grundsätzlich vereinbaren, dass der Schuldner im Fall einer Pflichtverletzung einen bestimmten Geldbetrag als Vertragsstrafe zu zahlen hat (§ 339 BGB). Erscheint die vereinbarte Strafe dem Schuldner im Nachhinein unverhältnismäßig hoch, kann sie auf seinen Antrag vom Gericht auf einen angemessenen Betrag herabgesetzt werden. Dies bestimmt § 343 I S. 1 BGB, der damit den Schutz des unerfahrenen Vertragspartners bezweckt. Dieses Schutzes bedarf ein Kaufmann nicht, da er, wie bereits mehrfach angedeutet, als in Geschäftsangelegenheiten erfahren gilt. Daher ist gem. § 348 HGB unter den Voraussetzungen, dass der Versprechende *Kaufmann* ist und die Vertragsstrafe *im Betrieb* seines Handelsgeschäfts vereinbart worden ist, eine Herabsetzung gem. § 343 BGB[352] nicht möglich!

Hinweis: Notieren Sie in Ihrer Gesetzessammlung § 348 HGB neben § 343 BGB!

4. Besonderheiten bei Bürgschaft, Schuldversprechen und Schuldanerkenntnis

306 Wie bereits eingangs[353] erwähnt, kennt das BGB eine Reihe von Formvorschriften[354], die die an dem jeweiligen Rechtsgeschäft Beteiligten vor übereilten Entschlüssen schützen sollen. Da Kaufleute aufgrund ihres geschäftlichen »Know-hows« diesen Schutz nicht benötigen, sieht das HGB zur Erleichterung des handelsrecht-

---

348 *Für Sommer und Winter gelten also keine handelsrechtlichen Besonderheiten? Doch! Es sind »in ähnlicher Weise bestimmte Zeitpunkte«.*
349 S. dazu *Wörlen/Metzler-Müller* SchuldR AT Rn. 160 ff.
350 Zur Erinnerung: vgl. **Art. 2 I EGHGB.**
351 *Jung* HandelsR Kap. 9 Rn. 41.
352 Wohl aber gem. **§§ 134, 138, 242, 313, 315 BGB!**, s. *Lettl* HandelsR § 10 Rn. 66.
353 → **Rn. 5b.**
354 Guter Überblick bei *Wörlen/Metzler-Müller* BGB AT Rn. 291 ff., 298 ff.

lichen Rechtsverkehrs bei einigen dieser Rechtsgeschäfte von Formerfordernissen ab.

So finden gem. **§ 350 HGB** die §§ 766 S. 1 und 2, 780, 781 S. 1 und 2 BGB, die für eine Bürgschaftserklärung, ein Schuldversprechen oder ein Schuldanerkenntnis die Einhaltung der Schriftform (§ 126 I BGB) verlangen, keine Anwendung, sofern ein *Kaufmann* diese Rechtsgeschäfte als *Handelsgeschäfte* vornimmt. Eine Bank zB kann also eine Bürgschaftserklärung mündlich wirksam abgeben. Andererseits steht ihr unter den gleichen Voraussetzungen gem. **§ 349 HGB** auch *keine Einrede der Vorausklage* (vgl. §§ 771, 773 BGB; davon § 771 BGB lesen) zu.

Hinweis: Vermerken Sie § 350 HGB neben die §§ 766, 780 und 781 BGB. Notieren Sie sodann § 349 HGB neben die §§ 771, 773 BGB sowie die §§ 771, 773 BGB neben § 349 HGB!

Einige der wichtigsten Sonderregelungen des HGB, die für Kaufleute Abweichungen vom BGB enthalten, finden Sie auf der folgenden Übersicht 35.

Literatur zur Vertiefung (→ Rn. 243–307): *Brox/Henssler* HandelsR §§ 14–18; *Bülow* HandelsR Zweiter Teil, Erster Abschnitt; *Canaris* HandelsR §§ 20–28; *Drechsler/Happ*, Rügepflicht und Zinsanspruch, JURA 2020, 357; *Fischinger* HandelsR § 7; *Haag/Erdl* Fälle HandelsR/GesR Fälle 5 und 6; *v. Hayn-Habermann*, Voraussetzungen des kaufmännischen Bestätigungsschreibens, NJW-Spezial 2011, 300; *Jung* HandelsR Kap. 9; *Kumpan/Pauschinger*, Exquisite Eismaschinen (Klausurfall zum kaufmännischen Bestätigungsschreiben), JA 2017, 423; *Lettl* HandelsR §§ 10 f.; *Lettl*, Das kaufmännische Bestätigungsschreiben, JuS 2008, 849; *Lettl*, Die Wirksamkeit der Abtretung einer Geldforderung trotz wirksamen Abtretungsverbots nach § 354a HGB, JA 2010, 109; *Lieder*, Referendarexamensklausur Handels- und Gesellschaftsrecht und Bürgerliches Recht, JuS 2014, 1009; *H.-F. Müller*, Baumaschinenvermieter auf Abwegen (Übungsklausur), JA 2007, 258; *Petersen*, Der gute Glaube an die Verfügungsmacht im Handelsrecht, JURA 2004, 247; *Petersen*, Rechtsgeschäftliches Abtretungsverbot im Handelsrecht, JURA 2005, 680; *Petersen*, Schweigen im Rechtsverkehr, JURA 2003, 687; *Pfeiffer*, Die laufende Rechnung (Kontokorrent), JA 2006, 105; *Oetker* HandelsR § 7; *K. Richter*, Erteilung der Prokura und gutgläubiger Erwerb (Semesterabschlussklausur), JuS 2007, 647; *Schärtl*, Das kaufmännische Bestätigungsschreiben, JA 2007, 567; *Steinbeck*, Grundlagen des Handelsrechts und examensspezifische Problemkonstellation, Ad Legendum 2013, 298; *Weyer*, Handelsgeschäfte (§§ 343 ff. HGB) und Unternehmergeschäfte (§ 14 BGB), WM 2005, 490.

Übersicht 35

307

Einige wichtige Sonderregelungen des HGB für Handelsgeschäfte im Vergleich zum BGB	
BGB	**HGB**
§ 343: Herabsetzung von Vertragsstrafen	§ 348: Keine Herabsetzung von Vertragsstrafen gem. § 343 BGB
Schriftform (§ 126 I) bei: § 766: Bürgschaftserklärung § 780: Schuldversprechen § 781: Schuldanerkenntnis	§ 350: Formfreiheit, wenn Handelsgeschäft

§ 246: Gesetzlicher Zinssatz 4%
§ 288: Verzugszinsen
  I, II 5% bzw. 9% über dem Basiszinssatz
  (gilt auch für Kaufleute)
	§§ 352, 353: 5% Zinsen nach Fälligkeit

§ 399: Ausschluss der Abtretung	§ 354a I: Ausschluss unwirksam (gilt nicht bei Bankkrediten, § 354a II!)
§§ 145 ff.: Schweigen auf Angebot = keine Annahme	§ 362: Schweigen gilt als Annahme, falls nicht unverzügliche Ablehnung erfolgt
	(Schweigen auf kaufmännisches Bestätigungsschreiben gilt dementsprechend als Annahme bzw. Genehmigung einer Vertragsänderung)

§ 273: Zurückbehaltungsrecht
  • jeder Schuldner
  • wegen Leistungen aller Art
  • unmittelbar aus dem betreffenden Vertrag
  • an allen Sachen und Rechten
  • Leistungsverweigerungsrecht
	§ 369: Kaufmännisches Zurückbehaltungsrecht:
	  • Kaufmann bei beiderseitigem Handelsgeschäft
	  • nur wegen Geldforderungen
	  • aus jedem Rechtsgeschäft mit demselben Gläubiger
	  • nur an Wertpapieren und beweglichen Sachen
	  • Leistungsverweigerungs- und Verwertungsrecht

§§ 372 ff.: Bei Annahmeverzug des Gläubigers
  • Hinterlegungsbefugnis bei Geld und Wertpapieren unter engen Voraussetzungen
	§ 373: Bei Annahmeverzug des Käufers
	  • Hinterlegungsbefugnis; gegebenenfalls Selbsthilfeverkauf jeder Ware

§§ 437 ff., 438 I Nr. 3: Käufer kann Mängelrüge bei beweglichen Sachen bis zwei Jahre nach Lieferung geltend machen	§ 377: Bei beiderseitigem Handelskauf Untersuchungsobliegenheit und unverzügliche Rügeobliegenheit; andernfalls Annahme ohne Gewährleistungsrechte nach §§ 437 ff. BGB[355]

---

355 Mehr dazu → **Rn. 320 ff.**

B. Besondere Handelsgeschäfte

I. Handelskauf

Der »Handelskauf« ist das am häufigsten getätigte Handelsgeschäft, für das die **308** §§ 373–381 HGB Sondervorschriften zu den allgemeinen Regelungen des BGB (und zu den »allgemeinen Vorschriften« der §§ 343–372 HGB) enthalten. Sinn dieser Sondervorschriften ist es einmal mehr, die besonderen Erfahrungen der Kaufleute im Geschäftsverkehr zu berücksichtigen und zu ermöglichen, die Rechtsbeziehungen unter Kaufleuten möglichst rasch zu klären und zügig abzuwickeln.[356]

Eine Legaldefinition des Handelskaufs werden Sie in den genannten Sondervorschriften nicht finden. Dennoch sollten Sie sich zunächst die Zeit nehmen, die §§ 373–381 HGB einmal im Zusammenhang durchzulesen.

Grundlage des Handelskaufs ist ein *Kaufvertrag* iSv § 433 BGB, der für wenigstens einen Vertragspartner ein *Handelsgeschäft* gem. § 343 I HGB ist, an dem also mindestens ein *Kaufmann* beteiligt sein muss (s. Prüfungsschema → Rn. 245).

░ Wenn Sie dies nun wissen und (nochmals) die §§ 373 I und 381 I HGB lesen, sollten Sie in der Lage sein, auch den Gegenstand eines Handelskaufs und damit alle wesentlichen Merkmale des Handelskaufs selbst aufzuschreiben. Versuchen Sie das, bevor Sie weiterlesen!

▶ Aus den genannten HGB-Vorschriften ergibt sich, dass Gegenstand des Handelskaufs *Waren oder Wertpapiere* sein können.

Aus diesen wesentlichen Merkmalen des Handelskaufs ergibt sich folgendes Prü- **309** fungsschema:

> ### Prüfungsschema Handelskauf iSv §§ 373 ff. HGB:
>
> (1) **Kaufvertrag** gem. § 433 BGB[357]
> (2) über **Waren** oder **Wertpapiere** (vgl. §§ 373 I, 381 I HGB)
> (3) **Handelsgeschäft** (§ 343 I HGB) für mindestens eine Partei:
>   (a) Beteiligung eines *Kaufmanns*, für den
>   (b) Vertragsabschluss zum Betrieb des Handelsgewerbes gehört (»*Betriebszugehörigkeit*«)

Waren im Sinne des HGB sind übrigens *bewegliche Sachen*, sodass die Sondervor- **310** schriften für den Handelskauf nicht auf Grundstückskaufverträge anwendbar sind. Auch Rechte und Forderungen, die nicht in Wertpapieren verbrieft sind, sind nicht Gegenstand eines Handelskaufs!

Außer den *§§ 377 und 379 HGB*, deren Anwendung ausdrücklich ein *beiderseitiges Handelsgeschäft* voraussetzt, gelten alle anderen Sondervorschriften in diesem Zwei-

---

356 *Groh* in Creifelds Recht-WB »Handelskauf«.
357 Findet gem. § 381 II HGB auch auf den **Werklieferungsvertrag** (§ 650 BGB) Anwendung, BGH NJW 2016, 2645 Rn. 19 (Herstellung und Lieferung von Walzenzapfen).

ten Abschnitt des Vierten Buchs des HGB auch für *einseitige* Handelskäufe (vgl. nochmals § 345 HGB!).

1. Annahmeverzug des Käufers

311 § 373 HGB (lesen!) enthält zur Stärkung der Stellung des Verkäufers besondere *Rechtsfolgen*, die die bürgerlich-rechtlichen Regelungen des Annahmeverzugs ergänzen. Gemäß § 374 HGB gelten die Vorschriften des BGB über den Annahmeverzug gleichermaßen auch für Kaufleute.

Die *Voraussetzungen* für den Annahmeverzug (Gläubigerverzug) sind daher nach dem BGB zu überprüfen.

▨ Gedächtnistraining: Welche Vorschriften sind für den Annahmeverzug nach dem BGB einschlägig?
▶ Die Antwort finden Sie unter Fußnote[358].

Übersicht 36

312

> Die *besonderen Rechtsfolgen* des Annahmeverzugs
>
> beim Handelskauf sind nach
>
> > § 373 HGB
>
> folgende:
>
> > • Weitergehendes Hinterlegungsrecht,
> > • weitergehendes Selbsthilfeverkaufsrecht,
> > • Wahlrecht zwischen Hinterlegung und Selbsthilfeverkauf.

313 Während die §§ 372 ff. BGB[359] die *hinterlegungsfähigen Gegenstände* eng begrenzen und eine öffentliche Stelle, idR das Amtsgericht, als Hinterlegungsstelle vorsehen, kann nach § 373 I HGB *jede Ware an jedem sicheren Ort*, wie zB einem öffentlichen Lagerhaus hinterlegt werden.

314 Der *Selbsthilfeverkauf* gem. § 373 II S. 1 HGB, der grundsätzlich nach *vorheriger Androhung* (falls die Ware nicht verderblich ist, § 373 II S. 2 HGB) möglich ist, erstreckt sich – im Gegensatz zum BGB, das nur den Selbsthilfeverkauf von nicht hinterlegungsfähigen Sachen zulässt – auf *alle Waren und Wertpapiere*. Der Selbsthilfeverkauf kann gem. § 373 II S. 1 HGB durch einen öffentlich ermächtigten Handelsmakler oder durch öffentliche Versteigerung erfolgen.

---

358 **§§ 293–304 BGB!** Falls nicht (mehr) gewusst, vgl. *Wörlen/Metzler-Müller* SchuldR AT Rn. 243 ff.
359 IVm den Hinterlegungsgesetzen der Länder, s. zB § 6 HessHintG; Art. 9 BayHintG.

2. Bestimmungskauf

Ein Bestimmungskauf (auch: Spezifikationskauf) liegt gem. § 375 I HGB vor, wenn **315** dem Käufer einer beweglichen Sache die nähere Bestimmung über Form, Maß oder ähnliche Verhältnisse des Kaufgegenstands vorbehalten ist. In diesem Fall bedeutet diese Befugnis des Käufers zugleich eine Verpflichtung (§ 375 I HGB lesen!).

> **Beispiel:** Autovertragshändlerin A bestellt beim Hersteller H zehn Fahrzeuge der Baureihe X, wobei sie sich die Bestimmung der Farben noch vorbehält.

Kommt der Käufer mit dieser »*Spezifikationspflicht*« in Verzug, kann der *Verkäufer* **316** zwischen folgenden *Rechtsfolgen wählen* (lesen Sie § 375 II HGB):

- Selbstspezifikation
  (§ 375 II S. 1 Hs. 1 HGB)
  oder
- nach angemessener Fristsetzung zur Nacherfüllung
  – Schadensersatz statt der Leistung gem. §§ 280 I und III, 281 BGB
    oder
  – Rücktritt vom Vertrag nach § 323 BGB (§ 375 II S. 1 Hs. 2 HGB)
    oder
- Hinterlegung (§ 373 I HGB)
  oder
- Selbsthilfeverkauf (§ 373 II HGB).

Verlangt der Verkäufer nicht Schadensersatz statt der Leistung gem. §§ 280 I und III, 281 BGB, kann er neben einem der anderen geltend gemachten Rechte Ersatz des eventuellen Verzögerungsschadens gem. §§ 280 I und II, 286 BGB verlangen.[360]

- »Denksportaufgabe«: Überlegen Sie, warum die Verletzung der Spezifikationspflicht durch Verzug des Käufers auch Rechtsfolgen des § 373 HGB nach sich ziehen kann!
- Wenn der Käufer den Kaufgegenstand nicht rechtzeitig näher bestimmt hat, kann er ihn auch nicht rechtzeitig annehmen. Er befindet sich somit als *Schuldner der Spezifikationspflicht* nicht nur in Schuldnerverzug, sondern zugleich als *Gläubiger* der Leistungspflicht des Verkäufers aus dem Warenkauf hinsichtlich der Annahme der gekauften Ware in Annahmeverzug (vgl. § 295 S. 2 BGB)!

3. Fixhandelskauf

Ein Fixhandelskauf liegt vor, wenn bei einem Handelskauf eine sog. *Fixklausel* iSv **317** § 376 I HGB iVm § 323 II Nr. 2 BGB (nicht vergessen: Vorschriften lesen!) des Inhalts vereinbart wurde, dass die *Leistung* zumindest des einen Vertragspartners genau *zu einer fest bestimmten Zeit* oder *innerhalb einer fest bestimmten Frist* erbracht werden soll. Zweck von § 376 HGB ist es, bei Ausbleiben der Leistung zum vereinbarten Zeitpunkt eine rasche Abwicklung des Vertrags zu ermöglichen.

Nicht ausreichend ist die Bestimmung eines nur kalendermäßigen Fälligkeitstermins, sondern es müssen Zusätze wie zB »genau«, »präzise«, »fix« vereinbart werden, die verdeutlichen, dass der Vertrag mit der Einhaltung der Leistungszeit »stehen und fallen« soll.[361]

---

360 Dazu *Wörlen/Metzler-Müller* SchuldR AT Rn. 200 ff.
361 BGHZ 110, 88 (96) = NJW 1990, 2065; OLG Düsseldorf BauR 2011, 1002.

Beispiel:[362] »Die Lieferung soll binnen einer Woche fix nach Abruf durch den Käufer erfolgen.«

Der Fixhandelskauf ist ein Sonderfall des sog. *relativen* (= vereinbarten!) bzw. *eigentlichen Fixgeschäfts* nach § 323 II Nr. 2 BGB, das vom gesetzlich nicht geregelten *absoluten* (uneigentlichen) *Fixgeschäft* zu unterscheiden ist:

318 Beim **absoluten Fixgeschäft** kann die Leistung ohne besondere Vereinbarung bereits aufgrund ihrer spezifischen Eigenart nur zu einem bestimmten (»fixen«) Zeitpunkt erbracht werden, ist also nicht nachholbar, sondern wird bei Nichteinhaltung des Termins *unmöglich.*

Beispiel: Brautstrauß zur Hochzeitsfeier, Bestellung einer Taxifahrt zum Abflug eines Flugzeugs.

Beim **relativen Fixgeschäft** dagegen bleibt die Leistung nachholbar.

Vom schuldrechtlichen relativen Fixgeschäft unterscheidet sich der Fixhandelskauf in seinen *Voraussetzungen* nur dadurch, dass Letzterer für einen Vertragspartner ein Handelsgeschäft iSv § 343 I HGB ist.

Übersicht 37

319

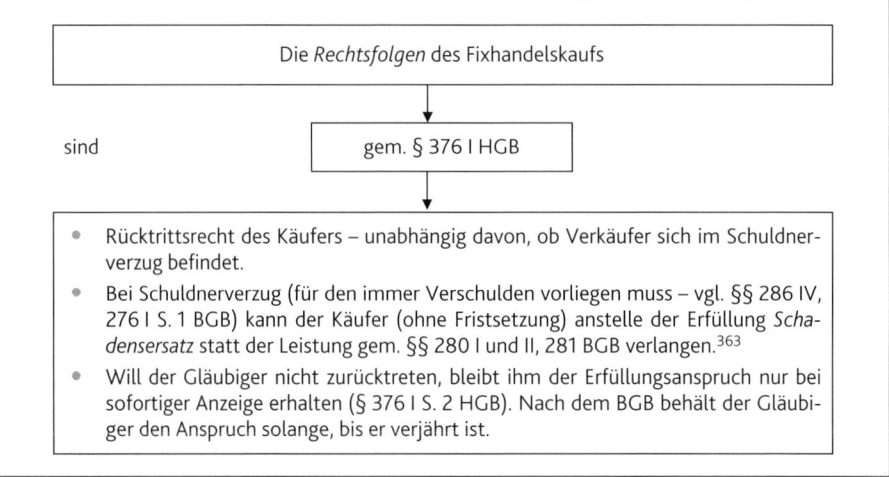

Die *Rechtsfolgen* des Fixhandelskaufs

sind   gem. § 376 I HGB

- Rücktrittsrecht des Käufers – unabhängig davon, ob Verkäufer sich im Schuldnerverzug befindet.
- Bei Schuldnerverzug (für den immer Verschulden vorliegen muss – vgl. §§ 286 IV, 276 I S. 1 BGB) kann der Käufer (ohne Fristsetzung) anstelle der Erfüllung *Schadensersatz* statt der Leistung gem. §§ 280 I und II, 281 BGB verlangen.[363]
- Will der Gläubiger nicht zurücktreten, bleibt ihm der Erfüllungsanspruch nur bei sofortiger Anzeige erhalten (§ 376 I S. 2 HGB). Nach dem BGB behält der Gläubiger den Anspruch solange, bis er verjährt ist.

Für den Fall, dass Schadensersatz wegen Nichterfüllung verlangt wird, enthält § 376 HGB in den Absätzen 2 und 3 besondere Regelungen zur Schadensberechnung.

4. Sonderregelungen für die Mängelhaftung

320 Ist der Handelskauf *für beide Seiten* ein *Handelsgeschäft*, sieht § 377 HGB (zitierte Vorschriften lesen!) besondere Untersuchungs- und Rügeobliegenheiten des Käufers vor, falls die Ware zwar pünktlich, aber nicht ordnungsgemäß geliefert wird. Dies ist entweder der Fall, wenn die Ware mit einem *Qualitätsmangel* (Schlechtlieferung, § 434 I, II BGB) oder mit einem *Quantitätsmangel* (Mengenfehler, § 434 III, 2. Var. BGB) behaftet ist oder eine andere Ware als die bestellte geliefert wird (»*Aliud*« = *Falschlieferung*, § 434 III, 1. Var. BGB).

---

362 *Brox/Henssler* HandelsR Rn. 395.
363 Entgegen § 281 I S. 1 BGB **ohne Nachfristsetzung**, da ein »fixer« Termin bestimmt wurde, § 281 II BGB!

Prüfungsschema Ausschluss von Mängelansprüchen (§ 437 BGB) gem. § 377 HGB:[364]

(1) **Beiderseitiger Handelskauf**[365]
(2) **Ablieferung** der Waren durch Verkäufer
(3) **Sachmangel** iSv § 434 BGB
(4) **Keine Arglist** des Verkäufers (§ 377 V HGB)
(5) **Keine** ordnungsgemäße **Rüge** (§ 377 II–IV HGB)

§ 377 HGB dient der raschen Geschäftsabwicklung im Handelsverkehr und soll vor allem den Verkäufer davor schützen, erst längere Zeit nach der Lieferung der Sache dann nur noch schwer feststellbaren Gewährleistungsansprüchen ausgesetzt zu sein.[366]

Hinweis: Die Untersuchungs- und Rügeobliegenheit[367] iSd § 377 HGB spielt in der Praxis eine große Rolle und ist in besonderem Maße klausurrelevant!

Voraussetzungen und Inhalt der Untersuchungs- und Rügeobliegenheit wollen wir anhand eines Falls genauer betrachten. Dessen Lösung wird zur Übung gutachtenähnlich dargestellt.

a) Untersuchungs- und Rügeobliegenheit bei Qualitätsmängeln

Übungsfall 10:[368] Kartoffeln mit Hering	321

Privatperson P bestellt beim Lebensmittelhändler K fünf Zentner Kartoffeln der Sorte »Hansa«, die sie einkellern will. K, der selbst kein Lager hat, kauft die Kartoffeln bei der Großhändlerin V, die die Kartoffeln unmittelbar zu P bringen soll.
Außerdem bestellt K bei V 500 Dosen eingelegte Heringe, die in seinen Laden geliefert werden. Als K drei Wochen später von P Bezahlung der Kartoffeln verlangt, erklärt P dem K, die Kartoffeln könnte er zurücknehmen, da sie offenbar uralt sowie größtenteils verschimmelt oder angefault seien.
Als dem K von einem anderen Kunden am selben Tag (= nach drei Wochen) eine Dose Heringe zurückgebracht wird, weil sich diesen ungenießbare andere Lebewesen hinzugesellt hatten, öffnet K weitere Dosen. Dabei muss er feststellen, dass alle anderen Dosen ebenfalls verdorben sind. K zeigt daraufhin der V diese Mängel sofort an und setzt der V eine Frist zur Nacherfüllung (Nachlieferung mangelfreier Ware). V meint, dass sie das nach drei Wochen nichts mehr »angehe«.
Kann K nach Ablauf der Nachfrist von den mit V geschlossenen Verträgen zurücktreten?

(A) Rücktrittsrecht hinsichtlich der Kartoffeln:

Ein Rücktrittsrecht des K könnte sich aus § 437 Nr. 2, 1. Var. iVm § 434 I S. 2 Nr. 2 und § 323 I BGB ergeben. **322**

---

364 Innerhalb des allgemeinen Schemas »1. **Anspruch entstanden**, 2. Anspruch nicht untergegangen, 3. Anspruch durchsetzbar« befinden wir uns hier auf der 2. Stufe. Sind Sie also zu 1. zu dem Ergebnis gelangt, dass dem Käufer **Mängelansprüche nach § 437 BGB** zustehen (zB ein Anspruch auf Nachlieferung), prüfen Sie nun auf Stufe 2, ob der Anspruch eventuell untergegangen ist!
365 Kaufvertrag gem. § 433 BGB, der für **beide Seiten** ein Handelsgeschäft iSv § 343 I HGB (s. Prüfungsschema → **Rn. 245**) darstellt.
366 BGH NJW 2016, 2645 Rn. 21 mwN.
367 **Obliegenheit = Mitwirkungspflicht ohne eigentlichen Schuldcharakter**, bei deren Nichtbeachtung Rechtsnachteile drohen, vgl. *Schmidt* in Creifelds Recht-WB »Obliegenheit«.
368 In Anlehnung an *Alpmann und Schmidt* HandelsR, 18. Aufl. 2019, Fall 15.

(I) (1) Dies setzt zunächst einen wirksamen Kaufvertrag iSv § 433 BGB voraus, der zwischen V und K geschlossen wurde, was nach dem Sachverhalt der Fall ist.

(2) Die Kartoffeln müssten zum Zeitpunkt des Gefahrübergangs (§§ 434 I S. 1, 446 BGB) mangelhaft gewesen sein.

Gemäß § 360 HGB schuldete V Kartoffeln »mittlerer Art und Güte«, wozu angefaulte Kartoffeln nicht gehören. Somit liegt ein Sachmangel iSv § 434 I 2 Nr. 2 BGB vor, da die gelieferten Kartoffeln für die gewöhnliche Verwendung ungeeignet sind und eine Beschaffenheit, die bei Kartoffeln der gleichen Art üblich ist, nicht aufweisen.

(3) Dieser Mangel lag auch schon bei der von K gewünschten Übergabe an P, also bei Gefahrübergang auf K (§ 446 BGB), vor.

(4) Somit kann K grundsätzlich unter den Voraussetzungen von § 323 I BGB vom Vertrag zurücktreten. Da

(a) der Kaufvertrag ein gegenseitiger Vertrag ist,

(b) V ihre fällige Leistung nicht vertragsgemäß erbracht hat und

(c) K ihr erfolglos eine angemessene Frist zur Nacherfüllung gesetzt hat,

sind diese Voraussetzungen erfüllt.

323 (II) (1) Dieser Anspruch könnte jedoch nach § 377 II HGB untergegangen sein. Der *Kaufvertrag*[369] zwischen V und K hat bewegliche Sachen, also »*Waren*«[370] zum Gegenstand und stellt ein *beiderseitiges Handelsgeschäft* dar, da beide Kaufleute iSv § 1 HGB sind und sie jeweils den Vertrag im Rahmen ihrer Handelsgewerbe (vgl. § 343 I HGB) geschlossen haben. Es liegt somit ein **beiderseitiger Handelskauf** vor.

Bei beiderseitigen Handelskäufen ist grundsätzlich § 377 HGB zu beachten (lesen Sie davon nochmals I!).

324 (2) Gemäß § 377 I HGB muss die Ware durch den Verkäufer abgeliefert sein. **Ablieferung** bedeutet, dass der Käufer oder eine von ihm benannte Person in eine solche tatsächliche räumliche Beziehung zu der Ware kommt, dass er deren Beschaffenheit überprüfen kann.[371]

In unserem Fall ist diese Voraussetzung erfüllt, da die Übergabe von V an die von K benannte P stattgefunden hat.

(3) Die Ware muss gem. § 377 I HGB weiterhin einen Mangel haben. Da besondere Regelungen dazu im HGB fehlen, ist hier auf einen **Sachmangel**[372] iSv § 434 BGB abzustellen.

Da die Kartoffeln einen Qualitätsmangel aufweisen, ist auch diese Voraussetzung in Form eines Sachmangels iSv § 434 I S. 2 Nr. 2 BGB (→ Rn. 323) gegeben.

---

369 § 377 HGB gilt über § 381 II HGB auch für den **Werklieferungsvertrag** (§ 650 BGB), s. BGH NJW 2016, 2645 Rn. 19 (Herstellung und Lieferung von Walzzapfen).
370 **§ 377 HGB ist anwendbar auf »Waren« und Wertpapiere** (vgl. § 381 I HGB), s. Prüfungsschema Handelskauf bei → **Rn. 309 f.**
371 *Brox/Henssler* HandelsR Rn. 400.
372 **Rechtsmängel** fallen hingegen nicht unter § 377 HGB, da sie bei der von § 377 HGB geforderten Überprüfung der Ware im Normalfall nicht zu erkennen sind, s. *Brox/Henssler* HandelsR Rn. 398a; *Bitter/Schumacher* HandelsR § 7 Rn. 78; str.

(4) Rechtsfolge ist nach § 377 I HGB eine unverzügliche *Untersuchungs-* und *Rüge-* 325 *obliegenheit.* Dies gilt jedoch nur, sofern nicht die Verkäuferin V den Mangel arglistig verschwiegen hat (§ 377 V HGB – **keine Arglist** des Verkäufers), wofür hier keine Anhaltspunkte ersichtlich sind.

Nach § 377 I HGB hat der Käufer einerseits die Ware unverzüglich nach der Ablieferung durch den Verkäufer zu untersuchen (*Untersuchungsobliegenheit*) und andererseits festgestellte Mängel unverzüglich zu rügen *(Rügeobliegenheit).* In unserem Fall ist K bereits seiner Untersuchungsobliegenheit nicht nachgekommen, denn er hat die Kartoffeln nach der Ablieferung gar nicht untersucht, sondern wurde erst nach drei Wochen von P über die mangelhaften Kartoffeln informiert. Dies ist jedoch für sich genommen unerheblich, denn Rechtsfolgen knüpft das Gesetz (§ 377 II, III HGB) allein an die Verletzung der Rügeobliegenheit.[373]

(5) Erst wenn **keine** ordnungsgemäße **Rüge** durch den Käufer erfolgt, »gilt die Ware 326 als genehmigt« (§ 377 II, III HGB), wodurch Mängelansprüche ausgeschlossen werden. Die *Rügeobliegenheit* des Käufers ist *verletzt*, wenn die (formlose) Rüge inhaltlich nicht als Mängelanzeige erkennbar ist oder wenn sie *nicht rechtzeitig* erfolgt. Die Rechtzeitigkeit hängt davon ab, ob es sich um einen offenen oder verdeckten Mangel handelt. Bei Unterlassen der unverzüglichen Rüge eines offenen Mangels gilt die Ware gem. § 377 II HGB als »genehmigt«, wodurch der Mangel *geheilt* wird.

Verdeckte Mängel, die bei ordnungsgemäßer Untersuchung *nicht erkennbar* waren (s. § 377 II aE HGB), sind unverzüglich nach ihrer Entdeckung anzuzeigen (§ 377 III HGB).

> **Hinweis:** In der Regel beträgt die Frist für eine unverzügliche[374] Rüge nur ein bis zwei Tage; bei schnell verderblicher Ware wie Obst, Gemüse oder Blumen kann sich die Rügefrist auf wenige Stunden verkürzen![375]

In unserem Fall wäre der Mangel bei ordnungsgemäßer Untersuchung nach der Ab- 327 lieferung erkennbar gewesen. Es lag daher ein **offener Mangel** vor. Diesen hätte K der V »unverzüglich«, also »ohne schuldhaftes Zögern« (§ 121 I S. 1 BGB), anzeigen müssen. K wandte sich jedoch nicht am Liefertag, sondern erst drei Wochen nach Ablieferung an V. Dass die Verspätung durch P verursacht wurde, ändert nichts daran, dass die Anzeige nicht unverzüglich erfolgte. K hätte als ordentlicher Kaufmann, der seine Pflicht aus § 377 HGB kennen muss, unmittelbar nach der Lieferung bei P nachfragen können und müssen. Das Risiko der fehlenden Rechtzeitigkeit hat der Käufer zu tragen, unabhängig davon, ob sein Kunde Kaufmann ist oder nicht. Wegen Verletzung der Rügeobliegenheit durch K greift daher § 377 II HGB ein: Die Ware gilt als genehmigt, der Mangel ist geheilt. V hat den Vertrag hinsichtlich der Kartoffeln erfüllt, und K hat insoweit kein Rücktrittsrecht (oder andere Gewährleistungsrechte) mehr.

(B) Wegen der verdorbenen Heringe könnte sich aber ein **Rücktrittsrecht** des K aus 328 § 437 Nr. 2, 1. Var. iVm § 434 I S. 2 Nr. 2 und § 323 I BGB ergeben.

Hier gilt das Gleiche wie soeben unter (A) (I) ausgeführt (→ Rn. 322–329).

---

373 Allerdings kann bei bei *Verletzung der Untersuchungsobliegenheit* idR auch *keine rechtzeitige Rüge* erfolgen, *Stöber* HandelsR Rn. 345.

374 **§ 121 I S. 1 BGB = »ohne schuldhaftes Zögern«.**

375 *Stöber* HandelsR Rn. 350.

Voraussetzungen dafür sind somit – [zur *Wiederholung* im »Zeitraffer«]:

(I) (1) Kaufvertrag zwischen K und V – liegt über 500 Dosen eingelegte Heringe nach dem Sachverhalt vor, da V die »Bestellung« des K, also dessen Angebot, spätestens mit der Lieferung konkludent angenommen hat.

(2) Heringe müssen mangelhaft iSv § 434 I BGB gewesen sein. Da die Heringe verdorben sind, entsprechen sie nicht einem Handelsgut von mittlerer Art und Güte nach § 360 HGB. Somit sind sie mangelhaft iSd § 434 I S. 2 Nr. 2 BGB.

(3) Ob der Mangel bereits bei Gefahrübergang (§ 446 BGB) vorlag, ist nicht mehr feststellbar und wird zu Lasten des Verkäufers (hier der V) unterstellt.

(4) Also ist der Rücktritt des K grundsätzlich unter den Voraussetzungen von § 323 I BGB möglich.

(II)(1) Da mit dem Kaufvertrag für *beide Seiten* ein Handelsgeschäft (§ 343 I HGB) vorliegt, handelt es sich um einen **beiderseitigen Handelskauf**. Auch hier gilt wieder § 377 I HGB, weshalb der Rücktrittsanspruch untergegangen sein könnte.

(2) **Ablieferung** von V an K ist erfolgt.

(3) Ein **Sachmangel** der Kaufsache iSv § 434 I BGB liegt vor.

(4) Rechtsfolge: Untersuchungs- und Rügeobliegenheit des Käufers nach § 377 I HGB, da **keine Arglist** bei V (§ 377 V HGB) ersichtlich ist.

(5) Mängelansprüche des K wären somit gem. § 377 HGB ausgeschlossen, wenn **keine** ordnungsgemäße **Rüge** vorläge.

329 ■ Überlegen Sie, ob K sich auf § 377 III Hs. 1 HGB berufen kann, da er unverzüglich nach Entdeckung des Mangels gerügt hat? (Lesen Sie nochmals § 377 I–III HGB und überlegen Sie mit der Sorgfalt eines »ordentlichen Studenten«/einer »ordentlichen Studentin«!)

▶ § 377 III Hs. 1 HGB betrifft nur *verdeckte* Mängel. Dies sind solche, die bei der Untersuchung nach § 377 I HGB *nicht erkennbar* waren (s. § 377 II aE HGB). Gemäß § 377 I HGB muss der Käufer die Ware »unverzüglich nach der Ablieferung« durch den Verkäufer untersuchen, »soweit dies nach ordnungsmäßigem Geschäftsgang tunlich ist«.

Ist für bestimmte Bereiche des Handelsverkehrs eine besondere Art der Untersuchung üblich und besteht damit insoweit ein Handelsbrauch (§ 346 HGB), kann dies die Art und den Umfang der Untersuchungsobliegenheit beeinflussen.[376] Sie muss aber nicht von derartigem Umfang und solcher Intensität sein, dass sie nach Art einer »Rundum-Untersuchung« alle irgendwie in Betracht kommenden Mängel der Ware erfasst.[377] Kaufleute unterliegen jedenfalls der kaufmännischen Sorgfaltspflicht iSv § 347 I HGB. Zu dieser gehört es, dass jedenfalls bei größeren Mengen (zB in Dosen) *verschlossener* Ware *Stichproben* (durch Öffnung) sinnvoll auf die Gesamtmenge verteilt vorgenommen werden.[378]

■ Was hätte K also wann tun müssen? Denken Sie nach, bevor Sie weiterlesen!

▶ K hätte unverzüglich nach der Ablieferung der Dosen mindestens eine Stichprobe nehmen müssen.

---

376 BGH NJW 2018, 1957, Rn. 23.

377 BGH NJW 2018, 1957, Rn. 26.

378 Welche Untersuchungen vorzunehmen sind, richtet sich nach der objektiven Sachlage und der allgemeinen Verkehrsanschauung in Betrieben vergleichbarer Art, s. BGH NJW 2016, 2645 Rn. 20 ff. mit weiteren Details. 5–6 Stichproben bei 2.400 Pilzkonservendosen wurden vom BGH als ausreichend angesehen, s. BGH WM 1977, 821 (822); zahlreiche weitere Beispiele bei MüKoHGB/*Grunewald* § 377 Rn. 48 ff. mwN.

▨ Was folgt daraus für unseren Fall? Lesen Sie noch einmal § 377 II HGB!

▷ Es kommt darauf an, ob der Mangel bei dieser ordnungsgemäßen Untersuchung erkennbar gewesen wäre oder nicht. Da alle Dosen verdorben waren, wäre der Mangel bei einer Stichprobenentnahme sofort bemerkt worden. Es handelte sich also um einen *offenen Mangel*, der unverzüglich nach einer Stichprobenentnahme bei Ablieferung hätte gerügt werden müssen. Da K diese Mängelanzeige aber seinerzeit unterlassen hat, gilt die Ware als genehmigt (§ 377 II HGB) und der Mangel ist damit geheilt.

K hat somit auch in diesem Fall kein Rücktrittsrecht.

b) Untersuchungs- und Rügeobliegenheit bei Falschlieferung und Quantitätsmängeln

Da § 434 III BGB[379] die Falsch- und die Zuweniglieferung einem Sachmangel gleichstellt, gilt § 377 HGB auch für diese Mängel. Da § 378 HGB aF aufgehoben wurde, kommt es nicht mehr darauf an, ob der Verkäufer die Genehmigung des Käufers als ausgeschlossen betrachten musste oder ob die Falschlieferung als *nicht genehmigungsfähig* anzusehen war. Selbst bei erheblichen Abweichungen ist daher die Falschlieferung ausschließlich als Mangel zu behandeln![380] **330**

Falschlieferungen oder Mengenabweichungen sind in verschiedenen Formen möglich.

Nehmen Sie an, in Fall 10 hätte V fünf Zentner »Melica«-Kartoffeln statt »Hansa«-Kartoffeln geliefert. Die einen sind kleiner und »mehlig« kochend, die anderen sind größer und bissfester. **331**

▨ Wie würden Sie diese offenbar mangelhafte Lieferung klassifizieren?

▷ Es läge eine **Falschlieferung**, ein sog. »*Aliud*«[381] (= »andere Sache« iSv § 434 III BGB) vor. Auch dann gilt § 377 HGB!

Selbst wenn V schließlich statt der bestellten »Erd«-Äpfel »Elstar«-Äpfel lieferte, gilt § 377 HGB (… sofern sie dabei nicht »arglistig« iSv § 377 V HGB handelt)[382]! **332**

Liefert V statt der bestellten fünf Zentner »Hansa« zB nur vier Zentner, liegt eine Mengenabweichung (= **Quantitätsmangel**, Mengenfehler) vor. Wiederum greift § 377 HGB.

Nur durch eine *rechtzeitige Rüge* könnte K also seine Rechte wahren! Versäumt er dies, muss er den vollen Kaufpreis zahlen!

▨ »Wie würden Sie entscheiden«, wenn V dem K nicht weniger, sondern *mehr* Kartoffeln als bestellt geliefert hätte (sechs Zentner statt fünf), oder aber statt der geschuldeten Kartoffeln aus konventionellem Anbau höherwertige Bioqualität? **333**

▷ Schwierige Frage – oder? Nicht nur für Sie! Unter Juristen herrscht hier keine Einigkeit.[383] Da § 377 HGB den Verkäufer so stellen will, wie er bei mangelfreier Lieferung stünde, nicht aber besser als vertraglich vereinbart, muss K in beiden

---

379 Die Vorschrift wurde zum 1.1.2002 durch das Schuldrechtsmodernisierungsgesetz neu gefasst; vgl. dazu *Steck* NJW 2002, 3201.
380 *Brox/Henssler* HandelsR Rn. 417; *Jung* HandelsR Kap. 10 Rn. 10.
381 Lat. = »ein Anderes«.
382 Vgl. dazu *Jung* HandelsR Kap. 10 Rn. 10; Baumbach/Hopt/*Leyens* § 377 Rn. 16.
383 S. dazu zB *Jung* HandelsR Kap. 10 Rn. 17; MüKoBGB/*H.P. Westermann* § 434 Rn. 47f.

Fällen nicht mehr bezahlen! Anders wäre es nur, wenn die Parteien den Kaufvertrag (gegebenenfalls konkludent) abänderten.[384]

334 § 377 HGB will – wie gesagt – den Verkäufer, nicht den Käufer schützen. Da weder der zuviel gelieferte Zentner noch die Bioqualität geschuldet war und sich durch § 377 HGB auch keine Änderung zu Ungunsten des Verkäufers ergibt, kann er jedenfalls die zuviel gelieferte Menge nach Bereicherungsrecht (§ 812 I S. 1, 1. Var. BGB) zurückfordern. Grundsätzlich gilt dies auch für die Bio-Kartoffeln; dann müsste V allerdings stattdessen die geschuldeten konventionell erzeugten Kartoffeln liefern.[385]

Die Voraussetzungen und Rechtsfolgen von § 377 HGB verdeutlicht die folgende Übersicht (38).

Übersicht 38

335

Kaufmännische Untersuchungs- und Rügeobliegenheit nach § 377 HGB		
Voraussetzungen § 377 I HGB		
Beiderseitiger Handelskauf – Kaufvertrag iSv § 433 BGB (oder Werklieferungsvertrag, § 650 BGB iVm § 381 II HGB) – über Waren (oder Wertpapiere, s. § 381 I HGB) – Handelsgeschäft (§ 343 I HGB), beiderseitig **Ablieferung** der Waren durch Verkäufer **Sachmangel** iSv § 434 BGB: – Qualitätsmangel – Mengenfehler oder Falschlieferung: Gleichstellung nach § 434 III BGB **Kein arglistiges Verschweigen** durch Verkäufer (§ 377 V HGB)		
Qualitätsmangel	**Falschlieferung**	**Mengenfehler**
Rechtsfolgen bei ordnungsmäßiger Rüge		
Mängelansprüche gem. §§ 437 ff. BGB	Mängelansprüche gem. §§ 437 ff. BGB	*Zuweniglieferung:* §§ 437 ff. BGB, insbesondere Nachlieferung des Rests gem. §§ 437 Nr. 1, 439 BGB. *Mehrlieferung:* kein Mangel, aber Rückforderungsanspruch des Verkäufers (§ 812 I S. 1 1. Var. BGB)
Rechtsfolgen bei nicht ordnungsgemäßer Rüge		
Ware *gilt* gem. § 377 II HGB als »genehmigt« (= mängelfrei) → voller Kaufpreis	*minderwertiges* Aliud: *gilt* gem. § 377 HGB als »genehmigt« (= mängelfrei) → voller Kaufpreis *höherwertiges* Aliud: nicht geschuldet → Rückforderung gem. § 812 I S. 1, 1. Var. BGB gegen Nachlieferung möglich	*Zuweniglieferung:* Warenmenge gilt gem. § 377 HGB als »genehmigt« (= mängelfrei) → voller Kaufpreis *Mehrlieferung:* kein Mangel, aber Rückforderungsanspruch des Verkäufers (§ 812 I S. 1 1. Var. BGB)

---

384 *Brox/Henssler* HandelsR Rn. 417 f.; *Jung* HandelsR Kap. 10 Rn. 17.
385 Vgl. *Lettl* HandelsR § 12 Rn. 90; *Brox/Henssler* HandelsR Rn. 417 f.

Literatur zur Vertiefung (→ Rn. 308–335): *Bredemeyer,* Der Anwendungsbereich von § 377 HGB im Folge- und Begleitschadensbereich, JA 2009, 161; *Brox/Henssler* HandelsR §§ 19, 20; *Bülow* HandelsR Zweiter Teil, Zweiter Abschnitt, A; *Canaris* HandelsR § 29; *Drechsler/Happ,* Rügepflicht und Zinsanspruch, JURA 2020, 357; *Funk/Mack,* Handkäs mit Musik oder Klassiker des Handelsrechts in neuem Gewand (Schwerpunktbereichsklausur Handelsrecht), JURA 2018, 916; *Haag/Erdl* Fälle HandelsR/GesR Fälle 7 und 8; *Hellgardt/Schwarzfischer,* Das Catering-Chaos (Fortgeschrittenenklausur Handels- und Gesellschaftsrecht), JuS 2020, 334; *Jung* HandelsR Kap. 10; *Mittwoch,* Die richtige Technik (Referendarexamensklausur Handels- und Gesellschaftsrecht), JuS 2017, 591; *Laumann,* Streckengeschäft unter Kaufleuten – Die durcheinandergeratene Salpetersäure (Assessorexamensklausur – Zivilrecht), JuS 2011, 923; *Lettl,* Die Untersuchungs- und Rügepflicht des Käufers nach § 377 HGB, JURA 2006, 721; *Lieder/Hohmann,* Falschlieferung und Quantitätsabweichung beim Handelskauf nach § 377 HGB, JURA 2017, 1136; *Muthorst,* Der aufrechnende Kommissionskäufer (Examensübungsklausur), JURA 2013, 179; *Oetker* HandelsR § 8; *Petersen,* Anforderungen an die Untersuchungs- und Rügeobliegenheit des Käufers beim Handelsgeschäft, JURA 2016, 949; *Petersen,* Die kaufmännische Rügeobliegenheit, JURA 2012, 796; *Prütting/Weller* HandelsR § 31; *Steinbeck,* Grundlagen des Handelsrechts und examensspezifische Problemkonstellation, Ad Legendum 2013, 298.

II. Kommissionsgeschäft

1. Begriff des Kommissionärs

Bei der Abwicklung ihrer Handelsgeschäfte nehmen Kaufleute bekanntlich[386] häufig Dienste von Hilfspersonen in Anspruch. **336**

▨ Erinnern Sie sich noch, in welche beiden großen Gruppen sich diese Hilfspersonen einteilen lassen und können Sie Beispiele aus den beiden Gruppen nennen? Denken Sie nach, bevor Sie weiterlesen!

▷ Die Hilfspersonen der Kaufleute lassen sich in unselbstständige sowie selbstständige Hilfspersonen unterteilen. Zu den *unselbstständigen* Hilfspersonen sind Prokuristen (§§ 48, 49 HGB), Handlungsbevollmächtigte (§ 54 HGB) und Ladenangestellte (§ 56 HGB) zu rechnen. *Selbstständige* Hilfspersonen der Kaufleute sind Handelsvertreter (§§ 84 ff. HGB) und Handelsmakler (§§ 93 ff. HGB) sowie Kommissionäre (§§ 383 ff. HGB), Frachtführer (§§ 407 ff. HGB), Spediteure (§§ 453 ff. HGB) und Lagerhalter (§§ 467 ff. HGB).

Während Handelsvertreter und Handelsmakler in fremdem Namen tätig werden, handeln die vier Letztgenannten *in eigenem Namen.* **337**

Ein Kommissionär (wie auch ein Spediteur) handelt dabei jedoch »für Rechnung eines anderen« (vgl. § 383 I HGB – lesen!). Im Einzelnen lassen sich dieser Vorschrift folgende Merkmale des Kommissionärs bzw. des Kommissionsgeschäfts entnehmen:

338

Prüfungsschema Kommissionsgeschäft gem. § 383 HGB:

(1) **Gewerbs**mäßiger
(2) **An-** oder **Verkauf** von Waren oder Wertpapieren
(3) Im **eigenen** Namen
(4) Für **Rechnung** eines **anderen**

---

386 → Rn. 69 ff.

Die begrenzende Wirkung der Merkmale (1) und (2) darf nicht überbewertet werden: Die Vorschriften der §§ 383 ff. HGB gelten gem. § 406 I S. 2 HGB gleichermaßen für nur *gelegentliche* Kommissionsgeschäfte, nach § 406 I S. 1, II HGB auch für *andere* als Waren- und Wertpapiergeschäfte und über § 383 II HGB auch für *Kleingewerbetreibende*, die auf eine Eintragung ins Handelsregister nach § 2 HGB verzichtet haben (alle Vorschriften lesen!). Wir werden gleich darauf zurückkommen (→ Rn. 341 f.).

Hinweis: Notieren Sie in Ihrem Gesetzestext § 406 HGB neben § 383 I HGB!

Von besonderer rechtlicher Bedeutung sind die Merkmale (3) und (4), das Handeln für fremde Rechnung und das *Handeln im eigenen Namen*. Letzteres unterscheidet den Kommissionär vom Stellvertreter iSd § 164 I S. 1 BGB, der erkennbar und unmittelbar für einen anderen in dessen Namen, also in fremdem Namen handelt. Beim Kommissionsgeschäft liegt dagegen *mittelbare Stellvertretung* vor. Berechtigter und Verpflichteter aus dem Rechtsgeschäft, das der Kommissionär als mittelbarer Stellvertreter (seines Auftraggebers) mit dem Dritten abschließt, ist allein der Kommissionär.

2. Rechtsstellung des Kommissionärs

339 Der Kommissionär iSd § 383 HGB steht in einem doppelten Rechtsverhältnis:
Mit seinem Auftraggeber, dem *Kommittenten*, verbinden ihn der *Kommissionsvertrag* sowie später das *Abwicklungsgeschäft*. Dem *Dritten* gegenüber ist er aus dem *Ausführungsgeschäft* zur Abwicklung verpflichtet.

Verdeutlichen wir uns die Rechtsstellung des Kommissionärs an der folgenden

Abbildung 10

340

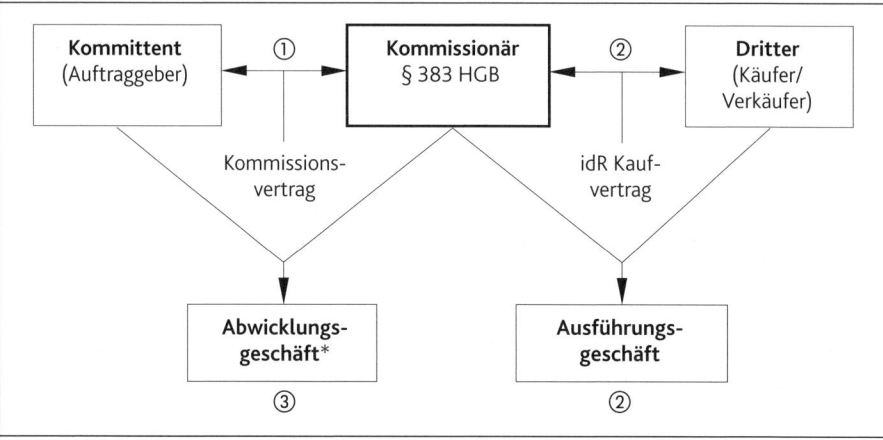

178

Bevor wir uns näher mit dem Kommissionsvertrag und dem Ausführungsgeschäft befassen, kurz einiges über die

3. Wirtschaftliche Bedeutung des Kommissionsgeschäfts

Im modernen Warenverkehr hat das Kommissionsgeschäft zunehmend an Bedeutung **341** verloren, da vornehmlich Handelsvertreter und Vertragshändler als Absatzmittler[387] auftreten.

Kommissionsgeschäfte kommen heute noch überwiegend in folgenden Bereichen des Wirtschaftslebens vor: Im Kunst- und Antiquitätenhandel, im Gebrauchtwagenhandel, bei Internetportalen für die Besorgung von Eintrittskarten und schließlich und vor allem als sog. *Effektenkommission* im Wertpapiergeschäft, dh beim An- und Verkauf von an der Börse zugelassenen Wertpapieren. Hier treten regelmäßig die Banken als Kommissionäre auf.[388]

Man bezeichnet die in § 383 I HGB genannten Kommissionsgeschäfte übrigens als *Einkaufskommission* oder als *Verkaufskommission* (s. §§ 406 II, 400 I HGB).

Diesen auf den An- und Verkauf von Waren oder Wertpapiere bezogenen sog. **eigentlichen Kommissionen** sind gem. § 406 II HGB Geschäfte gleichgestellt, bei denen der Kommissionär einen (kaufvertragsähnlichen) *Werklieferungsvertrag* iSv § 650 BGB abschließt.

Darüber hinaus erweitert das Gesetz die Anwendung der §§ 383 ff. HGB auf einige

4. Sonderformen des Kommissionsgeschäfts.

Lesen Sie hierzu § 406 I HGB! Das, was in Satz 1 angesprochen wird, bezeichnet man **342** als *uneigentliche* Kommission. Sie liegt demnach vor, wenn ein Kommissionär Geschäfte abschließt, die sich auf *andere Gegenstände* als den An- und Verkauf von Waren oder Wertpapiere beziehen.

> **Beispiel:** »Verlagskommission« – Verlegerin übernimmt es als Kommissionärin, ein literarisches Werk für den Verfasser als Kommittenten, also auf dessen Rechnung, zu vertreiben.

Außerdem fällt unter § 406 I S. 2 HGB die sog. Gelegenheitskommission. Sie liegt vor, wenn ein Kaufmann, der nicht gewerbsmäßiger Kommissionär ist, im Betrieb seines Handelsgewerbes ein Kommissionsgeschäft vornimmt.

> **Beispiel:** Eine Kurklinikbetreiberin (e. Kfr.) nimmt regionales Kunsthandwerk in Kommission und verkauft es als Mitbringsel auf Rechnung der Kunsthandwerker an Kurgäste.

Einen zusammenfassenden Überblick über die Arten des Kommissionsgeschäfts gibt

---

387 → **Rn. 107–121** und → **Rn. 130–133.**
388 Baumbach/Hopt/*Kumpan* § 383 Rn. 4; *Jung* HandelsR Kap. 11 Rn. 1; *Bitter/Schumacher* HandelsR § 9 Rn. 104.

Übersicht 39

343

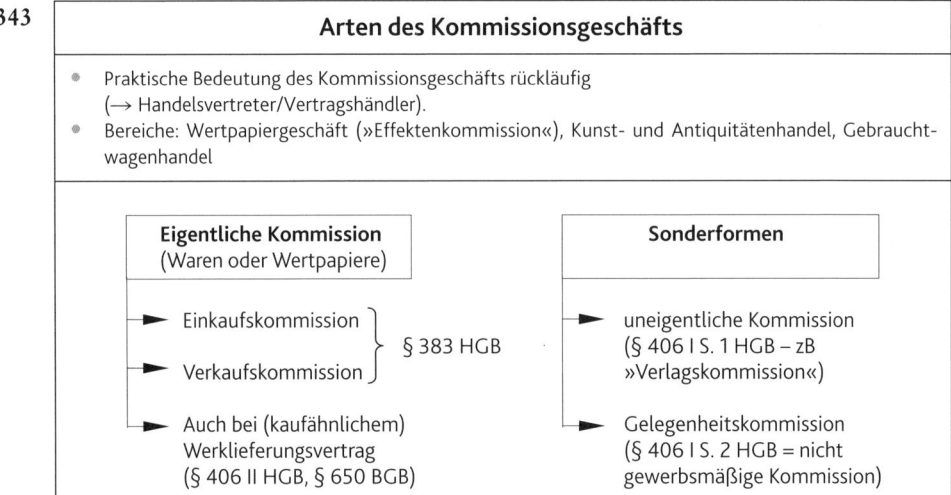

Arten des Kommissionsgeschäfts

- Praktische Bedeutung des Kommissionsgeschäfts rückläufig
  (→ Handelsvertreter/Vertragshändler).
- Bereiche: Wertpapiergeschäft (»Effektenkommission«), Kunst- und Antiquitätenhandel, Gebraucht-
  wagenhandel

Eigentliche Kommission (Waren oder Wertpapiere)	**Sonderformen**
▸ Einkaufskommission ⎫ § 383 HGB ▸ Verkaufskommission ⎭	▸ uneigentliche Kommission (§ 406 I S. 1 HGB – zB »Verlagskommission«)
▸ Auch bei (kaufähnlichem) Werklieferungsvertrag (§ 406 II HGB, § 650 BGB)	▸ Gelegenheitskommission (§ 406 I S. 2 HGB = nicht gewerbsmäßige Kommission)

5. Rechtsnatur des Kommissionsvertrags

344 Betrachten wir nun die Rechtsnatur des Kommissionsvertrags etwas näher.

Der Kommissionsvertrag regelt die Rechte und Pflichten im Verhältnis von Kommittent zu Kommissionär. Es ist ein formlos gültiger Vertrag, der eine entgeltliche Geschäftsbesorgung zum Inhalt hat. Sofern sich aus dem HGB keine Besonderheiten ergeben, auf die unten noch eingegangen wird, gelten für diesen Vertrag die Vorschriften des BGB über die entgeltliche Geschäftsbesorgung, dh zunächst § 675 I BGB (lesen!). Dadurch finden auch einige Vorschriften über den Auftrag (§§ 662 ff. BGB), der eine *un*entgeltliche Geschäftsbesorgung zum Inhalt hat, entsprechende Anwendung.

Ob es sich beim Kommissionsvertrag um einen Dienst- oder Werkvertrag handelt, kann man beurteilen, wenn man den grundsätzlichen Unterschied zwischen einem Dienstvertrag iSd § 611 BGB und einem Werkvertrag iSd § 631 BGB kennt: Während der Dienstverpflichtete beim Dienstvertrag nur das Tätigwerden als solches schuldet, schuldet der Unternehmer beim Werkvertrag auch den Erfolg seiner Tätigkeit.[389]

Handelt es sich bei der Tätigkeit des Kommissionärs um eine einmalige Geschäftsbesorgung, gilt idR Werkvertragsrecht. Wird der Kommissionär für den Kommittenten dauernd tätig, greift regelmäßig Dienstvertragsrecht.[390]

345 Diese Abgrenzungsfrage ist nicht nur von akademischer Bedeutung, sondern hat praktische Auswirkungen: So können zB beim Dienstvertrag beide Parteien (nach §§ 620 II, 621 BGB) jederzeit kündigen, während beim Werkvertrag allein der Kommittent ein Kündigungsrecht gem. § 648 BGB hat.

---

389 S. dazu *Wörlen/Metzler-Müller* SchuldR BT Rn. 263 ff., 271 ff.
390 *Brox/Henssler* HandelsR Rn. 430; str.

Zum andern gelten verschiedene Verjährungsfristen für Schadensersatzansprüche bei mangelhafter Durchführung der Kommission:

Mangels besonderer Regelungen gilt für den Dienstvertrag die allgemeine Verjährungsfrist des § 195 BGB von drei Jahren, während für Ansprüche aus dem Werkvertrag gem. § 634a I Nr. 1 BGB (für bewegliche Sachen) die kürzere Frist von zwei Jahren maßgeblich ist.

Ob Dienst- oder Werkvertrag, immer handelt es sich beim Kommissionsvertrag um einen *gegenseitigen* Vertrag.[391]

Falls der Kommissionär zB mit seiner Leistung in Verzug kommt oder sie ihm unmöglich wird, bedeutet dies, dass für diese Leistungsstörungen neben den §§ 275 ff. und §§ 280 ff. BGB die §§ 320 ff. BGB anzuwenden sind.

Wiederholen Sie das Wichtigste zur Rechtsnatur des Kommissionsvertrags nochmals anhand der folgenden

Übersicht 40

346

Rechtsnatur des Kommissionsvertrags		
Parteien:	*Kommissionär* und *Kommittent*	
Inhalt:	Entgeltliche Geschäftsbesorgung (*gegenseitiger Vertrag*)	
Gesetzl. Regelung:	– Außer §§ 383 ff. HGB → § 675 I BGB	
	– Darüber hinaus **entweder**	

Dienstvertragsrecht (§§ 611 ff. BGB)   oder   **Werkvertragsrecht** (§§ 631 ff. BGB)

Bei *dauernder*   oder   *einmaliger* Geschäftsbesorgung durch Kommissionär

Auswirkungen

Kündigung durch beide Parteien (§§ 620 II, 621 BGB)   Kündigung nur durch Kommittenten (§ 648 BGB)

Verjährung: drei Jahre (§ 195 BGB)   Verjährung: zwei Jahre nach Abnahme (§ 634a I Nr. 1 BGB)

Bei Leistungsstörungen: §§ 275 ff., §§ 280 ff. und 320 ff. BGB

---

391 S. hierzu *Wörlen/Metzler-Müller* SchuldR AT Rn. 11 ff.

6. Pflichten und Rechte des Kommissionärs

Lesen Sie hierzu

347

Übungsfall 11: »Der verschleuderte Gebrauchtwagen«
Auto- und Oldie-Fan Antonia (A) befindet sich in Liquiditätsschwierigkeiten. Schweren Herzens entschließt sie sich zur Veräußerung ihres liebevoll gepflegten 40 Jahre alten Porsches 911 Carrera RS, den sie 20 Jahre zuvor als unfallfreies Fahrzeug gekauft hat. Sie beauftragt den Gebrauchtwagenhändler Konrad Knofel (K), den Porsche für sie »nicht unter 30.000 EUR« zu verkaufen. K hatte als Fachmann indessen Bedenken bekommen, ob das Auto auch wirklich unfallfrei sei. Als sich sein Verdacht nach genaueren Untersuchungen bestätigt, glaubt K zugunsten der A zu handeln, als der Autonarr Dimitri (D) 20.000 EUR bietet und verkauft den Oldie zu diesem Preis. A ist »sauer« und fragt nach ihren Rechten.

Zwischen Auftraggeberin (Kommittentin) A und Kommissionär K wurde ein Kommissionsvertrag iSv § 383 I HGB iVm § 675 I BGB geschlossen.

a) Pflichten des Kommissionärs

Die Pflichten des Kommissionärs ergeben sich aus § 384 I HGB. Lesen Sie zunächst diese Vorschrift!

348 Danach hat K eine **Ausführungspflicht**, dh er muss sich als Kommissionär um den Abschluss des sog. *Ausführungsgeschäfts* bemühen.[392]

Eine weitere im Gegenseitigkeitsverhältnis stehende Pflicht[393] des Kommissionärs ergibt sich aus § 384 II HGB (lesen!). Maßgeblich ist vor allem der letzte Halbsatz! Danach trifft den Kommissionär eine **Herausgabepflicht**, dh er hat dem Kommittenten das durch das Ausführungsgeschäft Erlangte herauszugeben (vgl. Abbildung 10 bei → Rn. 340: »Abwicklungsgeschäft«).

Neben der Ausführungspflicht und der Herausgabepflicht als gegenseitige *Hauptpflichten* treffen den Kommissionär noch einige *Nebenpflichten*.

349 Aus § 384 I HGB, der verlangt, dass der Kommissionär die Interessen des Kommittenten wahrzunehmen hat, folgt eine allgemeine **Interessenwahrungspflicht**,[394] die in den §§ 387 und 388 HGB konkretisiert wird. Lesen Sie dazu § 387 I HGB!

Bevor wir uns weiter der Lösung von Übungsfall 11 zuwenden (→ Rn. 352 ff.), dazu als kleiner Exkurs zunächst folgender kleiner

Übungsfall 12
A hat den K angewiesen, eine antike Vase »in Kommission« für 2.000 EUR zu verkaufen. D bietet dem K 3.000 EUR.
Darf K den Vertrag zu diesem Preis schließen und gegebenenfalls den Überschuss von 1.000 EUR behalten?

▓ Die Antwort ergibt sich aus § 387 I iVm § 384 I Hs. 2 und § 384 II Hs. 2 HGB (lesen und wieder einmal selbst überlegen!).

---

392 S. *Lettl* HandelsR § 12 Rn. 99.
393 Baumbach/Hopt/*Kumpan* § 384 Rn. 11.
394 MüKoHGB/*Häuser* § 384 Rn. 17 f.

▶ K muss den Vertrag zu 3.000 EUR abschließen und der A diese 3.000 EUR herausgeben!

Aus § 384 I Hs. 2 iVm § 385 I HGB (lesen!) wird außerdem eine **Pflicht zur Befolgung von Weisungen** des Kommissionärs hergeleitet. Bei Verstoß gegen diese Pflicht ist der Kommissionär gegebenenfalls zum Schadensersatz verpflichtet, sofern sich nicht aus § 385 II HGB iVm § 665 BGB ergibt, dass er von den Weisungen des Kommittenten ausnahmsweise abweichen darf.

Aus § 384 II Hs. 2 HGB resultiert weiterhin eine **Rechenschaftspflicht** des Kommis-   **350** sionärs, der danach Auskünfte zur Durchführung des Ausführungsgeschäfts zu geben und zu belegen hat.[395] Aus § 384 II Hs. 1 HGB folgt schließlich eine **Benachrichtigungspflicht**. Zu dieser gehören insbesondere die *Ausführungsanzeige* und die *Nennung des Vertragspartners*, vgl. § 384 III HGB.

Prägen Sie sich die Pflichten des Kommissionärs nochmals ein anhand von

Übersicht 41

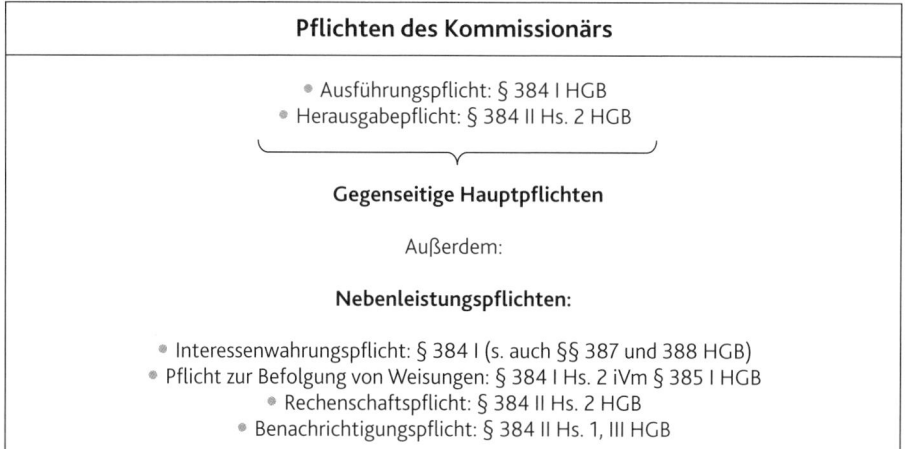

Pflichten des Kommissionärs	**351**

- Ausführungpflicht: § 384 I HGB
- Herausgabepflicht: § 384 II Hs. 2 HGB

Gegenseitige Hauptpflichten

Außerdem:

Nebenleistungspflichten:

- Interessenwahrungspflicht: § 384 I (s. auch §§ 387 und 388 HGB)
- Pflicht zur Befolgung von Weisungen: § 384 I Hs. 2 iVm § 385 I HGB
- Rechenschaftspflicht: § 384 II Hs. 2 HGB
- Benachrichtigungspflicht: § 384 II Hs. 1, III HGB

Aus diesen Pflichten des Kommissionärs folgen entsprechende Rechte des Kommit-   **352** tenten, sodass wir nun in der Lage sind, Fall 11 vollständig zu lösen, in dem die Kommittentin A nach ihren Rechten fragt.

Da Kommissionär K das Auto entgegen den Weisungen der A unter 30.000 EUR an den Dritten D verkauft hat, könnte er gegen die aus § 384 I iVm § 385 I HGB folgende Pflicht zur Befolgung von Weisungen verstoßen haben.

Grundsätzlich käme daher ein Schadensersatzanspruch der A gegen K gem. § 385 I HGB in Betracht.

Zu bedenken ist allerdings, dass es sich bei dem Porsche tatsächlich um einen Unfallwagen handelte. Daher stellt sich die Lage anders dar:

Da sich ein Unfall immer erheblich wertmindernd auswirkt und manche Interessenten gar vom Kauf des Autos abhält, könnte A eigentlich froh sein, dass sie noch

---

395   Baumbach/Hopt/*Kumpan* § 384 Rn. 8.

20.000 EUR bekam. Ihr ist somit gar kein Schaden entstanden. K hat mit dem Verkauf zu 20.000 EUR vielmehr die Interessen der A gewahrt und durfte angesichts der Sachlage gem. § 385 II HGB iVm § 665 S. 1[396] BGB von den Weisungen der A abweichen und davon ausgehen, dass A diesen Verkauf billigen würde.

Ergebnis zu Übungsfall 11: Ein Anspruch der Kommittentin A ist daher nicht begründet.

b) Rechte (Ansprüche) des Kommissionärs

353 Ist ein Kommissionsgeschäft ordnungsgemäß durchgeführt, so interessieren die Rechte des Kommissionärs. Gemäß § 396 I S. 1 HGB hat der Kommissionär einen **Provisionsanspruch**, der ihm allerdings erst *nach* Abschluss des Ausführungsgeschäfts zusteht. Das bedeutet konkret, dass der Kommissionär die Provision erst fordern kann, wenn das Geschäft von dem *Dritten* erfüllt worden ist.

»Ausführung« iSv § 396 I S. 1 HGB liegt also nicht schon vor, wenn der Kommissionär seine Leistung aus dem Kommissionsvertrag erbracht hat, indem er einen Vertrag mit einem Dritten *geschlossen* hat.

Davon macht § 396 I S. 2 HGB zwei Ausnahmen (lesen!).

354 Eine (kleinere) *Auslieferungsprovision trotz Nichtauslieferung* kann zB ortsüblich sein, wenn der Kommissionär bei der Verkaufskommission Ware für den Kommittenten einige Zeit verwahrt hat und die Ware dann vor Übergabe an den Dritten ohne Verschulden des Kommissionärs untergeht (= Provision als Entgelt für die Verwahrung).

Zu Ausnahme zwei ist folgendes *Beispiel* bei einer Einkaufskommission denkbar:

> **Beispiel:** K sollte für A einen Gebrauchtwagen von D kaufen. K schließt Samstagvormittag einen Vertrag mit D ab, der das Auto am Montag liefern soll. Beim Sonntagsspaziergang besichtigt A das Auto schon einmal auf dem Gelände des D. Kurze Zeit später verursacht die von A achtlos weggeworfene Zigarette auf dem Gelände des D einen Brand, bei dem das für A bestimmte Auto vollends zerstört wird. K kann die Auslieferungsprovision verlangen, obwohl A das Auto nicht mehr bekommt.

355 Neben dem Provisionsanspruch hat der Kommissionär (hier: K) gegebenenfalls einen **Anspruch auf Aufwendungsersatz** gem. §§ 675 und 670 BGB, dh er kann Ersatz der Aufwendungen verlangen, die er den Umständen nach für erforderlich halten durfte.

Dazu gehört zB eine Vergütung für die Benutzung von Lagerräumen oder Beförderungsmitteln des Kommissionärs (s. § 396 II HGB) oder Fahrtkosten, die dieser benötigte, um zum Ort des Vertragsschlusses mit dem Dritten zu gelangen.

Sämtliche Ansprüche des Kommissionärs sind gem. § 397 HGB durch ein gesetzliches Pfandrecht am Kommissionsgut gesichert.

Weitere Rechte bzw. Ansprüche des Kommissionärs, die hier nicht näher beschrieben, sondern nur aufgezählt werden, ergeben sich aus den §§ 394, 398, 399 und §§ 400 ff. HGB. Dazu

---

396 Dass K dabei übersehen hat, der A gem. § 665 S. 2 BGB von der Abweichung vorher Anzeige zu machen, steht diesem Ergebnis nicht entgegen, da der A kein Schaden entstanden ist.

Übersicht 42

Rechte (Ansprüche) des Kommissionärs
Provisionsanspruch: § 396 I S. 1 HGB
• Nach »*Ausführung*« des Geschäfts: Nicht schon mit Vertragsschluss des Ausführungsgeschäfts, sondern erst *nach Erfüllung durch Dritten.* *Ausnahmen:* »Auslieferungsprovision« trotz Nichtauslieferung ortsüblich (§ 396 I oder S. 2 HGB) Unterbleiben des Ausführungsgeschäfts aus einem allein in der Person des Kommittenten liegenden Grund • Provisionszahlung ist *gegenseitige* Pflicht des Kommittenten
Anspruch auf Aufwendungsersatz: §§ 675 und 670 BGB
• zB: Benutzungsvergütung für Lagerräume od. Beförderungsmittel (§ 396 II HGB); Fahrtkosten des Kommissionärs .... • § 394 HGB: evtl. Delkredereprovision • §§ 397, 398 HGB: Gesetzliches Pfandrecht am Kommissionsgut • § 399 HGB: Bevorzugte Befriedigung aus Forderungen aus Ausführungsgeschäft • §§ 400 ff. HGB: Selbsteintritt des Kommissionärs

Neben dem Kommissionsvertrag schließt der Kommissionär im eigenen Namen für Rechnung des Kommittenten, wie bereits mehrfach erwähnt, einen Vertrag mit einem Dritten, das sog.

7. Ausführungsgeschäft

Die rechtlichen Auswirkungen dieser Konstellation soll folgender Fall verdeutlichen. 357

Übungsfall 13
A gibt dem K wiederum einen Gebrauchtwagen zum Verkauf »in Kommission«. K verkauft den Wagen an D. Unter welcher Voraussetzung kann A von D als Schuldner der Kaufpreisforderung diese direkt von D verlangen?

A müsste Inhaber dieser Forderung sein! Dies ist aber zunächst der K als alleiniger Vertragspartner des D. K müsste diese Forderung daher an A gem. § 398 BGB abtreten mit der Folge, dass A als neue Gläubigerin an die Stelle von K tritt.

Daher bestimmt § 392 I HGB konsequenterweise, dass der Kommittent Forderungen aus dem Ausführungsgeschäft gegen den Dritten nur nach deren Abtretung geltend machen kann (§ 392 I HGB lesen!).

Solange die Forderung an den Kommittenten, dem sie ja *wirtschaftlich* zusteht, nicht abgetreten ist, besteht für den Kommittenten eine gewisse Gefahr, die Forderung gegebenenfalls nicht realisieren zu können.

Nehmen wir zB an, K, der noch Inhaber der Forderung gegen D ist, befindet sich in Zahlungsschwierigkeiten, und sein Gläubiger G verlangt die Erfüllung einer Forderung.

K könnte nun die Forderung, die er gegen den Dritten aus dem Ausführungsgeschäft erlangt hat, an seinen Gläubiger abtreten. Da K rechtlich Inhaber der Forderung ist, wäre diese Abtretung nach § 398 BGB wirksam!

358 Die Frage, wie sich der Kommittent dagegen schützen kann, behandelt

---

Übungsfall 14

K verkauft das Auto der A »in Kommission« an D. Die Kaufpreisforderung tritt K an seinen Gläubiger G zur Sicherung eines Darlehens ab. Ist G Inhaber dieser Forderung geworden?

Nach § 398 BGB sicherlich ja, aber lesen Sie nun § 392 II HGB!

Das bedeutet für unseren Fall, dass die Abtretung der Forderung von K an G im Verhältnis zu A unwirksam ist, da G gegenüber aufgrund der Regelung des § 392 II HGB nicht K, sondern die Kommittentin A als Inhaberin der Forderung gilt (Fiktion!).

(Im Gegensatz zum gutgläubigen Eigentumserwerb ist ein gutgläubiger Forderungserwerb nach deutschem Privatrecht nicht möglich!)

Übersicht 43

359

Ausführungsgeschäft

* **Vertragspartner:**
  Kommissionär und Dritter

* **Forderungsrecht des Kommittenten gegenüber Dritten:**
  Erst nach Abtretung durch den Kommissionär an den Kommittenten (§ 392 I HGB)

* **Schutz des Kommittenten:**
  Solange Forderung nicht an Kommittenten abgetreten ist, *gilt* sie (nur) gegenüber Kommissionär oder dessen Gläubiger (= *relative* Unwirksamkeit!) gem. *§ 392 II HGB* als Forderung des Kommittenten

---

8. Gefährliche Dreierbeziehung?

360 Aus der Rechtsstellung des Kommissionärs als Vertragspartner des Kommissionsvertrags einerseits und des Ausführungsgeschäfts andererseits können sich Probleme ergeben, wenn der Dritte schuldhaft seine Vertragspflichten verletzt und dadurch die Erfüllung des Ausführungsgeschäfts erschwert oder unmöglich macht. Dazu

---

Übungsfall 15

K hat für A »in Kommission« (= im eigenen Namen . . .) einen Gebrauchtwagen für 5.000 EUR, die A ihm gegeben hatte, (ein)gekauft. Die Übergabe des Autos soll in drei Tagen stattfinden. Einen Tag später wird das Auto durch Verschulden des Verkäufers D (der den Kaufpreis von K schon bekommen hat) zerstört. A will Schadensersatz!

---

361 Um Schadensersatz verlangen zu können, braucht A eine Anspruchsgrundlage gegen den Schädiger D. Da ein Vertrag zwischen A und D nicht besteht, ist an deliktische Ansprüche zu denken: § 823 I BGB scheidet allerdings als Anspruchsgrundlage aus, denn das Auto stand noch im Eigentum des D. A hat einen Vermögensschaden, der allenfalls

über § 823 II BGB ersetzt werden könnte. D hat aber kein Schutzgesetz iSd Vorschrift verletzt!

Im Deliktsrecht ist Geschädigter und damit grundsätzlich allein Ersatzberechtigter derjenige, dessen Rechte, Rechtsgüter oder gegebenenfalls auch Vermögen durch eine Handlung verletzt worden sind.

Schadensersatz als Folge eines (leistungs-)gestörten Vertrags kann grundsätzlich nur der Vertragspartner bzw. beim Vertrag zugunsten Dritter (oder mit Schutzwirkung für Dritte) der Begünstigte verlangen.

Allgemein gilt im Schadensersatzrecht der »Grundsatz der Subjektbezogenheit des Schadens«[397]: Verletzter und Geschädigter müssen dieselbe Person sein; trifft der Schaden eine andere Person als den Verletzten, kann der Geschädigte mangels einer Anspruchsgrundlage regelmäßig keinen Ersatz verlangen.

Von diesem Grundsatz wird durch das Rechtsinstitut der sog. **Drittschadensliquida-** 362 **tion**[398] eine Ausnahme gemacht. Die Drittschadensliquidation wurde von Rechtsprechung und Lehre zur Regelung des unbefriedigenden Zustands geschaffen, bei dem jemand einen Anspruch gegen den Schädiger hat, ohne selbst einen Schaden zu haben. Der Schaden liegt *zufällig* bei einem Dritten, der jedoch keinen Anspruch gegen den Schädiger hat. Die Geltendmachung eines Anspruchs im Wege der Drittschadensliquidation hat (»prüfungssystematisch geordnet«) *vier Voraussetzungen*:

Prüfungsschema Drittschadensliquidation:

(1) **Anspruch** gegen den Schädiger
(2) **Zufällige Schadensverlagerung** vom Anspruchsinhaber auf den Geschädigten (wobei der Schädiger damit rechnen konnte oder musste, dass dieser Schaden beim Anspruchsinhaber eintritt)
(3) Geschädigter hat **keinen Anspruch** gegen Schädiger
(4) **Interessenverknüpfung** zwischen Geschädigtem und Anspruchsinhaber.

Genau dies ist die Lösung für unseren Fall:

(1) K hat gegen den Schädiger D einen **Anspruch** aus §§ 280 I und III, 283 BGB: 363 Zwischen K und D besteht ein Schuldverhältnis (Kaufvertrag iSd § 433 BGB) und die *Leistung* des D (Lieferung des Autos) wurde *nachträglich objektiv unmöglich*, sodass die Leistungspflicht des D gem. § 275 I BGB ausgeschlossen ist. In der Nichtlieferung des Autos liegt eine Pflichtverletzung durch D iSv § 280 I BGB, die D, der die Zerstörung des Autos verschuldet hat, gem. §§ 280 I S. 2, 276 I S. 1 und II BGB zu vertreten hat. *Aber:* K hat keinen Schaden (er hat den Kaufpreis mit dem Geld der A bezahlt).

(2) Der **Schaden** hat sich somit zufällig auf A **verlagert**.

(3) A als Geschädigte hat **keinen Anspruch** gegen D. §§ 280 I und III, 283 BGB scheitern als Anspruchsgrundlage, da zwischen A und D kein Vertrag besteht, und

---

397 Vgl. HK-BGB/*Schulze* Vor §§ 249–259 Rn. 26.
398 Mehr dazu bei *Wörlen/Metzler-Müller* SchuldR BT Rn. 474 ff., sowie BGH NJW 1998, 1864 mit Besprechung von *Emmerich* JuS 1998, 947.

§ 823 I BGB scheidet mangels Rechtsgutverletzung aus (das Auto befand sich – § 929 S. 1 BGB! – noch im Eigentum des D).

(4) Zwischen A und K bestand *aufgrund des Kommissionsvertrags* eine **Interessenverknüpfung**.

Rechtsfolge ist, dass K den Schaden der A bei D geltend machen kann und seinen Anspruch gegen D dann analog § 285 I BGB[399] an A abtreten muss. Die Gefahr für A hielt sich in dieser Beziehung also in Grenzen!

Die Zusammenhänge bei der Drittschadensliquidation verdeutlicht

Übersicht 44

363a

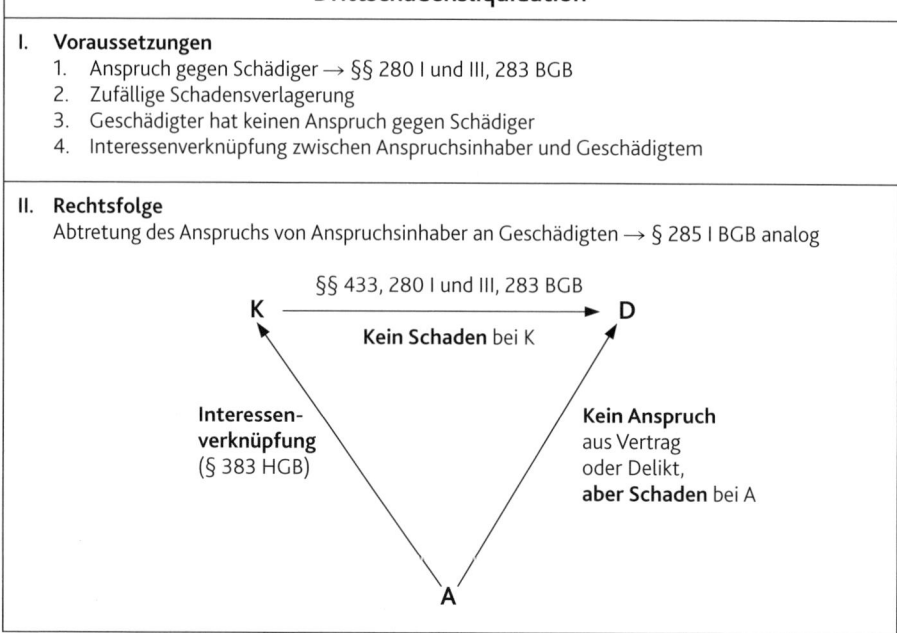

Drittschadensliquidation
I. Voraussetzungen   1. Anspruch gegen Schädiger → §§ 280 I und III, 283 BGB   2. Zufällige Schadensverlagerung   3. Geschädigter hat keinen Anspruch gegen Schädiger   4. Interessenverknüpfung zwischen Anspruchsinhaber und Geschädigtem
II. Rechtsfolge   Abtretung des Anspruchs von Anspruchsinhaber an Geschädigten → § 285 I BGB analog

§§ 433, 280 I und III, 283 BGB

K ⟶ D

Kein Schaden bei K

Interessenverknüpfung (§ 383 HGB)

Kein Anspruch aus Vertrag oder Delikt, **aber Schaden** bei A

A

III. Transportgeschäfte

364 Das Transportrecht hat sich immer mehr zu einem eigenständigen Rechtsgebiet entwickelt und kann in einem Grundriss, der einen ersten Einstieg ins Handelsrecht vermitteln will, nur in einem kurzen Überblick dargestellt werden.

(1) Das *Frachtgeschäft*,
(2) das *Speditionsgeschäft* sowie
(3) das *Lagergeschäft*

---

399 Baumbach/Hopt/*Kumpan* § 383 Rn. 21.

werden als wesentliche Teile des nationalen Gütertransportrechts in dieser Reihenfolge im Vierten bis Sechsten Abschnitt des Vierten Buchs des HGB in den §§ 407–475h HGB geregelt[400] und hier im Folgenden in Grundzügen erläutert.

1. Frachtgeschäft

Die Regelungen des Frachtgeschäfts sind im Vierten Abschnitt (§§ 407–452d HGB) in **365** drei Unterabschnitte gegliedert: Die Allgemeinen Vorschriften (§§ 407–450 HGB) gelten für alle Frachtgeschäfte zu Lande, auf *Binnen*gewässern und durch Luftfahrzeuge, die §§ 451–451h HGB enthalten Sonderregelungen für die Beförderung von Umzugsgut und die §§ 452–452d HGB stellen Sonderregelungen für einheitliche Frachtverträge über die Beförderung mit verschiedenartigen Beförderungsmitteln auf.

Die Kaufmannseigenschaft ist für die Geltung des Frachtrechts nicht Voraussetzung, dh, die Vorschriften finden auch auf Kleingewerbetreibende Anwendung, die auf eine Eintragung ins Handelsregister nach § 2 HGB verzichtet haben (§ 407 III 2 HGB).

a) Frachtvertrag

Durch den Frachtvertrag, der zwischen Absender und Frachtführer geschlossen wird, **366** wird Letzterer verpflichtet, das Frachtgut zum Bestimmungsort zu befördern und dort an den Empfänger abzuliefern (§ 407 I HGB – lesen!), während der Absender verpflichtet wird, die vereinbarte Frachtvergütung zu zahlen, die der Gesetzgeber etwas unglücklich nur mit »Fracht« bezeichnet (§ 407 II HGB). Seiner Rechtsnatur nach ist der Frachtvertrag ein Werkvertrag iSv § 631 BGB mit Geschäftsbesorgungscharakter (§ 675 BGB),[401] auf den die §§ 631 ff. BGB ergänzend anzuwenden sind.[402]

b) Rechtsstellung des Frachtführers

Der Versender (»Absender«; meist ein Verkäufer, möglicherweise aber auch ein Kom- **367** missionär oder – → Rn. 371 ff. – ein Spediteur) schließt mit dem Frachtführer einen Frachtvertrag und mit dem Empfänger einen Liefervertrag (idR handelt es sich dabei um einen Kaufvertrag, der beiderseits ein Handelskauf ist). Unmittelbare Vertragsbeziehungen bestehen also zwischen Versender und Frachtführer sowie zwischen Versender und Empfänger. Zum Empfänger hat der Frachtführer somit nur mittelbare Beziehungen. Der Empfänger hat jedoch gegenüber dem Frachtführer bestimmte Rechte und Pflichten, die sich aus den §§ 421 und 418 II, III HGB (lesen!) ergeben. Anhand einer grafischen Skizze lässt sich dieses Dreiecksverhältnis wie folgt verdeutlichen:

---

400 Durch das am 1.7.1998 in Kraft getretene Transportrechtsreformgesetz wurde das Transportrecht des HGB neu gefasst und harmonisiert. Dabei wurden die zuvor zum Teil zersplitterten und verstreuten Einzelregelungen zusammengeführt, vgl. dazu den Anhang bei *Müglich* TransportR Anh. 2–20.
401 *Jung* HandelsR Kap. 12 Rn. 4.
402 Baumbach/Hopt/*Merkt* § 407 Rn. 13; *Lettl* HandelsR § 12 Rn. 139.

Abbildung 11

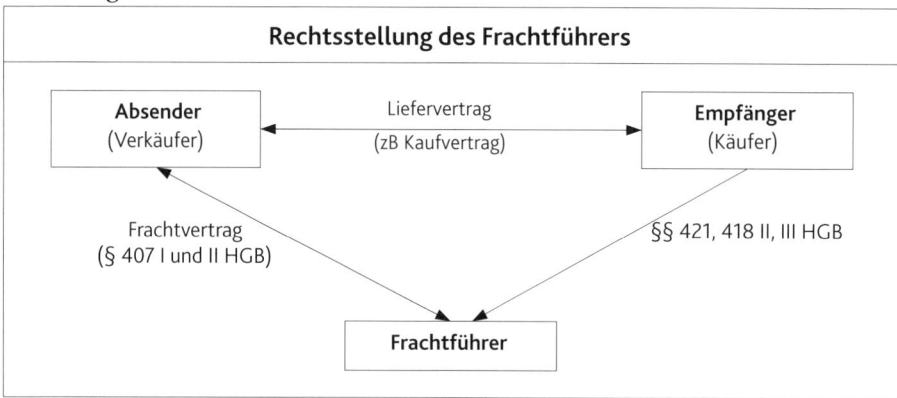

Rechtsstellung des Frachtführers

Absender (Verkäufer) — Liefervertrag (zB Kaufvertrag) — Empfänger (Käufer)

Frachtvertrag (§ 407 I und II HGB)

§§ 421, 418 II, III HGB

Frachtführer

c) Rechte und Pflichten des Frachtführers

Da in diesem Rahmen nur ein kurzer Überblick gegeben werden kann, werden die wichtigsten Rechte und Pflichten des Frachtführers dargestellt anhand der nachfolgenden

Übersicht 45

368

Rechte und Pflichten des Frachtführers	
• Anspruch gegen Absender auf Zahlung der Vergütung nach Ablieferung (§§ 407 II, 420 HGB)	• Beförderungs- und Ablieferungspflicht (§§ 407 I, 423 HGB)
• Anspruch auf Aufwendungsersatz (§ 420 I S. 2 HGB)	• Befolgung von Weisungen des Absenders bis zur Ablieferung (§ 418 HGB)
• Gesetzliches Pfandrecht mit Vorrang (§§ 440–442 HGB)	• Pflicht zur Beachtung der Weisungen und Rechte des Empfängers ab Ablieferung (§ 421 I HGB)
• Anspruch auf Ausstellung von Frachtbrief und Übergabe von Begleitpapieren durch den Absender (§§ 408, 413 HGB)	• Verschuldensunabhängige Haftung für Verlust sowie Transport- und Verspätungsschäden (§ 425 I, §§ 425 ff. HGB)

d) Beförderung von Umzugsgut

369 Die §§ 451–451h HGB passen die aus den allgemeinen Vorschriften folgenden Rechte und Pflichten an die Besonderheiten des Umzugsgeschäfts an. Gemäß § 451a I HGB umfassen die Pflichten des Frachtführers auch das Ab- und Aufbauen der Möbel sowie das Ver- und Entladen des Umzugsguts. Besonderheiten ergeben sich namentlich in Haftungsfragen (vgl. §§ 451d–g HGB).

e) Beförderung mit verschiedenartigen Beförderungsmitteln

Die Sonderregeln der §§ 452–452d HGB beziehen sich auf den Transport, der auf- 370
grund eines einheitlichen Frachtvertrags mit verschiedenartigen Beförderungsmitteln
durchgeführt wird (»multimodaler« oder »kombinierter« Transport).

2. Speditionsgeschäft

Das Speditionsgeschäft ist im Fünften Abschnitt des Vierten Buchs des HGB in den 371
§§ 453–466 (Vorschriften ganz lesen!) geregelt. Diese Vorschriften gelten gem.
§ 453 III S. 1 HGB nur, wenn die Besorgung der Versendung zum Betrieb eines gewerblichen Unternehmens gehört. Die Kaufmannseigenschaft ist hierfür allerdings
nicht erforderlich, dh die Vorschriften gelten – ebenso wie beim Kommissions- und
Frachtgeschäft – auch für Kleingewerbetreibende, die auf eine Eintragung nach
§ 2 HGB verzichtet haben (§ 453 III S. 2 HGB).

a) Speditionsvertrag

Seiner Rechtsnatur nach ist der Speditionsvertrag ein spezieller entgeltlicher Ge- 372
schäftsbesorgungsvertrag iSv § 675 BGB, auf den die genannten §§ 453–466 HGB
Anwendung finden. Im Geschäftsleben haben (in den Grenzen des § 466 II HGB
– lesen!) auch die Allgemeinen Deutschen Spediteurbedingungen (ADSp)[403] als AGB
große praktische Bedeutung.[404]

Durch den Speditionsvertrag wird der Spediteur gem. § 453 I HGB verpflichtet, die
Versendung des Gutes zu »besorgen«. Das bedeutet grundsätzlich, dass der Spediteur
die Beförderung nicht selbst vornimmt, sondern diese einem Frachtführer überlässt
(vgl. § 454 I Nr. 2 HGB). Mit diesem schließt er einen eigenen Frachtvertrag, sofern er
nicht von seinem Selbsteintrittsrecht nach § 458 HGB Gebrauch macht. Im Regelfall
ist derjenige, der im allgemeinen Sprachgebrauch als »Spediteur« bezeichnet wird, in
der juristischen Wirklichkeit ein Frachtführer, da er die Beförderung des Gutes
durchführt.[405] Der Wortlaut von § 453 I HGB wäre weniger missverständlich, wenn
der Gesetzgeber den Spediteur durch den Speditionsvertrag verpflichtet hätte, »*für*
die Versendung des Gutes *zu sorgen*« (statt sie zu *be*sorgen)!

> **Hinweis:** Der Spediteur transportiert im Regelfall nicht selbst, sondern lässt die Güterbeförderung
> durch einen Frachtführer durchführen!

b) Rechtsstellung des Spediteurs

Der Spediteur »besorgt« die Versendung des Gutes im Regelfall also dadurch, dass er 373
im eigenen Namen (§ 454 III 1. Var. HGB – also nicht in Vertretung, wohl aber auf
Rechnung seines Kunden) einen Frachtvertrag abschließt.

- ▦ An welche Konstellation erinnert Sie das: Jemand handelt im eigenen Namen auf
  fremde Rechnung?
- ▷ Dieser Konstellation sind Sie, wenn Sie dieses Buch bis hier durchgearbeitet haben, vor kurzem erst begegnet: Die Rechtsstellung des Spediteurs ist insofern der
  des Kommissionärs ähnlich.

---

403 Abgedruckt zB bei Baumbach/Hopt Anhang (18).
404 Baumbach/Hopt/*Merkt* § 453 Rn. 6, 18; *Jung* HandelsR Kap. 12 Rn. 13.
405 *Jung* HandelsR Kap. 12 Rn. 11; *Lettl* HandelsR § 12 Rn. 176.

Prägen Sie sich die Rechtsstellung des Spediteurs anhand der folgenden grafischen Skizze ein:

Abbildung 12

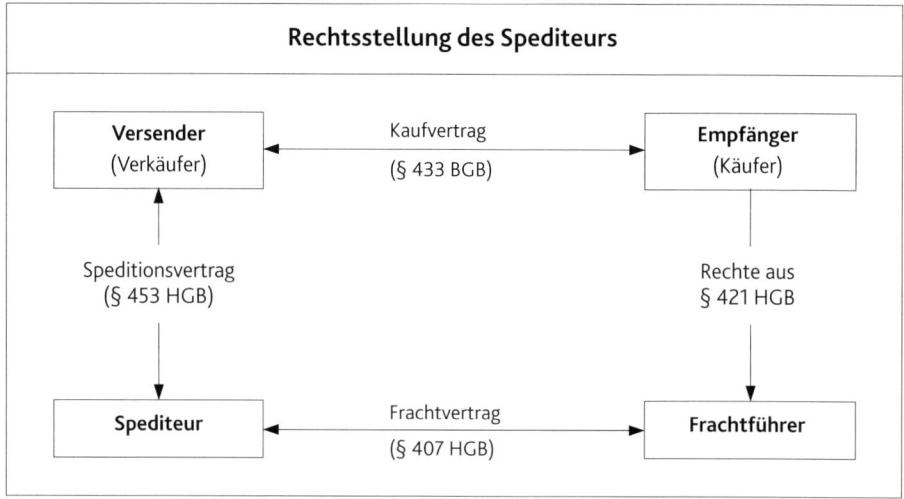

c) **Rechte und Pflichten des Spediteurs**

374   Der Hauptpflicht des Spediteurs aus § 453 I HGB, »die Versendung des Gutes zu besorgen«, folgt das Recht aus § 453 II HGB, vom Versender die vereinbarte Vergütung zu verlangen, die fällig wird, wenn das Gut dem Frachtführer (oder im Seehandel: »Verfrachter«) übergeben worden ist (§ 456 HGB).

Die wichtigsten Rechte und Pflichten des Spediteurs ergeben sich aus

Übersicht 46

Rechte und Pflichten des Spediteurs	
• Vergütungsanspruch: § 453 II HGB (Fälligkeit § 456 HGB)	• Besorgung der Versendung: § 454 I iVm § 453 I HGB
• Anspruch auf Aufwendungsersatz: § 455 II HGB	• Wahrnehmung von Interessen des Versenders: § 454 IV HGB
• Gesetzliches Pfandrecht am Speditionsgut: § 464 HGB	• Befolgung von Weisungen des Versenders: § 454 IV HGB
• Selbsteintrittsrecht: § 458 HGB	• Haftung für Verlust und Beschädigung auch ohne Verschulden (§ 461 I HGB)
	• Haftung für Verspätungs- und sonstige Schäden bei Verschulden (§ 461 II HGB)

3. Lagergeschäft

Das Lagergeschäft ist im Sechsten Abschnitt des Vierten Buchs des HGB in den §§ 467–475h geregelt. **375**

Begrifflich gehört das Lagergeschäft eigentlich nicht mehr zu den Transportgeschäften, da es sich dabei um einen *Verwahrungsvertrag* (vgl. §§ 688 ff. BGB) handelt. In manchen Lehrbüchern wird es daher in einem eigenen Abschnitt außerhalb der Transportgeschäfte behandelt, in vielen Grundrissen (wie auch hier) unter der Rubrik Transportgeschäfte dargestellt. Dies erscheint insofern gerechtfertigt, als die Lagerung des Gutes regelmäßig seinen Transport voraussetzt.

a) Lagervertrag

Durch den Lagervertrag wird der Verwahrer, der hier *Lagerhalter* heißt, gem. § 467 I HGB verpflichtet, das Gut zu lagern und aufzubewahren. **376**

Der Hinterleger bzw. der *Einlagerer* hat dafür eine Vergütung zu zahlen (§ 467 II HGB).

Wie beim Kommissions-, Fracht- und Speditionsgeschäft, gelten die Vorschriften über das Lagergeschäft gem. § 467 III S. 1 HGB nur, wenn die Besorgung der Versendung zum Betrieb eines gewerblichen Unternehmens gehört, wobei es auf die Kaufmannseigenschaft nicht ankommt, dh die Vorschriften gelten auch für Kleingewerbetreibende, die auf eine Eintragung nach § 2 HGB verzichtet haben (§ 467 III S. 2 HGB).

b) Rechtsstellung des Lagerhalters

Zwischen Lagerhalter und Einlagerer bestehen unmittelbare Vertragsbeziehungen, aus denen sich für die Rechtsstellung des Lagerhalters keine Besonderheiten wie bei den Dreiecksbeziehungen (oder gar Vierecksbeziehungen, vgl. Abbildung 12 → Rn. 373) von Frachtführer und Spediteur ergeben. **377**

c) Rechte und Pflichten der Vertragsparteien

Neben der Einlagerungs- und Aufbewahrungspflicht gem. § 467 I HGB hat der Lagerhalter die Pflicht, dem Einlagerer die Besichtigung des Gutes, die Entnahme von Proben und die zur Erhaltung des Gutes notwendigen Handlungen während der Geschäftsstunden zu gestatten (§ 471 I S. 1 HGB). Grundsätzlich hat der Lagerhalter keine Pflicht zur Erhaltung des Gutes, ist aber gem. § 471 I S. 2 HGB dazu berechtigt. Im Fall einer Sammellagerung (§ 469 HGB) wird aus dieser Berechtigung indessen eine Verpflichtung (§ 471 I S. 2 HGB). § 471 II HGB begründet eine Pflicht des Lagerhalters, den Einlagerer zu unterrichten und Weisungen einzuholen, wenn nach dem Empfang Veränderungen an dem Gut entstanden oder zu befürchten sind. **378**

Der Einlagerer ist außer zur Zahlung der vereinbarten Vergütung (§ 467 II HGB) gem. § 468 I S. 1 HGB dazu verpflichtet, den Lagerhalter rechtzeitig zu informieren, wenn gefährliches Gut eingelagert werden soll. Soweit erforderlich, hat der Einlagerer das Gut zu verpacken und zu kennzeichnen (§ 468 I S. 2 HGB), sofern er nicht »Verbraucher« iSv § 13 BGB ist (§ 468 II HGB).

Gemäß § 475b HGB hat der Lagerhalter ein gesetzliches Pfandrecht an dem eingelagerten Gut.

Literatur zur Vertiefung (→ Rn. 336–378): *Bacci*, Die Unmöglichkeit der Leistung während der Coronavirus Pandemie im Transport-, Speditions- und Logistikrecht: Das Beispiel Italien; TranspR 2020, 282; *Bellardita*, Fachanwalt: Einführung in das Transport- und Speditionsrecht, JuS 2006, 136; *Bredemeyer*, Das Prinzip »Drittschadensliquidation«, JA 2012, 102; *Brox/Henssler* HandelsR §§ 22–25; *Bülow* HandelsR Zweiter Abschnitt, B I, C II, D; *Gran*, Die Rechtsprechung zum Transportrecht im Jahr 2018, NJW 2019, 975; *Herber*, Die Neuregelung des deutschen Transportrechts, NJW 1998, 3297; *Homann*, Die Drittschschadensliquidation beim Versendungskauf und das neue Transportrecht, JA 1999, 978; *Jugel/Kern*, Aktuelle Problemstellungen im Transportrecht, TranspR 2020, 111; *Jung* HandelsR Kap. 11 und 12; *Koller*, Die Haftung des HGB-Unterfrachtführers gegenüber dem Empfänger, TranspR 2009, 229; *Müglich*, TransportR, 2008; *Muthorst*, Der aufrechnende Kommissionskäufer (Examensübungsklausur), JURA 2013, 179; *Oetker* HandelsR §§ 9, 10; *Oetker*, Versendungskauf, Frachtrecht und Drittschadensliquidation, JuS 2001, 833; *Prütting/Weller* HandelsR § 32; *Schaffert*, Höchstrichterliche Rechtsprechung zum Gütertransportrecht, TransportR 2017, 89; *P. Schmidt*, Vereinbarte Verpackung durch den Transportunternehmer – Nebenpflicht im Rahmen der §§ 407 ff. HGB oder werkvertragliche Hauptleistungspflicht?, TranspR 2010, 88; *Wieske*, Transportrecht – Schnell erfasst, 2. Aufl. 2008, Einführung 1–4; *Vyvers*, Die Allgemeinen Deutschen Spediteurbedingungen 2017 (ADSp 2017), ZAP 2020, 297.

Sachregister

(Die Zahlen beziehen sich auf die Randnummern.)